国家社科基金
GUOJIA SHEKE JIJIN HOUQI ZIZHU XIANGMU
后期资助项目

当代中国青少年国学教育研究

Research on Traditional Chinese Culture Education of Contemporary Chinese Youths

胡虹丽　著

科学出版社
北　京

内 容 简 介

本书采用调查研究、文献研究、历史分析、比较分析等研究方法，在界定国学、国学教育概念的基础上，分析并反思当代中国青少年国学教育的现状，梳理古今中外的成功经验，论证青少年国学教育的基本功能及合理定位，探讨当代青少年国学教育的目标、内容、实施渠道与策略，较系统、全面地分析了青少年国学教育的理论与实践，初步提出了当代中国青少年国学教育的基本理论框架。

本书意在探寻新形势下国学教育的新视角和新途径，探索青少年国学教育课程建设的理论与实践，适合广大教育研究工作者及关心传统文化教育的普通读者阅读，也可满足中小学教师教育之需。

图书在版编目（CIP）数据

当代中国青少年国学教育研究/胡虹丽著. —北京：科学出版社，2021.2
ISBN 978-7-03-057427-5

Ⅰ. ①当…　Ⅱ. ①胡…　Ⅲ. ①青少年–国学–教育研究　Ⅳ. ①Z126

中国版本图书馆 CIP 数据核字（2018）第101450号

责任编辑：朱丽娜 / 责任校对：何艳萍
责任印制：李　彤 / 封面设计：润一文化

科学出版社 出版
北京东黄城根北街 16 号
邮政编码：100717
http://www.sciencep.com
北京中石油彩色印刷有限责任公司 印刷
科学出版社发行　各地新华书店经销
*
2021 年 2 月第　一　版　开本：720 × 1000　B5
2021 年 2 月第一次印刷　印张：15
字数：236 000
定价：89.00 元
（如有印装质量问题，我社负责调换）

国家社科基金后期资助项目
出版说明

后期资助项目是国家社科基金设立的一类重要项目，旨在鼓励广大社科研究者潜心治学，支持基础研究多出优秀成果。它是经过严格评审，从接近完成的科研成果中遴选立项的。为扩大后期资助项目的影响，更好地推动学术发展，促进成果转化，全国哲学社会科学工作办公室按照“统一设计、统一标识、统一版式、形成系列”的总体要求，组织出版国家社科基金后期资助项目成果。

全国哲学社会科学工作办公室

前　　言

近年来兴起的“国学热”，将一度失意的“国学”隆重地再现于国人面前，发展至今，国学已经进入基础教育工作者的视野当中。无论源于对身边发生的教育现象的关注和思考，还是源于作为教育工作者的强烈使命感，都有必要对此进行系统考察和理性反思。

在青少年国学教育中，国学更多地具有精神培养和文化奠基的功能，因此，它不必是中华传统文化与学术的全部，而是教育工作者从实践和启蒙立场出发对民族文化的探究和反思，以加强青少年对民族文化和精神的认同为目的，甄别和遴选出的中国传统文化和学术内容。青少年国学教育有自己的特殊性，它以传统文化为本，以时代精神为辅，融合提炼出具有时代特色的“新国学课程”。青少年国学教育采用适合中小学生年龄特点的形式，引导和教育学生用新视角去理解传统文化，促成青少年认同并弘扬民族文化和精神，促进其身心健康发展。

本书共分为六章，各章主要内容如下。

第一章为“青少年国学教育的现状与反思”。我国青少年国学教育长期匮乏，不但引起道德滑坡，而且对传承中华传统文化和提高中华民族竞争力不利。近年来，在党和政府的积极倡导及社会各界的强烈呼吁下，从中央到地方，从社会到学校，我国青少年国学教育开始复苏，在传播和实践过程中呈现出多种样貌。与此同时，随着“国学热”的升温，国学及国学教育研究也有了较快发展。然而，已有研究多为分散和局部性的研究，关于国学及许多相关学科的研究成果在国学教育中未能得以反映，国学教育实践层面的一些比较好的经验也没有得到很好的总结或加以理论的分析和指导，所以也就不能更有实效地加以推广。所以目前对国学教育既有成果进行全面总结迫在眉睫。

第二章为“青少年国学教育经验的借鉴”。吸收借鉴古今中外青少年相关教育的成功经验，是建构当代青少年国学教育的实践经验基础。从世界范围来看，重视经典教育，加强古典语言和古典文化的训练是当前许多国家进行基础教育课程改革的重要内容。因此，西方古典语言教育、博雅教育、通识教育等教育实践中的一些做法，值得我们深入研究。我国古代的“蒙学”教育不仅有清晰的“蒙以养正”、识字与德育相结合的教育理念，而且有汗牛充栋的“蒙书”教科书，还有一套针对汉语特点行之有效的教育方法，这些都亟待我们继承与弘扬。此外，与大陆同根同宗的台湾地区对国学教育传统的理性固守、对中国传统文化的坚守，值得我们重新审视。

第三章为“青少年国学教育功能的拓展与地位的确立”。明确青少年国学教育的功能与合理定位，是建构当代青少年国学教育的前提和基础。就个体而言，国学教育具有人格培育功能、智力开发功能和品德培养功能；就社会而言，国学教育具有文化传承功能、民族意识强化功能。当代青少年国学教育以实现个体功能与社会功能的高度统一为最高追求，是为了人的全面发展。国学教育作为一种人文教育，是对青少年进行人文素质教育的重要渠道，也是新时代学校德育的重要途径。

第四章为“青少年国学教育的课程建设”。在教育实践中落实国学教育理念涉及国学教育的课程设置、内容选择，以及教学方式、方法问题。目前，青少年国学教育要持续健康地发展，比较突出的问题是，我们究竟应该选择什么素材组成国学教育的内容架构？而国学教育又应该以什么形式来组织和进行才能保证最佳效果？这些问题集中到一起体现出来的，就是国学教育必须上升到课程的层面，用课程的标准去规范。国学教育的课程建设问题是建构当代青少年国学教育最现实的重要问题之一。本书从课程设计、课程内容、教材建设和课程实施四个方面提出国学教育课程建设的建构设想。

第五章为“青少年国学教育的教材建设”。该章分析了目前学校国学教材的来源，主要有：地方行政部门指定的统一教材、学校自主编写的校本教材、优秀的国学读物。并依据教材所体现的价值取向，把现有教材分为“经典诵读型”“行为规范型”“美德熏陶型”“文化普及型”“语言积累型”“原典组元型”六种类型。在此基础上，该章提出了国学教育的教材建设原则：传统性与现代性相结合的原则，科学性与趣味性相结合的原则，基础性与系统性相结合的原则，以及知识性与体验性相结合的原则。并提出了三种比较合理的编排模式：通识式、主题式和模块式。

第六章为“青少年国学教育的课程实施”。课程实施是学校和教师将某项课程计划付诸实践的具体过程，它是课程建设的重要环节。该章主要是从学校、教师、学生三个层面分析国学教育课程实施。学校层面，主要从学校采取的实施途径是否有效来探讨。教师层面，鉴于师资是国学教育的主导因素，直接关系国学教育的质量和成败，为有效推进国学教育，该章针对国学教育对教师的特殊要求，提出了国学教育教师教育的有效措施。学生层面，学生因素是国学课程实施的效能检验因素。学生最终体验到的国学课程又往往与教学方式的适应性与课堂教学策略的选择与运用密切相关。因此，该章对国学课程的课堂教学进行了相关探讨，提出了有利于学生获得体验的教学策略和评价策略。

具体内容，见于正文。

目　　录

绪　论

一、问题的提出

人类文明的发展已经进入一个历史性的新阶段，这就是全球化时期。一方面，经济的全球化加速了文化上的交往互动；另一方面，文化的民族自觉日益高涨。在全球化的生存境遇中，各个民族、国家都在寻求自身的文化认同。近年来，在中国兴起的“国学热”将一度失意的国学隆重地再现于国人面前，无疑也是中国处在全球化境遇中寻求文化、身份认同的文化自尊和文化自觉的一种表现。尽管时人对其褒贬不一，纷争不断，也没能阻止它行进的脚步。发展至今，国学已经进入基础教育工作者的视野当中，国学教育已经从讨论阶段进入到初步实施阶段，它正在从民间步入学校，从高校扩展到中小学生的学习、生活当中。

除了建立国学院、国学培训班、私塾学校，各地的中小学校也都相应地推出了自己的国学课程。一开始，学校自发开设国学教育校本课程，后来，国学教育正式得到政府部门及教育部门的重视，近年来，一些地区专门将国学教育纳入地方教材和校本教材建设中，进行了各种各样的尝试。一时间，全国各个省（自治区、直辖市）中小学校增设国学课程的热潮此起彼伏，一波高过一波。在北京，丰台区教育委员会从 2008 年 9 月起，针对全区 6 万多名小学生开展国学经典诵读活动，国学经典诵读已被纳入所有小学课程，有专门的课时、教材，由具有一定古文功底的教师教授。在河北，2006 年石家庄市庄园小学第一次把国学教育纳入校本课程，随后有 4 所小学也相继增设了国学教育课程。2008 年 6 月 9 日，河北省教育厅《关于把国学教育列入校本课程的建议》提出：以点带面，正面引导，使国学进入课堂。安徽、重庆、广东等省（直辖市）把《弟子规》《千字文》《千家诗》等传统典籍列入中小学教辅用书。山东省曲阜市成立国学经典诵读工程委员会，且全面启动国学经典诵读工程。四川省成都市制定《国学实施纲要》，开展中小学生国学经典诵读活动。另外，到目前为止，大连市中小学中有近 1/4 的学校开设了国学相关课程；广西有近千所学校参与国学经典教育课题，一百多万青少年参与国学经典诵读。

一方面，国学教育方兴未艾，国学教育正如火如荼地在各地中小学校开展着；另一方面，对于国学的讨论仍在学术界及社会各领域热烈而理性地进行着。不过，目前关注的焦点似乎在向中小学校园转移。

2010 年 12 月，山东省教育厅发出通知，严禁各级教育行政部门和中小学校向学生“不加选择地”全文推荐《弟子规》《三字经》《神童诗》等国学典籍，他们担心“带有糟粕性的内容会扭曲学生的价值观念，腐蚀中小学生的心灵”。① 现阶段，对于国学教育进入校园，人们关注的重点不再是中小学“要不要开展国学教育”的问题，而是“为何要开展国学教育”的价值问题，是“如何开展国学教育”的实施问题，是“如何通过国学教育来达成教育目的”的手段问题，是“国学教育开展得怎样”的评价问题。

毕竟，国学教育走入中小学校园是新时代的一种新的教育现象。近几年来，我国各地有为数不少的学校在这一教育领域勇于探索，艰难拓荒，从不同侧面为学校国学教育的逐步开展和发展不断努力，起到了不可或缺的奠基作用。但是，也正是由于先行者们这种自发性质的教育探索，各自处于相对孤立、分散的状态，在一定程度上制约了教育实践成效及理论成果的取得。国学教育为何要进入中小学校园？它对学生的发展有什么价值？如何定位它的教育目标？教育内容如何取舍？它的实施途径有哪些？可以采用哪些教育策略？人们对这些教育理论层面的关键问题的认识还很模糊，亟待研究者去认真思考。

二、国学与国学教育

“国学”“教育”无论哪个词都是沉甸甸的，隐藏在其背后的是浩瀚

① 魏海政，宋全政．山东禁学校全文荐读《三字经》．中国教育报，2011-01-01.

的典籍、深邃的思想、艰难的实践命题。媒体、公众舆论嘈杂，专家、学者各抒己见：国学为何要进入中小学教育？进入的理由何在？其进入方式如何？……质疑不断出现。尽管目前对国学教育有众多的分歧，但终究大家要走到同一条路上来。因此，我们应当确立这样的写作立场：只需要明确在何种意义上使用“国学”“教育”等词语，重点考察国学教育现象及背后的含义，着力提供自己的观察和思考，并力争在此基础上进行深层次的理性思考。

1. 国学

“国学”一词兴起于19世纪末20世纪初，20世纪20年代始盛，其后命运浮沉，日渐式微，20世纪80年代后国学复起至今。“国学”考其源是指国家学府，如太学、国子监；“国学”一词发生语义转换，指学问一说，产生于清末西学东渐、文化转型的历史时期，与西学相对而言，起先称为“中学”，而后改为“国学”。1902年，吴汝伦在《东游丛录》一书中即有日本教育家古城贞吉对中国人的赠言——劝告中国人不要放弃经史百家的学问，因为欧洲和西方诸国学堂都非常重视自己的“国学”。这是中国公开出版物中最早提到“国学”一词，指各国本国之学。而后，梁启超在《论中国学术思想变迁之大势》一文中多次使用近现代意义上的“国学”。一直到刘师培撰写《国学发微》，“国学”一词才成为国人对中国传统学术的通称。自清末民初，“国学”一词实现了语义转换后，现代意义上的“国学”概念出现伊始就饱受争议，研究者对“国学”的理解也存在分歧。“国学”这一概念能否成立？是否必要？所指为何？当前很多学者从不同角度对这一问题展开了新的思考与辩驳。综观当前学术界有关“国学”概念的思考路向，笔者暂且概括为以下几种说法。

（1）学术定位说

“国学”既不“只是儒家的那点东西”那么狭隘，又不是整个中华传统文化那么宽泛，应该说“国学”是对中华传统文化中人文学科范围内的学术的一个统称，“国学”的定位应当是一种学术的定位。① 中国人民大学国学院袁济喜教授认为，国学是借鉴西方先进学术文化和理念，重新研究和传承中国传统学术文化的一门学问②。这种从中西文化比较研

① 许总. 国学的定位与文化选择的度. 中国文化研究，2009夏之卷：19-24.

② 王畅. 访人大国学院副院长袁济喜教授. 神州，2005（9）：13-16.

究的视域界定“国学”，体现出传统性与时代性的统一，是一种更为广阔的学术研究视域。有学者专门指出，“国学”是研究传统文化的一门学问，它所包含的内容就不仅仅是传统学术文化，也包含西学和马克思主义传入后的中国近现代学术文化，因此“国学”不等同于传统文化[①]。有学者还呼吁，只有将“国学”视为一种更为广阔的包容性的学术范畴，“国学”才有可能在人类整体的知识序列中发挥其应有的功能和作用[②]。

（2）文化定位说

中山大学文化研究所所长李宗桂教授于《国学与时代精神》一文中指出，如果抛开成见，以平和之心参与讨论，我们就可以在国学的范围问题上取得大致相近的看法，亦即：“今年所谓国学，本质上就是传统文化。”[③]北京大学教授季羡林先生从地域文化和民族文化的角度对“国学”的概念进行了独到的解读，他说：“简单地说，‘国’就是中国，‘国学’就是中国的学问，传统文化就是国学。但现代人对传统文化的理解分歧很大。按照我的观点，国学应该是‘大国学’的范围，不是狭义的国学。”其提出的“大国学”观点认为“国学就是中国的学问，传统文化就是国学”，“国内各地域文化和56个民族的文化，都包括在国学的范围之内”。[④]还有学者指出，“国学，即广义的传统文化……简言之，是一种整体的价值系统和生活方式”[⑤]。

（3）时代内涵说

“国学”是一个时代性很强的名词，其适应性、实用性很强，不能简单地被看作一个学术名词。[⑥]有学者从史学的角度考察不同历史时期“国学”的发展，梳理不同时代“国学”的定义，该学者分析指出，“国学”的命运与时代发展息息相关，其内涵、范围及意义也在不断变迁：从“一国固有之学”到“一国所有之学”，再到“一切过去的文化历史”；从“经史子集”到“六艺之科”，再到“包含自然科学等诸学科在内的庞

① 邱涛．传统文化研究的立场、态度和方法．高校理论战线，2010（4）：45-50.

② 贺昌盛．“国学”的知识论取向——兼与杨春时先生商榷．东南学术，2010（2）：109-110.

③ 李宗桂．国学与时代精神．学术研究，2008（3）：21-32.

④ 季羡林．谈国学．北京：华艺出版社，2007：5.

⑤ 林蔺．“国学”概念的历史梳理及当代定位．燕山大学学报（哲学社会科学版），2009（6）：49-55.

⑥ 刘桂生．国学的外相与内涵．人民日报，2007-08-10.

大系统”；从“保存国粹”“激动种性”，到“国际视野下学术文化的自觉意识及对西学的合理补充”……对“国学”的定位，反映的不只是学理上的思考，更是学界对待本国文化的态度，这与特定的时代精神密切相连。[①]在晚清“中学为体，西学为用”的文化争论中，“国学”是“夷学”“洋学”“西学”等概念的对立面，是一个文化名词；在学制改革过程中，“国学”作为经、史、子、集“四部之学”的总称，与西方传来的文、理、法、商、工、农、医“七科之学”形成对立，这时它是一个教育名词；在清代末年的革命高潮中，“国学”作为“君学”的对立面，成为一个反映民主革命要求的政治名词；随后，“国学”身上又渐渐长出一种新义，作为“中华民族学术文化总代表”，其内涵就是“中华民族文化研究”或“中华民族学术文化研究”，从而演变成一个学术名词。[②]可见，“国学是一个动态的概念，是不断丰富与发展的”[③]。准确把握“国学”的时代内涵，可以给我们讨论“国学”提供时空定位的框架。

（4）结构层次说

该说法主要有“三层次说”和“四层次说”。有学者综合学界对“国学”概念的认识，认为“国学”包含三个层面：其一，从知识论的角度理解，它是一种知识体系；其二，它是一种思维智慧，是中国人的思维方式；其三，从“国魂之所寄”这样一种价值评价的角度来理解，它是一个国家文化认同和政治认同的基础，这些价值观层面的东西，才是“国学”最根本的内容。[④]武汉大学郭齐勇教授指出，今天，我们谈论国学，我认为有以下几个层面：第一是常识层面，即国家民族历史文化的ABC；第二是学术与技艺层面，即传统文化各门类、各方面，包括地方文化、民间技艺、学术传统之传承；第三是道德价值与人生意义层面，国学根本上是教人如何做人，如何安身立命；第四是民族精神层面，或国魂与族魂的层面[⑤]。还有学者认为，国学，首先是一个思想体系，是驱动中华文明延续、发展和自新的内在动力；其次是一种文化观念，是沉浸在中华文明进程之中的习惯、认识和价值判断；再次是一种精神追求，

① 林蔺．“国学”概念的历史梳理及当代定位．燕山大学学报（哲学社会科学版），2009（6）：49-55.

② 刘桂生．国学的外相与内涵．人民日报，2007-08-10.

③ 杨春时．国学思潮批判．东南学术，2010（2）：95-100.

④ 卢雨．国学的现代语境及其价值评估．华章，2010（30）：42-43.

⑤ 郭齐勇．国学有什么．光明日报，2007-05-07.

是融合在中华文明之中的理想、追求和文化期待；最后是一种方法方式，包括思维方式、研究范式、分析方法等①。

（5）广义狭义说

金元浦教授认为，广义的“国学”实际上就是中华传统文化的总称，其外延可指向“一国所有之学”，与其等同的还有“中学”“国故”这些概念。狭义的“国学”指儒学，或者以儒学为主体的中国传统思想文化，能够与之等义的自然就是“儒学”或“孔学”②。

（6）相对定位说

一些学术文化界的名人对“国学”这一名称持相对论的看法。如钱穆先生说：“学术本无国界。国学一名，前既无承，将来亦恐不立。特为一时代的名词。”③马一浮先生也持相同的看法：“国学这个名词，如今国人已使用惯了，其实不甚恰当。照旧时用国学为名者，即是“国立”大学之称。今人以吾国固有的学术名为国学，意思是别于外国学术之谓。此名为依他起，严格说来，本不可用。今为随顺时人语，故暂不改立名目。”④可见，在这两位公认的国学大师眼里，“国学”这一名词的采用只是权宜之计。中国文化研究所所长、南京师范大学刘梦溪教授就曾提出“国学一名将恐不立”的说法，不过他建议：“学术界和传统资源研究的从业人员应该少或者不用国学这一概念，而小学生的课程设置，建议增加国学一科，名称就叫‘国学’。”⑤

（7）完全否定说

早在 1923 年，陈独秀就明确反对“国学”概念，他认为就是再审定一百年也未必能得到准确的观念，因为“国学”本是含混糊涂不成一个名词⑥；时至今日，质疑“国学”的声音仍时有出现。如舒芜在《“国学”质疑》一文中称：“国学”完全是顽固保守、抗拒进步、抗拒科学民主、抗拒文化变革这么一个东西。国学里面所包含的哲学、史学、文学、自然科学等，应当归到各门学科里面去，为什么“非得要说‘国学’不可”呢？⑦还有的学者认为作为中国文化研究的“国故学”的国学，早已经存

① 曹胜高 . 国学通论 . 北京：北京大学出版社，2008：11.
② 金元浦 . 中国文化概论 . 北京：中国人民大学出版社，2007：445.
③ 钱穆 . 国学概论 . 北京：商务印书馆，1997：1.
④ 马一浮 . 马一浮集（第一册）. 杭州：浙江古籍出版社，1996：9.
⑤ 刘梦溪 . 国学一名将恐不立 . 青年教师，2008（8）：12.
⑥ 陈独秀 . 寸铁 • 国学 // 陈独秀著作选（第 2 卷）. 上海：上海人民出版社，1993：516-517.
⑦ 舒芜 .“国学”质疑 . 文汇报，2006-06-28.

在并且分化到各个学科领域，没有必要再单独提出，因此没有存在的必要；作为坚守儒家立场、方法的“国粹学”的国学，早已失去了合理性，消失在现代性的历史进程了，而它的当代形态，只是一门伪学科①。反对使用“国学”者，确实也指出了“国学”外延过大而内涵不够明晰的事实。不过是否可以因此而否定“国学”概念的合理性，是一个需要进一步商榷的问题。

（8）悬置定义说

季羡林老先生曾经谈到，像国学这样的题目，难以讨论。想给国学下个定义，永远也不会有结果，永远也不会有大家都同意的定义。与其在下定义上下工夫，莫如切切实实地读一些书，切切实实地思考一些问题。根据自己的认识去钻研，去探讨，有了心得，就成文成书。这比争定义、说空话要好得多②。

由于研究者的学术背景、价值取向和致思路径不同，近些年来学界对国学概念内涵的讨论看似争论不断，但实质上都围绕着如何看待民族文化的历史传统这一基本问题而进行。探寻中华传统文化如何走向现代化，创造性地转化传统文化中的积极资源来促进中国持续发展，越来越成为学者们进行文化研究的动力。

关注国学背后的含义，我们应该对“国学”概念进行更为根本的追问，即为何是“国学”这一概念而不是其他概念成为人们广泛使用的概念？以及“国学”概念的内涵到底是什么才可以使其不断地扩大其外延与适用范围？从这一追问出发，我们认为“国学”就是在现代民族国家形成与发展过程中，人们通过挖掘、研究、使用、传承在历史中所创造的、对生活在现代国家中的人具有建构性价值、并不断加以重构的知识和文化。首先，国学是一个现代性概念，是在现代民族国家形成的历史语境中被建构、被赋予意义的概念，而并非简单地对传统文化或传统学术的客观性、科学性概括。其次，国学是一个要将传统文化纳入到国家、民族文化认同的现代文化工程之中加以重构的概念，因此，即使国学所指称的对象可能是具有普遍性意义的文化，也常常被纳入民族国家的现代文化工程中而成为以民族为主要特征的特殊性文化。因此，国学概念所指称的传统文化和知识是在传统与现代不断对话与阐释过程中形成的

---

① 杨春时．国学思潮批判．东南学术，2010（2）：95-100.

② 季羡林．谈国学．北京：华艺出版社，2007：5.

文化和知识。最后，国学是一个历史性概念，这既是因为国学概念所指称的对象形成于已经过去的历史之中，也是指这些对象依然以多种方式存在于人们的生活，构建着人们生存于其中的世界的意义、规范、关系等，是因为国学概念所指称的对象本身也是不断地、历史地生成的。这意味着国学概念所指称的并不只是存在于过去的文化，也不只是被现代文化所使用的被动存在的文化，而是在过去所创造的文化依然以创造性的方式参与到社会和生活意义建构之中，是存在于人们的日常生活之中的活生生的文化。

从中华传统文化的角度来理解“国学”，即是把国学作为一个事实判断、中性概念。无论是把国学视为彻头彻尾的渣滓和糟粕，欲除之而后快；还是将国学称为中国文化的优秀内容和价值体系，强调国学尽善尽美，处处顶礼膜拜；或是强调国学研究中的意识形态化倾向，都不恰当地赋予了国学概念强烈的价值色彩，将事实判断与价值判断混淆了。“国学”并非单纯地留存在文本中的知识，而是人们当下置身于其中的传统与现实，是建构人们生活世界和社会结构的重要力量之一，是人们基本的经验和文化意义，是人们正在不断践行和需要反思的社会文化存在。

在基础教育阶段的国学教育研究中，国学不必是中华传统文化与学术的全部，对基础教育而言它未免过于博大精深。对青少年进行国学教育，我们必须对国学持批判继承的态度，必须对相关内容进行认真的梳理和选择。弘扬国学，使国学进入青少年的头脑，更需要对国学进行现代阐释。我们应该清楚地认识到：在青少年国学教育中，国学更多地具有精神培养和文化奠基的功能。国学应该是教育工作者从实践和启蒙立场出发对民族文化的探究和反思，以加强青少年对民族文化和精神的认同为目的，甄别和遴选出的中华传统文化和学术内容。青少年国学教育中的“国学”具有丰富的内涵和广阔的外延，它不限于儒家学派的“四书”“五经”，还应有容纳百家的经、史、子、集；不但包含中国传统的学术著作，也包括中国民间民俗的文化遗产，如戏剧、琴棋书画、刺绣、中医、太极、楹联、节庆、古代建筑等。

2. 国学教育

（1）国学教育的代表说法

国学教育与国学一样，至今还没有一个统一的界定，目前学界主要有以下几种观点。①以国学为核心内容，旨在传承中华民族思想、文化和学术传统，培养民族意识和民族精神的教育。国学教育是我国社会主义教育体系的一个组成部分，是具有中国特色的全面发展教育的一个组成部分。① ②国学教育不是一个单纯而静态的概念，而是一个与时俱进的动态的文化传承。国学教育的开展要和现实社会的需要相结合，使传统文化中的自强不息精神和社会变革精神在当代经过变革成为我们现实社会文化发展的动力。② ③国学教育是一种意识教育。通过教师、家长的讲解和以经典为导向的教育，培养孩子各种优良的品德乃至做人做事的意识。③ ④如果在广义国学即国学外延的范围内对学生进行国学教育，则国学教育就不再仅仅是对学生进行中华民族传统思想、文化、民族精神的教育，而是扩展到对学生进行中华民族五千年创造的一切文明的指导性教育领域。④ ⑤国学是一种养成教育，是在反复的诵读和生活的感悟中进行潜移默化的影响。它又是启发教育，既注重施教者的人格感召，又注重调动受教育者接受德育的自觉性、主动性。⑤ ⑥国学教育是中华传统文化的教育，它的目标有两个：一是传承中华民族的传统文化；二是把孩子培养成具有文化气质的人。⑥

以上观点各有侧重，反映了当前学者对国学教育的不同思考。我们认为，教育除了传承文化，还有一项很重要的功能——育人。国学教育是关于中国传统文化及其学术思想的教育实践，这是国学教育含义的一部分，限定了国学教育的范围，强调的是国学教育内容。然而，无论是传统文化还是其学术思想，存在的根本意义在于人的文化学习和思想形成，使人得到发展，使社会得到进步。所以，国学教育的另一层含义应该是关于广义教育层面的，即培养人所具备的某种品质，并形成某种个性。因此，国学教育应该是以传统文化及其学术思想为内容来培养人的实践活动，从传统文化中获取适合现代社会需求的人文价值观念和知识技能，塑造符合时代要求的理想个性，以促进人的发展和社会进步。总而言之，形式上的读经、诵经不是国学教育，不与社会发展和人的优良

---

① 毕天璋．国学教育热——对中国思想文化传统的新的认同．河南教育学院学报，2006（4）：47．

② 刘靓．浅谈大学国学教育的开展．河南教育（高校版），2008（9）：41．

③ 冉阳，果海霞，伊水．调查幼儿热学国学要“学之有道”．现代教育报，2006-06-30．

④ 孟巍．高职院校国学教育理念创新研究．当代经理人（下旬刊），2006（10）：144．

⑤ 杨昆映．开展国学教育　促进幼儿身心健康发展．云南教育，2006（5）：47-48．

⑥ 李迎春．论国学教育的文化向度．河南教育学院学报，2007（1）：58．

品质形成相统一的传统文化教育也不是国学教育，独尊儒学的教育也非真正的国学教育，国学研究更不同于国学教育。只有以国学中的优秀文化、优秀思想，以及符合社会与人的发展的价值观念等知识和能力为内容，以培养青少年及大学生具备中华民族优良传统品格为目的，朝有利于促进社会主义不断向前发展的教育，才是真正的国学教育。

（2）国学教育的结构

所谓结构，是指不同类别或相同类别的不同层次按程度多少的顺序进行有机排列。这里主要从纵向和横向两个维度来探讨国学教育的结构。

1）纵向维度。

我们可以从总体上将国学教育分为基础国学教育和高等国学教育两个层次。其中，基础国学教育又可分为学前国学教育、小学国学教育、初中国学教育和高中国学教育；高等国学教育可划分为大专国学教育、本科国学教育、硕士国学教育和博士国学教育。可以说，国学教育是由低级到高级、由简单到复杂的循序渐进的教育过程，这构成了基本的国学教育体系。需要注意的是，在国学教育的各个阶段，其侧重点、教育对象、培养目标、教授方式等也是有所区别的。比如，针对13岁以下儿童的国学教育，鉴于这一阶段的儿童记忆能力很强，而理解能力相对较差，应该以诵读、背诵为主。我们熟知的胡适、南怀瑾在13岁以前就背诵了大量传统经典。叶蔓先生6岁开始背诵《左传》，13岁以后逐步过渡到对国学的理解上，逐渐把握国学的精髓。

2）横向维度。

从教育形式上看，国学教育分为专业型国学教育、普及型国学教育和陶冶型国学教育。其中，专业型国学教育是以国学专业为主开展的教育，主要适合于个别大学的个别院系；普及型国学教育和陶冶型国学教育是以普及国学知识、通过学科渗透国学知识、结合专业特点传授相应国学知识、营造氛围使学生走近国学等方式开展国学教育，适合于各级各类的学校教育，只是难易程度不同而已。从教育内容上看，国学教育可分为哲学、史学、文学、天文、地理、医学、农学、宗教学、礼俗学、伦理学、版本学、艺术等科类。不同层次的学校可根据学生的年龄和特点，选择与其相适应的国学内容进行教育。当然，国学教育的内容会随着国学研究的深入而得到扩展、随着时代的发展而有所扬弃。

（3）青少年国学教育的内涵界定

青少年国学教育是指通过家庭、学校和社会引导青少年学习“国学”，从“国学”中汲取民族文化精华，从而增强青少年对民族历史文化的文化自觉和文化自信，促进青少年人文素养的整体提升的一种教育活动。当然，国学教育作为一种教育活动，学校教育是其主要渠道，但学校教育要与家庭教育、社会教育结合起来。因此，本书在论及学校教育的同时也涉及家庭教育和社会教育。

国学教育是教育的一个分支，在遵循教育基本规律的基础上有自己特殊的规律，我们不妨这样界定：国学教育是一种主要以国学内容为载体，根据社会发展需要和学生身心发展规律，有目的、有计划、有组织地引导学生获得相关国学知识，培养民族精神，提高人文素养，促进身心健康发展的教育活动。

基础教育阶段的国学教育有自己的特殊性，应重在传统人文精神理念的传播，以传统文化为本，以时代精神为辅，融合提炼出具有时代特色的新国学课程，采用适合中小学生年龄特点的教育形式，引导和教育学生用新视角去理解传统文化，加强青少年对民族文化和精神的认同。

在考察国学教育的发展现状时，拟用此泛指20世纪90年代以来，全国中小学所开展的“读经”“国学实验班”“传统文化教育”“文化经典诵读工程”等教育现象。

三、研究思路及研究方法

1.研究思路

国学教育有其自身的发展趋势，这种趋势往往很难被个人意志所改变，它是一种社会的潜意识在教育上的自然反应。如何通过各种表象来发现国学教育的这种趋势，把握国学教育自身的发展规律，摸清国学教育发展的趋向，以期更好地为青少年教育或社会教化做出贡献，是本书的出发点。

本书坚持从实践出发，按照发现问题—分析问题—解决问题的研究思路，建构青少年国学教育的基本理论框架。具体思路如下：通过反思当前我国青少年国学教育现状，认识青少年国学教育可持续健康发展的必要性、紧迫性，确立青少年国学教育的现实基础；通过梳理、借鉴古今中外的理论基础和成功经验，确立青少年国学教育的理论和实践基础；

通过分析青少年国学教育的功能，确立青少年国学教育的价值基础。基于青少年国学教育的现实基础、实践基础和价值基础，在教育大系统中找到青少年国学教育的合理位置，进而明确青少年国学教育的目标和内容，探寻青少年国学教育的实施途径与策略。最后从课程理论的角度探讨基础教育阶段（这里指小学、初中阶段）的国学教育问题，对中小学国学教育的课程价值、课程性质、课程目标、课程内容、课程资源开发及利用、教材建设、教学方法、师资队伍建设等方面进行系统的理性思考，初步构建国学教育融入学校课程的理论指导框架，为青少年国学教育提供切实可行的发展路径和操作模式。

2. 研究方法

本书主要采取调查研究法、经验总结法、历史分析法、比较分析法、文献研究法和观察法等，并辅之相应的哲学、心理学、教育学理论展开论述。

1）调查研究法。这里的调研有两种：一是理论调研，查阅有关理论文献或通过文献途径调查现状；二是实践现状调研，调研方式主要有问卷、访谈、座谈和咨询等。根据研究对象及目的，在研究的各个阶段，分别运用了上述方法，为本研究的真实有效提供了保障。

2）经验总结法。当前，由于青少年国学教育的理论发展滞后于实践，仍处于初级阶段。所以，进一步完善青少年国学教育理论，需要从大量的实际工作中加以总结和提炼。

3）历史分析法。国学教育是中国特有的文化现象。本研究对历史上已有的相关思想进行梳理，以期继承和发展前人的成果，避免或少走弯路。

4）比较分析法。运用古今中外的资料，比较分析各个国家和地区之间青少年国学教育的异同，提出当代中国青少年国学教育如何继承和借鉴的问题。

5）文献研究法。文献研究的过程包括文献的搜集、鉴别与整合三个环节。所搜集的文献资料主要包括专著、教科书、期刊、有关政策性文件和各类工具书籍，以及网络资料等。

6）个案研究法。依据本研究内容的特点，深入到学校国学教育的场景中，进行实地观察和访谈，收集照片、录像带等各种文件记录，对所发生及感受到的事件做出描述，并在此基础上归纳分析、总结观点，这无疑是最适合的实证研究方法。

第一章　青少年国学教育的现状与反思

理论探索和实践创新源于对实践结果的不断判断和反思。准确判断我国青少年国学教育现状，深入反思青少年国学教育实践，聚焦青少年国学教育持续健康发展的关键问题，才能找到发展理论、改进实践的突破口。

第一节　青少年国学教育的缺位及影响

国学概念刚刚提出的时候，曾引发过争论，但是有识之士撇开争议，身体力行地在各级学校传承优秀的传统文化，国学教育也由此开始。五四运动后，我国中小学持续了上千年的“读经”等旧式课程被废除，但是唐诗宋词、《古文观止》等国学精粹，并没有从课堂上消失，叶圣陶、朱自清等就是这个时期知名的国学教育家。新中国成立以后，社会形势虽然相对稳定，但是国学教育并没有得到应有的重视。由于多种原因，国学曾在一段时期里被迫与教育“隔离”，于是，我国中小学国学教育长期处于缺位甚至严重缺失的局面。

一、青少年国学教育缺位的表现及主要原因

青少年国学教育缺位的表现是多方面的，既表现为学校、家庭和社会对青少年国学教育不予重视，也表现为教育行为欠缺规范性、科学性而造成教育效果不理想，还表现为各种教育方式因方向不一致而无法形成合力等。

（一）西方文化的强烈冲击

西方文化的强烈冲击是我国青少年国学教育缺位乃至缺失的重要原因。

鸦片战争后，中国沦为半殖民地半封建社会，西方强势文化随同坚船利炮席卷中国，中华传统文化和青少年国学教育受到严重影响。首先，孔子与儒家经典被全面否定。如陈独秀曾称，“全部十三经，不容于民主国家者盖十之九九，此物不遭焚禁，孔庙不毁，共和招牌，当然持不长久”①。其次，国学在这一时期被主张彻底废除。内容涉及古籍、习俗、节日，甚至文字、姓氏，如钱玄同主张不拜孔子、关羽与岳飞，鼓吹什么“端午、中秋……简直是疯子胡闹，当然应该废除，当然应该禁止”②。

西方文化的又一次强烈冲击发生在改革开放以后。改革开放前，我国的经济和社会发展处于相对封闭的环境中。改革开放后，中国开始直面西方文明，中西经济发展上的巨大反差使一些人在惊愕之余将落后完全归咎于传统文化。为此，有人对中华传统文化萌生出鄙视、不屑的态度，而对西方文化盲目崇拜，不加鉴别，照单全收，致使西方文化中的一些消极因素在我国迅速蔓延。在市场经济大潮的冲击下，实用主义、功利主义盛行，加之西方强势文化话语霸权的渗透与制约，承载着民族魂魄的国学再一次被有意无意地忽略了，国学教育无从谈起。青少年国学教育进一步受到严峻挑战。

（二）国内频发的政治运动和文化运动

国内频发政治运动和文化运动，我国青少年国学教育缺位。

近百年来，国学地位遭贬低，国学价值遭否定，国学意义遭质疑，国学前途遭抹黑，这是不争的事实。这个历史进程，伊始于鸦片战争的失败，因甲午战争、戊戌变法的结局而强化，随着新文化运动的兴起而趋向高潮。当时社会上“尊孔崇儒”、制造孔教的喧嚣与政治复辟等行径，直接导致了新文化运动对孔子所代表的中国传统学术文化的猛烈批判，全面否定孔子与儒家经典。这种以激烈批孔、否定传统文化为中心的思潮兴起并非偶然。它是当时不少知识分子痛感中国近代落后挨打悲惨历史的产物，是他们极度忧患民族命运、国家前途的表现。他们的感

① 陈独秀．陈独秀著作选集（第1卷）．上海：上海人民出版社，1993：320.

② 钱玄同等．钱玄同文集（第2卷）．北京：中国人民大学出版社，1999：17.

慨、愤懑在某种意义上具有合理性。然而，真理越过一步即成为谬误，如果因为国学有一定的历史局限性而全盘否定，显然是偏激而片面的。

五四运动前后，激烈而亢进的反传统文化大潮的后遗症依然十分严重，可以说，它在某种程度上对中华传统文化起到了颠覆性的破坏效果，造成的文化精神裂痕与创伤深刻久远，长时间无法愈合。“文化大革命”时期，知识不被重视，传统文化更遭遇空前毁灭，国学被看成是“封、资、修”而受到批判。国学遭受到规模最大、范围最广、程度最深的危机。

（三）改革开放后的文化影响

20 世纪 80 年代后，随着中国改革开放的推行，国外文化纷纷传入，西方文化热出现并泛滥一时。进入 21 世纪后，国学生存的大环境不容乐观，由于有关方面的误导，再加上其他因素的影响，年龄尚小、是非莫辨的少年学生们，在从众心理的作用下随波逐流，业余时间纷纷去上英语班、钢琴班、芭蕾舞班、电脑班，以及考级、考证的各种学习班，传统文化由此遭受冷遇和舍弃。近年来，在中国的教育实践中，存在一个有目共睹的事实：很多中学生能熟练地进行英语读写却看不懂文言文，对牛顿、居里夫人奉若神明却对老庄、孔子形同路人；在学生作文里，时髦的网络用语比比皆是，甚至充斥着大量的中英文夹杂的语句。教育部高等学校文化素质教育指导委员会主任委员、中国科学院院士杨叔子在北京信息科技大学演讲时就痛感教育界出现的“香蕉现象”：我们培养了很多掌握西方先进科技知识的博士和硕士，他们却是“黄皮白心”，说起西方头头是道，谈到老祖宗却一无所知。另外，当前大部分学生都是独生子女，是家长们的“小太阳”“小皇帝”，这种养尊处优的生活环境致使学生的自我意识不断膨胀，随着他们的成长，一部分学生暴露出人格上的缺陷，主要表现为爱心缺乏、自私偏狭、规范意识弱化、意志比较薄弱。中华文化的整体根基越来越浅薄，从基础教育到大学教育，传统文化的内容十分稀少，而在我们日常的生活中，西方文化的内容可以说是铺天盖地。

二、青少年国学教育长期缺位乃至缺失的影响

多年来，社会忽视对优秀传统文化的认识与借鉴，存在重理轻文等实用功利主义的价值取向，使国学及国学教育长期遭受贬抑，处于被忽

视的边缘地位，其潜移默化的结果，是文化迷茫的触目惊心，是道德滑坡的愈演愈烈。

1. 青少年国学教育长期缺位引起道德滑坡

中华传统文化博大精深，源远流长。传统的儒家文化，蕴含着丰富的思想和理论，蕴含着许多人生哲学和做人的道理。阅读儒家经典可以使人知识更丰富，头脑更清醒，更加有智慧，更加勇敢和勤劳；还可以使人们提高修养，懂得诚信、仁义、礼让、善良、谦虚、友爱是一个人在社会上立足的最基本要求。中华传统文化不但在历史进程中产生过巨大影响，而且在现代社会仍发挥着很大作用。当今，由于我国近年来对学生人格素质、道德品质培养的关注度不够，一些青少年道德品质存在问题。

（1）家庭美德正在遗失

从家庭来看，家庭美德正在丢失。家庭成员之间礼仪缺失，子女不尊重父母，晚辈不尊重长辈的现象屡见不鲜。例如：有的家长远道为在他乡求学的子女送钱送物，作为子女本应知恩感恩，但有的学生却对父母冷言相对，弄得父母很尴尬，甚至感情受到伤害；有的学生平时很少和父母通信、通电话，只要通电话就是要钱；更有甚者，以求学为名骗来父母的钱大肆挥霍。由于一些人没有养成从小尊重父母的好习惯，长大后往往也不会孝敬父母，更严重者根本不赡养父母，而做父母的往往只有忍气吞声。

（2）尊师敬友美德缺失

从学校来看，尊师敬友的美德情景凄凉。

一方面，师生间礼仪缺失，尊师重教的美德受到威胁。一些学生在校外甚至在校内遇见老师经常视而不见或绕道回避，连打招呼、问好这些基本的礼节都难做到。据了解，一些传统的教学礼节正在“淡”出课堂。以“不浪费时间”“集中精力学习”“提高效率”等为名，“起立问好”等礼仪礼节在一些学校，特别是在初三、高三年级似乎成了稀奇事；偶尔听见老师在课上喊“起立”时，很多学生竟大感意外，常常要过上几秒甚至十几秒才稀稀拉拉地站起来，很不“情愿”地问一声“老师好”。学生在课堂上起立向老师问好不只是提醒同学开始上课，也是一种必不可少的尊师礼节，以表达学生对老师教书育人的应有尊重。师生间的礼仪不仅是上课前的行礼问好，更重要的是教育教学过程中的相互尊重。现在的大学课堂纪律远不及中小学，有的学生在课堂上睡觉、看报纸、看小说、接打手机、发短信、戴耳机，有时学生间相互讲话，几近淹没老师讲课的声音。这些现象说明，学生对老师的基本礼仪缺失，尊师重教的美德受到严重威胁。

另一方面，同学之间礼仪缺失现象也很严重，并因此影响同学关系，甚至造成同学矛盾升级。有的同学见面常常以绰号、脏话代替打招呼；有的同学经常未经同意就擅自取用别人的东西；有的同学开玩笑把握不住分寸；当同学之间发生矛盾时，有责任的一方常常不能主动承认错误，双方缺乏谦让，并因此影响同学关系，容易致使矛盾激化，有的甚至上升为刑事案件。近年来，校园暴力事件频发，偶有自杀、他杀现象发生。而这些，大多都是由于鸡毛蒜皮的小事引起的，本可以化解于一句得体的道歉、一个友善的微笑或者一个看似不经意但却恰到好处的手势，但恰恰是由于长期以来对这些被视为“小事”的、“不值一提”的礼仪的忽视，最终付出了一个又一个生命的代价。

（3）社会公德受到威胁

从社会公共生活来看，社会公德受到严重威胁。礼貌、礼节的缺失使得人际关系日渐淡漠，社会文明状况堪忧。最常见的问题是从孩童到成年人，对他人都缺乏应有的尊重。无论是在公共汽车上，还是在商店、影剧院，或者在其他公共场所，常常遇到一些令人不愉快的现象：有的对人态度生硬，动不动就恶语相加，甚至拳脚相见；有的在大庭广众之下举止粗俗，不顾任何影响；有的随地吐痰，乱扔脏物；有更多的人则因缺乏各种社交场合必要的礼仪知识而举措失当。更为严重的是，由于社会环境的不良影响，许多青少年把文明礼貌当作酸气，以无礼为时髦。这些实在令人忧虑。

（4）青少年犯罪率上升

由于青少年道德水平偏低，犯罪率逐年上升。来自中国青少年犯罪研究会的统计表明，近年来，我国青少年犯罪总数已经占到全国刑事犯罪总数的 70% 以上，其中十六岁左右的未成年犯罪案件占到了青少年犯罪案件总数的 70% 以上。[①] 见诸报端的有不少大案，竟然是一些仅十几

① 鞠青，姜甜甜．我国上世纪 90 年代以来青少年犯罪趋势定量分析报告．http：//www.cycs.org/Article.asp?Category=1&ID=7875，2007-10-08.

岁的孩子策划的。如河南省登封市的一百多次团伙抢劫案件竟然是一个十二三岁的孩子一手指挥干出的，真是令人触目惊心！特别是当一个杀了人的少年犯因宣判结果未判其死刑竟然出现与同伙抱在一起哈哈大笑得意庆幸的意外场面，真让人觉得小小年纪其良知却已沦丧到如此地步，真是今天文明社会的一种悲哀！犯罪孩子的家长在子女教育方面也非常失职，父母应该早发现孩子不良行为的端倪，早采取预防措施。有关专家认为，未成年犯罪的增多是家庭、学校、社会失责的产物。提高家长素质、强化学校教育、净化社会环境，带孩子进入一个绿色的成长通道是减少未成年人犯罪，保护未成年人健康成长的关键。

从诸多因素来看，关注和投入文化教育事业，尤其是早期的蒙学教育，是每一位文化学者和教育工作者当前乃至今后的重大使命。

2. 青少年国学教育长期缺位危及民族文化传承

传统文化使代际保持了文化上的延续，从而构成一个社会创造与发展的文化灵魂。中国有着悠久灿烂的传统文化，其中蕴含着深厚的文化资源和华夏先民的情感象征，它涵盖了道德、伦理、哲学、政治、经济、社会生活等多方面内容，是中华民族智慧的结晶，是先民们丰富实践经验的总结，是我们中华民族赖以生存的文化基石。传统文化留给我们的宝贵遗产是值得我们珍视的。

国学大师南怀瑾先生说："一个国家、一个民族，亡国都不怕，最可怕的是一个国家和民族自己的根本文化亡掉了，这就会沦为万劫不复，永远不会翻身。"每个人都站在传统的延长线上，尤其是当今的青少年，是社会的栋梁之材，更是文化传承的使者。中国近百年的巨变既促成中国社会的进步，也导致了传统文化的断层。随着近年来传统文化经典的断层，使得流传几千年的传统文化精髓逐渐淡出中国的教育体系。我们在学校里见不到品读经典、在文本中与先哲对话的孩子，也听不到诵读经典名句的朗朗之声。进入 21 世纪，这种文化断层现象在 80 后、90 后的身上更为突出。

这一现象的原因是多方面的。从教育的角度看，中小学生读不懂中华传统经典作品，自然无法理解其中的内涵与价值。从社会的角度看，文化的多元与世界文明的大融合则是青少年对传统文化认同感薄弱的另一个原因。在多元文化的社会背景下，外来文化的进入对青少年产生了更多的诱惑，也使他们有了更多的选择。西方文化以书籍、电影、网络、娱乐、商品等方式所带来的新鲜感让青少年“欣然前往”，他们在着迷于西方国家注入中国社会的种种文化信息时，逐渐忘掉我们传统的文化。孩子们喜欢过圣诞节多于元旦、春节；他们记得2月14日的情人节是以玫瑰花和巧克力来传情达意，却不知道中国传统的七夕节有一个浪漫的爱情故事，有一系列的民俗活动；还有的孩子居然说不出端午节、中秋节具体是哪一天。

广州市青少年宫与广州圆鸿康市场研究咨询公司联合开展了一项春节调查，结果显示，在被调查的458名小学生中，知道春节是哪一天的占74.4%，而知道圣诞节是哪一天的高达82.6%；在两个节日的象征物方面，过半数的小学生喜欢圣诞老人，这一比例远超过喜欢我国传统的财神、金龙、醒狮的比例；在平安夜，仅有8.1%的小学生的生活没有什么变化；65%的小学生认为中国人应该过圣诞节。[①]这对中华文化特别是中华传统礼仪文化的传承构成了严重威胁。

国学经典凝聚着文化的精髓，承载着中华民族的精神。如果青少年国学教育长期缺位、缺失，必然导致人们对民族文化的了解越来越少，进而危及民族文化传承，甚至无法排除危及民族延续的可能性。台中师范大学王财贵教授在倡导经典诵读时，把目前青少年逐渐远离传统文化的趋势称为“去中国化”的倾向，也就是“渐渐远离文化传统的影响，割断同文化母体的联系，教材也越改越简陋，缺少文化的内涵和对心灵的陶冶，只有知识的、技能的训练，重视了科技方面的教育，但忽视了精神层面的教育”[②]。美国已故的著名社会学家、对传统有深入研究的希尔斯教授指出：“传统是后人从先人那里一代代继承下来的各种不同的信念、价值观、处世态度、行为规则。其种类繁多，它们既非直截了当，也非详尽无遗，它们不会宣称自己是传统，而是取决于人们是否把它们看作传统。”[③]传统之所以能代表一个民族从诞生到如今的发展历程，是因为历代祖先创造、积累的智慧与情感以文化的方式进入到每个人的生命中，融化到血液里，最终转化为一种行为方式代代相传。

① 尹来，黄斯，王健．调查显示小学生最爱圣诞老人．金羊网－新快报．http：//news.163.com/09/0122/01/507MK4QO00011229.html，2009-01-22.

② 胡晓明．读经：启蒙还是蒙昧．上海：华东师范大学出版社，2006：284.

③ 读经运动：重寻古典智慧——王财贵博士访谈录．深圳特区报，2003-09-24.

3. 青少年国学教育长期缺位将威胁中华民族的竞争力

中华民族在经历了战乱、重建、改革开放等一系列的社会变革后，已经吹响了民族复兴的号角。我国再也不是近代史上任由列强宰割的羸弱之邦，在政治、经济、文教、国防等各方面的发展举世共睹，在国际上的影响力日渐增强。这种变化给国人带来的民族自豪感、民族自信心使人们对我国自己的传统文化有了重新审视的客观心态，并产生了文化传承的使命感。同时我们深深地认识到，中华民族的伟大复兴除了需要经济上的飞速发展，还需要有厚实的“软实力”作为支撑。“一个民族如果失去了自己的文化传统，就等于丢掉了自己的根基、命脉，就成了一个‘空心人’，这样的人民，这样的国家就好比是无根之木，无水之源，既无法挺立，也无法创新。”①

经济全球化促进了经济、文化的交流，同时也给经济强国利用自己的经济优势搞文化霸权主义提供了可乘之机，把自己的价值观念强加于其他欠发达国家，对他国文化的发展带来消极影响，尤其是对青少年的影响更为突出。当今青少年在缺少传统文化滋养的情况下，面对外来文化，失去了抵制的根基和准绳，崇洋媚外的现象较严重，认为“外国的月亮比中国的圆”，对中华民族传统文化缺少自信，乃至怀疑、放弃，民族文化自信降至最低点。

上海交通大学的一项有关对我国传统文化未来走向的调查显示，只有 6.13% 的学生认为传统文化的前景“很乐观”，23.78% 的学生感到“比较乐观”，两项相加仅占 29.91%。而 42.06% 的学生认为“很难说”，22.95% 的学生表示“不乐观”，还有 5.09% 的学生明确表示“很悲观”，三项累计，达到了 70.10%。②

举例虽有失偏颇，但也从一个侧面反映了国学价值深层次的失落与国学教育严重缺位的现实。毋庸置疑，当代大学生属于时代青年中最优秀的群体，他们是国家的希望，民族的未来，无论是从科学文化知识方面还是从道德、品格、修养方面，都担负着引领和影响公民素质提高的历史使命，并且代表着中国公民的形象，站在科学技术与文化的最前沿，参与国际人才的公平竞争。然而，使命与现实之间却存在巨大落差，这与日本、韩国等周边国家青少年学生的情况形成巨大反差。

① 胡晓明．读经：启蒙还是蒙昧．上海：华东师范大学出版社，2006：423.

② 李建强等．国学调查．社会科学报，2006-07-27.

综上所述，无论是目前已有明显表现的道德滑坡，还是民族文化传承正在遭遇的挑战，以及民族竞争力有可能被削弱的威胁，都是我们无法否认的现实。但是，“冰冻三尺，非一日之寒”，这一局面不是朝夕形成的，而是长期以来青少年传统文化教育缺失、缺位、错位的必然结果。国学经典是传统文化教育的重要内容，当代中国青少年国学教育任重而道远。

第二节　当前我国青少年国学教育的复苏

20世纪80年代以来，伴随我国改革开放的进程，在党和政府积极倡导、引领，以及社会各界的积极呼吁下，我们欣喜地看到，我国青少年国学教育正在迅速复苏，并已蓄积起规模发展的态势。

一、当前我国青少年国学教育复苏的背景

1. 全球化背景下的文化生态对青少年的影响

近年来，全球化成为文化研究中的焦点话题。激变的社会历来是思想激荡的加速器，青少年本身是一个活跃的社会群体，从社会学的角度说，青少年又处在自身社会化的阶段，是人生历程中心智走向成熟，思想逐步稳定的时期。所以，在全球化时代，青少年是现实的文化生态最直接和最敏感的承受者，也应该是最需要被关注的群体。

从物质层面上说，当今全球化时代最醒目的特征是微电子、计算机、宽带网等新兴产业迅速发展，以及由此带来的信息化、网络化、智能化、集成化的现代生活和经济走向，它们极大地改变了当代人的生活和工作方式，使互联网成为这个时代最深刻的印记。不过，对青少年而言，物质层面的变化还只是一方面，全球化带来的更值得关注的是伴随物质变化而传扬起来的思想观念的改变。在全球化时代，传播渠道的多样化、传播范围的广泛化和传播方式的高效化将强势文化带到世界各个角落，外来文化的强大影响使得世界各民族的思想文化无法再按照原有的轨道行进，全球化带来了趋同化和一体化。所以，有人说全球化是“人类不断跨越空间障碍和制度、文化等社会障碍，在全球范围内实现充分沟通

（物质和意识）和达成更多共识与共同行动的过程”[①]。

表面上，全球化带来的这种趋同化和一体化作为文化流通和传播的结果，本不足为奇，但在实际传播过程中，强势文化是占有优势地位的，从文化学角度看，强势文化的流通和传播实际上形成了强势文化对弱势文化的强力挑战。因此，全球化引起了强势文化及其思想的全球性扩张，如果继续任其扩张，那么其结果将是强势力量的标准成为最终标准，而弱势力量的标准在不对称的对话过程中逐步走向被消解、置换和改造的命运。

观念变迁同代际结构有着密切关系。一般说来，越是低代际的社会成员，越易受到新文化观念影响乃至控制。所以，在这样的文化生态里，青少年受到的由全球化所带来的趋同化和一体化的冲击最大。反观当今我国社会的文化状况即是如此，在青少年身上，一方面，生活方式的全球化特征已经非常突出，如时尚标准新颖化、趋同化，人际交往快捷化、短期化等；另一方面，民族文化也呈现衰弱甚至断裂的迹象，古典理想的文化生存状态正在消失，科技理性主宰了人们的思维，物性崇拜甚嚣尘上，人们对道德价值、人性、自然、信仰等失去了谦卑的态度和敬畏之心。

2. 青少年思想培育与民族文化自觉

全球化无疑极大地推动着我国社会的进步与发展，对青少年思想观念的变化也产生了重大影响。在全球化的国际大环境中，我们面临的最大危机和挑战就是民族文化的生存和文化自觉的身份认同。

那么，如何去应对青少年思想观念普遍性变化这一现状呢？对此，我们不妨首先以文化哲学视角透视全球化现象，从而尝试思考全球化背景下的青少年问题恰当的因应之道。从文化哲学的立场说，全球化与文化多元性应是辩证互动的。在全球化的浪潮前必须有本土性的文化存在，主动立足于对本土性文化的认同我们才能对现代性与全球性进行反思，从而在坚守本土化这块阵地的前提下参与全球化竞争与对话，更好地走向未来，最终实现全球化和本土文化的双赢。否则，如果只有全球化，我们的文化模式都是由西方移植过来的，找不到属于自己民族的东西，对本土性来说就是极大的失败。

现实中我们的问题恰恰在于，在全球化大潮之中，对传统文化的保

① 胡元梓．全球化与中国．北京：中央编译出版社，1999：12.

持缺失，特别是缺失对民族优秀文化的弘扬，从而致使全球化与文化多元性之间缺乏良性互动，全球化成了单向化。不过，退一步说，即便是单向化，对于青少年思想成长而言，假使我们能在单向化的变化面前汲取西方文化中的人文精神，培养西方传统中的德性观念，这也不失为一种不算最坏的选择。但是，在目前的全球化背景下，深层的文化内涵难以快速传递，所以，思想上我们能获得的还只是传播更为广泛的西方科技理性和物性崇拜意识。如此一来，在我们的文化空间里，青少年既无法吸收传统文化中的优秀养分，又无法触及西方文化中富有人文底蕴的价值和德性意识，这样的双重缺位导致了前已述及的青少年思想的现状。

既然如此，在全球化时代，对于青少年的思想培育，我们就不能不回到民族历史中，正视我们本民族的文化传统。文化是民族的灵魂，民族文化是民族精神生成和发展的基础，是先贤缔造的人文理想、道德理念的荟萃，对青少年来说，必须唤起其民族文化自觉。所谓文化自觉，就是指生活在既定文化中的人对自己的文化有自知之明，明白它的来历、形成过程、所具有的特色和发展趋势，并对文化转型具有自主能力，以取得决定适应新环境、新时代文化选择的自主地位[①]。“文化自觉”命题有个基本点，就是正确对待中华传统文化，而国学作为中华传统文化的载体也应被人们所重视。唤起其民族文化自觉不仅是促成本土化和全球化双向互动，回应全球化浪潮之必需，更是全球化时代青少年思想成长的必要途径。在中小学阶段进行国学教育是主体文化精神从自在走向自觉，从潜在走向现实，从感悟转化为创造的过程，是培育、生成、壮大具有世界竞争力的中国民族精神的过程。一个民族要想立足于世界民族之林，必须要有自己的特色、自己的文化，通过国学内容的传递去扭转一个时期以来中国人对本民族文化的陌生和疏离，通过培养对本民族文化的自豪感来实现中国人的文化认同和文化归属。国学教育对于传承传统文化，实现文化认同与民族认同意义巨大。

二、当前我国青少年国学教育复苏的成因

1. 社会名流积极倡导

1990 年 2 月，南怀瑾先生创办香港国际文化教育基金会（International

① 费孝通．中华文化在新世纪面临的挑战．炎黄，1999（3）：2-4.

Cultural and Educational Foundation Institute，ICI），其宗旨是："发扬中国文化精神，吸收西方文化精神，借各种文教活动之推广，从而改善社会风气。并通过各种途径，促进社会福利。"①

1994 年由台湾爱国人士王财贵教授倡导的"儿童读经"教育在台湾兴起，使中断 80 年的"读经教育"重登中国的文化舞台。此举得到了全球华人的广泛响应，以华山书院读经推广中心为核心，各县市成立了"读经协会"。参与读经的孩子超过百万，已举办了四届"读经小状元"会考，读经活动方兴未艾。②

1995 年，赵朴初、叶至善、冰心、曹禺、启功、张志公、夏衍、陈荒煤、吴泽西九位德高望重的老人在中国人民政治协商会议全国委员会第八届全国委员会上提出了第 016 号紧急呼吁提案《建立幼年古典学校的紧急呼吁》。提案指出："我国文化之悠久及其在世界文化史上罕有其匹的连续性，形成一条从未枯竭、从未中断的长河，但时至今日，这条长河却在某些方面面临中断的危机。""构成我们民族文化的这一方面是我们民族智慧、民族心灵的庞大载体，是我们民族生存、发展的根基，也是几千年来维护我们民族屡经重大灾难而始终不解体的坚强纽带。如果不及时采取措施，任此文化遗产在下一代消失，我们将成为历史的罪人，民族的罪人。"呼吁引起了中央的高度重视，李铁映同志、李岚清同志批示教育部门给予相应的办学政策。

1997 年，大陆第一个读经推广机构中华文化研习中心在厦门成立。创办人慕华老师以慈善公益的方式向社会宣传读经理念，并向社会捐赠价值数十万元的读经宣传资料和读经教材，在全国各地进行辅导，成立了众多的读经班。

2004 年 9 月 5 日，许嘉璐、季羡林、杨振宁、任继愈、王蒙等 72 位著名学者在北京举行的 2004 文化高峰论坛闭幕会上公开发表了《甲申文化宣言》，宣言认为："文化多元化对于全球范围的人文生态，犹如生物多样性对于维持物种平衡那样必不可少。我们主张每个国家、民族都有权利和义务保存和发展自己的传统文化；都有权利自主选择接受、不完全接受或在某些具体领域完全不接受外来文化因素；同时也有权对人类

① 赵子俊．儿童读经教育综述与评析．中国教师，2008（5）：29.

② 经典文化教育十年大事记概况 .http：//www.dujing.org/CICms/A：tiele/Showl，lfo.asp?InfoID=425，2009-07-18.

共同面临的文化问题发表自己的意见。我们为世界上许多古老民族、经济次发达地区的文化命运深感忧虑。国家不论大小、历史不论长短、国力不论强弱，在文化交往和交流方面均享有平等权利。我们反对文化沙文主义和文化歧视，并认为此类行为是反人类的。”①宣言表达了“与海内外华人一起，为弘扬中华文化而不懈努力”的愿望。鉴于上述知名人士在社会上的名望，宣言的发表受到了广泛关注。

2006年7月28日，新浪网隆重推出乾元国学博客圈，汤一介、庞朴、余敦康、李学勤等目前国内研究国学成就卓著的百余学者同时加盟，尽管像庞朴、汤一介等老先生极少在网络更新博客，但这并不影响这一事件的社会意义。他们的积极倡导产生了良好的示范效应，引发了网络上对国学的进一步关切。

2. 学术电视推波助澜

与学界的倡导相呼应，在传媒领域，自2001年中央电视台科教频道开播以后，学术电视渐渐活跃于各大荧屏，凤凰卫视的《世纪大讲堂》是中国学术电视的先河。

中央电视台科教频道的《百家讲坛》把学术电视推向了高峰。自2003年刘心武“新解红楼梦”开始，作为一档以“学术”与“传统”为标记的栏目，《百家讲坛》渐渐走入大众视野。2004年7月，《百家讲坛》正式将定位转移到传统文化，之后这一栏目在国学热大潮中屡次掀起波澜。

2004年阎崇年主讲“清十二帝疑案”，引发了新一轮的收视热潮，反响强烈。随后，《易中天品三国》《王立群读史记》《于丹解读论语》……一档又一档贴着“传统文化”标签的节目意外地受到了年轻人的追捧，甚至引发了一轮说经读史的热潮。

《百家讲坛》影响之大，不仅在于其收视率屡创新高，还体现在相关出版物的热卖。在向传统出版延伸的过程中，百家讲坛连同它携带的国学符号广为流布。

2006年5月22日，《易中天品三国》（第一部）出版，首批印量为55万册，作者版税率为14%，引起中国出版界的剧烈动荡。随后出版的《论语心得》更上一层楼，创造了首批印量100万册的神话。难怪有人要

① 许嘉璐，季羡林，任继愈等. 甲申文化宣言. 中国青年报，2004-09-05.

说当《百家讲坛》入选为2006年当代中国十大新闻事件之一的时候，实际上它已经不仅是一个年度的新闻事件，而且是一个重大的具有多重意义的文化事件①。

与此同时，“国学”在互联网上也成为高频词汇。“全民读史热”“经典新读”等在互联网上悄然兴起，以《明朝那些事儿》为代表的草根说史在网络和市场上也取得了不俗的战绩。全民说史读史的狂欢把国学的热度推向新高。

在此氛围下，与国学相关的书籍在书市备受瞩目。《论语》《千字文》《唐诗三百首》等国学经典名著成为热销图书。就是在这些大众媒体的介入和推动下，传统文化以一种新的姿态跃居前台，成为人们普遍关注的话题。

3. 民间大众呼应跟进

与20世纪20～30年代的国学热相比，这一轮国学热最显著的特点即是在民间引发了广泛的应和之声。其中青少年的国学教育热潮主要表现为私塾的重新出现与儿童读经潮的兴起。

2000年以来，各地涌现出大批具有国学启蒙性质的私塾，如北京的安定门国学馆，南京的金陵国学馆，长沙的天朗国学馆，天津的明德国学馆，广州的九龙树国学馆，上海的孟母堂，武汉的章学馆，苏州的菊斋私塾，九江的晓波国学启蒙馆，衡阳的中南文源国学馆，中山的香晖国学馆，赤峰的儒雅国学馆等。这些私塾无一例外地以读经为主要教学方式和内容。有“当代大儒”之称的蒋庆编纂了12册儒家文化典籍，为儿童读经提供了教材，由此掀起了一股儿童读经热潮。有报道称，截至2003年年底，中国已有500万个家庭、60多个城市的少年儿童加入诵读儒家经典行列②。

1998年初，经国际文化教育基金会推荐，王财贵教授给中国青少年发展基金会（简称青基会）作了有关读经理念的报告。至此青基会决定开始另一项希望工程即“中华古诗文经典诵读工程”，并成立了“中华古诗文经典诵读工程”全国组织委员会，同年2月18日开始对北京、湖北的1500名儿童进行三个月的试点工作，试点成功后，该工程正式在全国

① 张法．会诊百家讲坛．合肥：安徽教育出版社，2007：1.
② 祝沛章．对当前读经运动的思考．科教文汇，2007（1）：155.

范围内展开。[①] 读经热潮由此掀起。

1999 年 3 月，在中华文化研习中心的基础上成立了绍南文化读经教育推广中心，该中心成立了大陆第一个专业的儿童读经教育网 www.dujing.org，为全国读经教育推广者建立一个交流的平台。同时，该中心邀请专家参照《十三经注疏》整理出版大陆第一套全本的《儿童中国文化导读》，内容包括"四书""五经"等。2000 年和 2001 年，国内又先后成立了北京四海儿童经典导读中心和武汉老古大方经典文化教育中心。以上三个机构在后来的几年中一直是民间推广读经的主要力量，在他们的带领下，全国各地又迅速成立了几百家读经推广机构。

1999 年 4 月 3 日，中国青少年发展基金会与人民日报社教科文部在上海联合举办了中华古诗文经典诵读工程座谈会，海内外著名专家学者金庸、王元化、汤一介、庞朴、乐黛云、赵鑫珊、陈平原、葛剑雄等应邀出席，杨振宁、季羡林、南怀瑾、饶宗颐、叶嘉莹、余秋雨等做了书面发言。同年 10 月 7 日，在北京纪念孔子诞辰 2550 周年国际学术大会上，60 多名七岁儿童齐诵《论语》。

2000 年，中华古诗文经典诵读工程已有 29 个省（自治区、直辖市）的 80 多万名少年儿童参加。同年 3 月，"古诗文诵读——百县计划"正式启动，标志着古诗文诵读的参与者开始由城市向农村辐射。2002 年，由于学者、教育专家的呼吁和各级政府的重视，我国已有 30 多个城市开展了儿童读经工程。北京市 2001 年人民代表大会提案之一就是"大力推进经典诵读工程"。2002 年 2 月，北京四海儿童经典导读教育中心与中华孔子学会教育咨询服务中心联合启动"家庭经典诵读活动"，活动中涌现出一些优秀的经典诵读家庭，孩子和家长在经典诵读中形成互动，共同接受传统文化的熏陶。此外还举办儿童经典导读班，通过实地教学实践，探索经典诵读教育模式。

2004 年是孔子诞辰 2555 周年，为纪念这位世界文化伟人，中国人民大学孔子研究院与北京四海儿童经典导读教育中心合作，举办以"尊吾师道，传吾文化"为主题的孔子文化月活动，从 9 月 7 日到 10 月 15 日，历时一个多月，通过开展孔子文化月活动向全社会发出倡议：尊师重教，尊重师道，树立良好的尊师重道的社会风貌，推广和普及中国优秀传统

① 经典文化教育十年大事记概况 .http：//www.dujing.org/CICms/A：tiele/Showl，lfo.asp?InfoID=425，2009-07-18.

文化。2005年，中国人民大学成立国学院，中国社会科学研究院成立儒教研究中心，儿童读经运动成为风潮。这一切标志着国学热在中国进入高潮，而围绕国学热展开的争鸣也在时刻进行着。

4. 官方政策导向支持

在民间读经热潮掀起的同时，相关部门也出台了相应政策来引导和规范读经活动，使经典诵读有了官方的支持，这些政策主要体现在弘扬民族传统文化和对未成年人的思想道德建设工作上。

1998年6月26日，中国共产主义青年团中央委员会、中国少年先锋队全国工作委员会和中国青少年发展基金会启动了中华古诗文经典诵读工程。该工程由青基会下属的社区与文化委员会负责实施，著名学者季羡林、杨振宁、张岱年、王元化、汤一介担任顾问，南怀瑾担任指导委员会名誉主任。该工程已在全国30个省（自治区、直辖市）的数千所学校的430余万少年儿童中开展起来，同时受其影响并受益的成年人也超过2500万人。

2000年，教育部制定的《九年义务教育全日制初级中学语文教学大纲（试用修订版）》把“继承和发扬中华民族的优秀传统”作为重要目标之一，古诗文作品在教科书中的比例有所增加，教学要求有所提高，古诗文作品在初、高中语文教材选文中分别约占35%和45%。[①]

2004年2月，国务院发布《中共中央国务院关于进一步加强和改进未成年人思想道德建设的若干意见》[②]，其中第七条明确指出未成年人思想道德建设的主要任务包括“从增强爱国情感做起，弘扬和培育以爱国主义为核心的伟大民族精神。深入进行中华民族优良传统教育和中国革命传统教育、中国历史特别是近现代史教育，引导广大未成年人认识中华民族的历史和传统，了解近代以来中华民族的深重灾难和中国人民进行的英勇斗争，从小树立民族自尊心、自信心和自豪感”。第八条指出：“学校是对未成年人进行思想道德教育的主渠道，必须按照党的教育方针，把德育工作摆在素质教育的首要位置，贯穿于教育教学的各个环节。要把弘扬和培育民族精神作为思想道德建设极为重要的任务，纳入中小学教育的全过程。加快中小学思想品德、思想政治课的改进和建设，充

① 张绪军．国学对我们意味着什么．http：//www.guojihr.eom/MainPage/viewpage.asp?NewSID＝606，2009-07-13.

② 中共中央国务院关于进一步加强和改进未成年人思想道德建设的若干意见．http：//www.moe.edu.en/edoas/website18/level3.Jsp?tablename=1723&infoid=25462，2009-07-04.

分利用和整合各种德育资源，深入研究中小学生思想品德形成的规律和特点，把爱国主义教育、革命传统教育、中华传统美德教育和民主法制教育有机统一在教材之中，并保证占有适当分量，努力构建适应21世纪发展需要的中小学德育课程体系。”同年5月召开的全国加强和改进未成年人思想道德建设工作会议，在全国特别是教育系统引起了强烈反响。6月1日，教育部印发了《教育系统贯彻落实〈中共中央国务院关于进一步加强和改进未成年人思想道德建设的若干意见〉的实施意见》，其中明确提出要在全国教育系统开展教育思想大讨论。

2006年9月，我国发布《国家“十一五”时期文化发展规划纲要》，把关于传统文化的传承与保护放在了突出位置。《国家“十一五”时期文化发展规划纲要》提出“重视中华优秀传统文化教育和传统经典、技艺的传承。在有条件的小学开设书法、绘画、传统工艺等课程，在中学语文课程中适当增加传统经典范文、诗词的比重，中小学各学科课程都要结合学科特点融入中华优秀传统文化内容。并提出在社会教育中，广泛开展吟诵古典诗词、传习传统技艺等优秀传统文化普及活动”①。以政府意志对传统文化教育做出系统规划，这在近半个世纪以来是第一次，把学校教育作为传承传统文化的主渠道，随即引起了强烈的社会反响。有专家指出，这一举措对于繁荣和发展社会主义先进文化，提升民族自信心，振奋民族精神，促进中华民族的伟大复兴必将产生深远影响。

2009年4月28日，国家语言文字工作委员会办公室和精神文明建设指导委员会办公室调研组联合发出了《关于开展“中华诵·2009经典诵读大赛”和“中华赞·2009诗词歌赋创作大赛”的通知》，全面启动“中华诵”“中华赞”活动。教育部印发了《教育部办公厅关于在教育系统做好“中华诵”经典诵读工作的意见》，指出“要积极推进各级各类学校开展‘中华诵’‘中华赞’活动，有效推动经典诵读进课堂、进校园、进家庭、进社区，探索和建立经典诵读活动能够深入、持续发展的长效机制……要因地制宜，组织文学、语言文字和朗诵艺术等方面的专家，通过面授、校园广播电视系统、远程网络教育系统等多种方式，向师生进行经典诵读和诗词歌赋创作方面的培训与指导，逐步建立一支热爱中华经典并能在课堂内外积极教学、宣传和普及中华优秀传统文化的

① 国家“十一五”时期文化发展规划纲要.http：//culture.people.com.cn/GB/22226/71018/index.html，2006-09-13.

骨干教师队伍和热爱民族文化传统，擅长诵读技能的优秀学生人才‘储备队伍’”①。

官方政策的导向意在对青少年加强思想道德建设，培养爱国主义情操，培养中华传统美德，客观上全面推进了古诗文诵读活动在全国各地、各类组织和学校的开展。

5. 中小学课程导向的推动

（1）语文课程改革的推动

2000年，中国基础教育开始了中华人民共和国历史上第八次课程改革。这次改革分两个阶段，第一阶段带有过渡性质，即对当时正在使用的中小学各科教学大纲和教科书进行修订。2000年公布的《九年义务教育全日制小学语文教学大纲（试用修订版）》、《九年义务教育全日制初级中学语文教学大纲（试用修订版）》及《全日制普通高级中学语文教学大纲（试验修订版）》，规定了“古诗文背诵篇目”：小学要求背诵古诗词80首；初中背诵古诗词50首，古文20篇；高中背诵古诗词50首，古文20篇。三个学段共要求背诵180首古诗词，40篇古文。所列篇目，大多是素有定评、千古流传的诗文名篇。选择的范围包括先秦的《诗经》、《楚辞》，唐宋诗词、古文，明清小品等。《全日制义务教育语文课程标准（实验稿）》和《普通高中语文课程标准》都提出通过古诗文教学，使学生认识中华文化的丰厚博大，吸收民族文化智慧，培植热爱祖国语言文字的情感，在古代诗文作品的积累、感悟和运用中提高自己的欣赏品位和审美情趣。古典教育受到空前重视，古代诗文作品在教科书中的比例有所增加，教学要求有所提高，要求背诵一定数量的名篇。古诗文作品在初中、高中语文教材选文中分别约占35%和45%。“文化论著研读”要求选读古代文化论著，以发展的眼光看待传统文化。“关于诵读篇目和课外读物的建议”中提到的诵读篇目包括先秦散文、唐宋散文、《诗经》、《楚辞》、唐诗、宋词等。课外读物既包括《论语》《孟子》《庄子》等文化经典著作，也有《三国演义》《红楼梦》《西厢记》等小说、戏剧作品。

教育部于2001年制定了《全日制义务教育语文课程标准（实验稿）》。语文课程标准的总目标明确要求接受九年义务教育的学生能够认识到中

① 教育部办公厅关于在教育系统做好“中华诵”经典诵读工作的意见.http://old.moe.gov.cn/publicfiles/business/htmlfiles/moe/s3137/201001/78541.html，2009-06-20.

华文化的丰厚博大，吸收民族文化智慧；能初步理解、鉴赏文学作品，受到高尚情操与趣味的熏陶，发展个性，丰富自己的精神世界。2002 年秋季开始全国推广使用的中小学语文新教材，依据新大纲的基本精神，相应地也加大了文学教育的分量。小学、初中语文教材的选文，大大增加了文学作品在课文中的比例。高中语文教材的选文，文学作品占 60% 以上。由此可见，教育部对中小学如何学习中国古代文化经典和其他优秀文学作品的问题十分重视。教育部对中小学学生的语文教学制定了系统、完整的实施方案，对必须诵读、必须背诵的古今文学作品做了十分明确的规定。同时，对"课外阅读"做了总量要求。课外阅读部分是让学生在广阔的文化知识的海洋里自由寻觅。教师可根据学生不同的兴趣爱好及其他个性特点，对课外阅读进行启发、引导。北京市海淀区教育局开设了一个儿童读经导读中心组织儿童读经，据《中国教育报》文章报道，越来越多的人开始推广儿童读经。语文课程改革的导向性对青少年国学教育的影响不容忽视。

（2）三级课程提供契机

我国长期以来严格执行以中央教育机构为课程开发主体，以国家力量进行课程开发的课程政策。在统一课程标准、课程大纲和教科书的情况下，由于地域差异，各学校之间的差异，学校、教师实际实施的课程却与理想课程产生了很大落差，往往导致"课程决策在实施过程中出现失真现象，开发的课程缺乏适应性，不适应每个个体的学习需求"①。

近年来，随着我国基础教育的逐步深入，课程改革的重点已经转向课程，并在政策层面提出了实施"国家、地方、学校"三级课程的管理体制。校本课程就是在具体实施国家课程、地方课程的前提下，通过对本校学生的需要进行科学的评估，充分利用当地社区和学校的课程资源而开发的具有多样性、可供学生选择的课程。校本课程开发旨在尊重学生、学校和社区的独特性与差异性是教育制度内权力与资源重新配置的过程是课程理论与实践不断丰富和完美的过程是国家课程开发的重要补充。② 在这样的背景下，很多学校把国学教育作为校本课程进行开发，根据本地课程资源状况，充分发挥本校办学优势和特色，与基础教育课程改革应做到有机统一，成为基础教育课程改革中的一大

---

① 沈兰 . 课程权力再分配：校本课程政策解读 . 教育发展研究，1999（9）：35-38.

② 黄寒英 . 校本课程开发的理性思考 . 中小学教师培训，2005（10）：19-20.

亮点。

6. 出版物的涌现提供便利

随着读经热潮的掀起，大家把读经的争议引向深入，各种出版物在市面上涌现，其中包括推行读经的组织和机构组织专家编写的教材，也包括书商们利用经典教育的商机及时推出的系列传统文化书籍。2003 年 2 月，由教育部组织众多专家学者编写，由江泽民同志题词，李岚清同志作序的《中华传统美德格言》出版。这本书出版后，教育部和国家新闻出版广电总局的主要领导专门在人民大会堂举行座谈会，要求发放到每个中小学生手中，作为重要的课外读物。

2003 年 8 月，由西安德音文化有限责任公司出版的《国乐启蒙》问世，一改过去以儿童音乐和西方音乐为主的乐教模式，《国乐启蒙》重新担起有 7000 年悠久历史的中华乐教之重任，重启中华“礼乐”之门，意义深远。

2004 年，由新儒家代表人物蒋庆先生精心选编的《中华文化经典基础教育诵本》出版，该书共选录 19 部儒家经典，由高等教育出版社出版。该书被列入“正式出版儿童学经教材”和“中小学开展弘扬和培育民族精神教育实施纲要规划课题实验用书”。该书出版后，在国内引发了巨大争议，由此教育界、文化界展开了“儿童要不要读经”的大讨论。整个讨论形成了泾渭分明的“支持”和“反对”两大阵营。在北京、上海、广州、深圳等城市，中华传统文化典籍被摆在图书大厦最醒目的地方。在北京西单图书大厦，《论语》《孙子兵法》《孟子》《庄子》《大学》《中庸》等，每种书都有好几个版本。其中宗教文化出版社的《论语：图文本》轻松挤进 2001 年社科类畅销书排行榜，仅这一种书的销售量就达到近 5000 册。吉林文史出版社出版的古典名著系列“口袋书”销售最为火爆，每本能销几千册，有些书甚至脱销了。中国社会科学出版社“老私塾”系列第一辑刚到货，销售便出现良好势头。除了这些“原汁原味”的古籍，上海古籍出版社另辟蹊径，推出现代版《庄子》《论语》《孟子》《列子》等系列书籍，由流沙河等名家亲自执笔，把这些让一般读者感到艰涩难懂的古籍，用白话娓娓道来，虽然书刚刚上市，销售势头却很好。[①] 大量出版物的涌现为中小学国学教育提供了便利条件。

① 张绪军 . 国学对我们意味着什么 .http：//www.guojihr.eom/MainPage/viewpage.asp?NewSID = 606，2009-07-13.

三、当代青少年国学教育实践的分类展示

当代青少年国学教育在传播和实践过程中具有纷繁复杂的特征，呈现多种面貌，它不是一时的产物，而是有一个逐渐发展的过程。从 20 世纪 80 ～ 90 年代的蒙学热，到读经运动的兴起，再到国学启蒙运动、新私塾运动，再到国学经典诵读校本课程，我们可以看到青少年国学教育一路走来的足迹。

1. 蒙学热

“蒙学热”一词由徐梓提出，他在《“蒙学热”透视》[①] 一文中对“蒙学热”的表现和内涵做了详细而中肯的分析。他说，20 世纪 80 年代中期以来持续至今（1993 年）的“蒙学热”首先表现为蒙学读物的大量出版；另一表现是传统蒙学读物的印刷量大、行销广。其实还有一个表现是学者关于蒙学的研究多，这一时期出版的众多教育史教材中都有大量篇幅介绍蒙学，这是以往所不曾有的。徐梓认为，传统蒙学可以说是传统文化中最具代表性的方面，各个时代的蒙学读物潜藏着它那个时代的“秘密”，正是由于传统蒙学读物往往是特定时代性格和气质的典型表现，随着文化研究的深入，蒙学受到关注是必然的。对于蒙学与文化的关系，徐梓有深刻的认识，他说，蒙学读物作为传统文化的重要载体，为文化研究提供了一个适宜的对象，使文化研究这样一种眼界、一种意识、一种素养在具体问题的研究中获得了意义。如果说“蒙学热”借“文化热”而兴起，那么“文化热”则依“蒙学热”而深入，所以“蒙学热”的出现并与“文化热”结合，给“文化热”灌注了新的活力，使对中华传统文化的研究走向了一个新层次。徐梓对“蒙学热”的牟利目的和功利主义倾向做了批判，他说，“蒙学热”只能说是“蒙书热”，而蒙学教学法、蒙师经验总结、蒙学理念等作品无人问津，并且存在重韵语和偶句，轻语体文的倾向。徐梓呼吁“蒙学热”需学者和大众以超脱功利之外的努力去补偏救失，使之健康发展。

20 世纪 80 年代中期到 90 年代初期的这场“蒙学热”奠定了蒙学研究的基本框架，也推动了传统文化的深入，但遗憾的是，这场“蒙学热”还仅仅停留在大众对蒙学读物的好奇和学者的理念探讨层面，在实践中少有举动，进而产生的社会效应极小，随着不断出现的新的文化热潮如

① 徐梓．“蒙学热”透视．中国典籍与文化，1992（3）：38-42.

“后学热”“易学热”“全球化热”等，“蒙学热”也逐渐偃旗息鼓。

2. 经典诵读

1994年，台中师范大学王财贵教授在台湾发起全球儿童读经运动，倡导教育从读经开始，主张利用13岁以前人生记忆的黄金时期，诵读中国文化乃至世界一切文化的经典，提升文化修养，以健全的人格、道德和智慧投身于社会。读经教育一经倡导便在台湾地区得到广泛的响应。1997年，国学大师南怀瑾先生倡导的“重整中国文化断层，推动儿童中国文化导读”与之相呼应。在诸多有识之士的倡导和推动下，中国乃至北美、东南亚华人社会均开展了儿童读经活动。1998年5月，受赵朴初、冰心、曹禺等嘱托，在北京市教委的批复下，知名学者舒乙、王志远教授等集资成立大陆第一所在九年义务教育基础上融入读经教育的学校——北京圣陶实验学校。同年，中国青少年发展基金会开始推动中华古诗文经典诵读工程，北京、湖北等地作为试点，其读经活动以“读千古美文，做少年君子”为口号，以“直面经典，不求甚解，但求背熟，终生受益”为方针。“每逢周末，北京师范大学教育系教授、博士生导师、中华孔子学会副会长郭齐家先生和他的合作者都会教一群学龄前儿童诵读中国古代经典。这样的少儿读经班已经遍布北京、上海、天津等十几个省市，参与读经的少儿超过300万。”①2000～2001年，王财贵接连来大陆做了数十场巡回演讲，反响异常热烈。自此，大陆的儿童读经运动正式铺开，读经热开始出现并升温。

然而，让“读经”这个字眼一下子成为全民关注的热点事件要数2004年以《南方周末》为平台，围绕学者蒋庆编著的《中华文化经典基础教育诵本》而进行的争论。关于确切的读经人数没有完全统计，据王财贵的《儿童读经教育说明手册》中说“这八年多来，包括中国台湾，扩及中国香港、澳门，东南亚、美国等华侨社会，以及中国大陆地区，大大小小约有七八百场演讲，听讲者计有十万人以上，而整个台湾地区，截至2001年，已有一百余万小朋友接受‘读经’的教育，……读经总人数已超过五百万人”②。

说到读经，我们要先谈谈何谓“经典”。考证“经典”二字的含义，《文心雕龙》曰：“经也者，恒久之至道，不刊之鸿教也。”《尔雅释言》

① 李煌萍．少儿读经班，复古还是创新．光明日报，2003-01-19.
② 王财贵．儿童读经教育说明手册．台北：和裕出版社，1997：2.

曰："典，经也。"典的本义是指重要的文献、典籍。经典就是"天地间永垂不朽的作品"，它代表了往圣先贤流传下来的智慧结晶。国学大师南怀瑾先生说，中国古代那些浓缩了人文科学和自然科学等方面智识结晶的古书，后世人尊称为"经典"。经典除了其本身所含有的各种特质以外，其能够成为经典的关键在于任何经典都有一个经典化的过程。在中国历史上，许多优秀作品在历史的长河中经历了时代的洗礼，经受了众人的品评，它们跨越时空，得到一代代人的认可存活了下来，这本源的东西就是经典。目前，小学阶段经典诵读内容包括《弟子规》《千字文》《三字经》《百家姓》《孝经》《唐诗三百首》等蒙学读物，也包括部分"四书""五经"及诸子学说。

所谓经典诵读是一种学习方法，是指通过诵读的方法学习这些中华文化的经典，倡导在声音和氛围的熏陶中学习、体认中国的优秀文化，从而提高多方面素养，达到修身的目的，为构建和谐社会作贡献。如果说"蒙学热"仅仅停留在热卖蒙学书的层面，那么到了读经运动，国学教育已经开始担负起文化传承和文化普及的任务。

3. 国学启蒙

国学启蒙方面活动的开展在世纪之交初露端倪，随着国学热（大概始于2004年下半年出现并直到现在还在持续的这股国学热）而持续升温。2004年9月，季羡林、杨振宁、任继愈、庞朴等72位文化名流签署发表了《甲申文化宣言》，主张在全球化的局势下坚持文化多元，捍卫本民族历史传统，发扬本民族优秀文化。其后一年复兴国学的热潮在各个领域兴起，所以有人称2005年为"国学年"。在教育领域，小学教育开始出现菊斋等国学私塾，各个大学也纷纷开办国学研究所和国学班。2005年5月，中国人民大学国学院成立，引来议论纷纷，而中国在世界各地建立一百所孔子学院的宣传和计划也在紧锣密鼓地进行。政府一反以往的谨慎姿态，热心于祭孔，祭炎黄帝，打造国学社区等。在社会生活方面，青年人穿汉服，过七夕情人节，打太极拳，学习中医和古乐成了社会的时尚。在经济领域，儒商文化再度被提倡和追逐。在文化领域，新儒家、中华孔子学会等群体和个人为儒学重建摇旗呐喊。在新闻传媒领域，国学书籍热卖，《百家讲坛》等国学讲座风靡一时，媒体关于国学的报道更是铺天盖地。国学热到现在依然在进行中，但是随着时间流逝，世人对国学也有了更深、更理性的理解。

说到国学启蒙，需要提及释净空和《弟子规》。释净空致力于从儒、释、道三者同时入手进行道德重建，他提出，无论大人小孩，修行要从《弟子规》学起，《弟子规》是完美的道德教育范本，是中华伦理道德根基的教育。2003 年 10 月，净空法师弟子蔡礼旭和杨淑芬老师一同创办海口孝廉国学启蒙中心，并在大陆各个地区为教师、家长、学生、企业人士和社会团体（包括大专院校、监狱等）讲演。2004 年在香港开办 10 天的"幸福人生讲座"，以德行教育为主要科目，更是获得强烈肯定。按照同样的运作模式，深圳明道国学培训中心和山东敬德国学培训中心也红红火火地办了起来，这些都侧重于国学启蒙师资的培养。2005 年，净空法师在其家乡安徽庐江投入 2 亿多元打造亚洲最大的传统文化教育基地，并在汤池镇建立和谐社会示范镇，培养传承中华传统文化的人才，条件是一定百分之百做到《弟子规》。在这种声势的推动下，形形色色的国学启蒙馆逐渐遍布全国。

国学启蒙是指运用中国传统国学的优势对学员的道德、智慧、文化进行启蒙。国学启蒙注重记忆力和背诵能力的训练，这和前面经典诵读的理念一脉相承。学员接受国学启蒙教育来学习知识、体认文化最重要的手段还是诵读，但诵读的方式已经有所改变，经典诵读重在"经典"，而国学启蒙则重在"启蒙"，国学启蒙更多地注意到"启蒙"的方法，开始运用讲故事、做游戏等多种手段来加强学员的切身体会，已经不再是死记硬背了，而且光诵读远远不够。国学启蒙有很强的个体意识，注重习惯的培养，重视礼仪制度的恢复。所以很多国学启蒙馆就连衣服都要穿得和古人一样，并且特别重视孝悌观念和良好生活习惯的养成。这对现代青少年来说无疑有很强的针对性，对广大不知道该怎样教养孩子的父母也极有诱惑力。于是，国学启蒙让国学教育在传承文化的同时，也成了教化的手段。

4. 新私塾运动

私塾这种古代社会标志性的教育模式近年来在中国各大城市重新盛行起来：上海有孟母堂；苏州有菊斋私塾；在辽宁，仅 2006 年一年，沈阳、大连、锦州等城市就相继开办了三家私塾。

城市中关于私塾争论的声音此起彼伏的时候，农村中的新私塾早已经有了自己的一片天地，这些民间自发性的教育组织要比城市来得更早，更习以为常。据报道，湖南平江的私塾在20世纪80年代就已经存在了，几个老先生在山村间教授着自己村子里的几个学员，学员年纪参差不齐，教他们部分蒙学读物和书法，一直延续到现在。一直闹得沸沸扬扬的孟母堂尽管因为全日制被封杀，但是他们的教育设计还是很好地代表了现行的一部分新私塾的运作模式。

私塾又称私学、书塾、学塾，是清末以前基础教育的主要形式，其主要教学内容以蒙学和儒家经典为主。中国的私塾教育历史悠久，从孔夫子缔造的第一个私塾算起，其在中国存在达2500余年，传统社会的伦理道德、宗法观念、等级礼制都是在这里传播的。直到20世纪，经历清政府1905年“废科举，兴学堂”，民国政府1917年明令取缔私塾后，私塾才渐趋式微，直至濒临消亡。作为中国传统教育的重要组织形式和承载了几千年文化传播的载体，私塾对中华传统文化特别是儒家文化教育的形成、发展和传承，以及人才的培养等方面发挥了巨大的作用。

私塾的课程为启蒙读物和儒家经典，四五岁的蒙童读《三字经》《百家姓》《千字文》《千家诗》《幼学琼林》《增广贤文》等初级读本，能熟读、背诵后，则开始读“四书”、《古文观止》等，最后读“五经”。另外私塾还教《声律启蒙》《翁对韵》《诗韵集成》《珠算歌诀》等。私塾教书多为念书、背书、写毛笔字、对句、做文章，无固定上下课和学生活动时间。

近年来，全国各地出现的这股私塾热一般以未成年人为主要对象，以诵读儒家经典、创作诗词对联、临习书法国画、欣赏民族音乐，以及练习太极拳术等方式，向他们传授中华传统文化。私塾的出现折射出现行教育体制、教育内容和教学方法所存在的一些弊端和问题，也反映了当前学校教育中传统文化内容较少的缺陷。对于这些试办私塾形式，有教育者认为，现在的教育过度强调智力开发、技能教育，缺乏富含文史哲知识的国学启蒙和人格启蒙教育，“国韵诵读”课的开设对中华传统文化的真正传承和学习起到很好的效果。

国学关系教师、学生、教材、教学法、教学理念等诸多方面，私塾的重现，让人们更多地反思和改进现有的体制内教育，尤其是语文教育和思想品德教育，以及素质教育。它用教育实体的形式，于正式学校教育之外开辟出另一条国学教育的新形态。它告诉我们当下缺少的不仅仅是经典诵读，也不仅仅是国学启蒙，还有国学中折射出的传统文化不可缺少的实用功能（对联、书法），以及一些有文化底蕴的趣味和技能（国画、民乐、古乐、太极、武术等）。

5. 国学校本课程

21 世纪以来，由于传统文化处境仍然尴尬，一些有识之士提出“弘扬民族文化应从娃娃抓起”，呼吁在中小学进行国学教育。1998 年，中国青少年发展基金会发起中华古诗文经典诵读工程以来，各地中小学的国学教育应运而生。2001 年，教育部又制定了《全日制义务教育语文课程标准（实验稿）》，语文课程标准明确要求接受九年义务教育的学生能够认识到中华文化的丰厚博大，吸收民族文化智慧；能初步理解、鉴赏文学作品，受到高尚情操与趣味的熏陶，发展个性，丰富自己的精神世界。2006 年，中共中央办公厅、国务院办公厅印发了《国家“十一五”时期文化发展规划纲要》，也明确提出要重视中华优秀传统文化教育和传统经典、技艺的传承，在有条件的学校语文课程中适当增加传统经典范文、诗词的比重，中小学各学科课程都要结合学科特点融入中华优秀传统文化内容 。随着《国家“十一五”时期文化发展规划纲要》的贯彻、落实，兴盛多年的中小学国学教育将更为人们所重视。同时，基础教育课程改革也为国学教育的开展带来了新的契机。

在这样的背景下，很多学校把国学教育作为校本课程进行开发。据报道，山东、福建、广东等地的一些中小学已专门开设国学课程。厦门市思明区教育局下属各中小学自 1999 年起便致力于将国学教育引入小学语文课堂的研究。2003 年 9 月份以来，思明区属重点学校湖滨小学申办了市级教育科研课题“继承传统美德与弘扬时代精神相结合的教育实验”，着力于开发校本课程。济南市大明湖路小学于 2003 年增添“国学启蒙教育”新课程，并自主编写《国学启蒙教育读本》。保定市的河北小学是教育部“十一五”规划课题“教育信息资源有效应用对策研究”国学教育专项课题的项目实验学校，同时承担着河北省“十一五”重点科研课题“中小学国学课程内容的呈现方式”的实验研究工作。该校将“国学”课纳入课表，采用北京大学出版社出版的统一教材，利用校本课时每周安排一节国学课，依托课题研究开展了丰富多彩的国学教育实践活动，使学生在轻松愉悦的学习中感悟到传统文化的巨大魅力。一些中小学的学生们几乎人人都有《弟子规》《三字经》《千字文》等，学校要求学生课后去背诵古典经书的内容，一些学校还定期举办全校性的背诵竞赛。据统计，全国已有数百万中小学生正在接受国学教育。

国学校本课程的开设把简单的读诵经典提升到国学教育，融入学校的整体工作，把传统文化全面融入学校的管理、制度、文化、环境、课程中，将国学纳入学校教育体系，这无疑是国学发展的必然趋势。

第三节 青少年国学教育现状的反思

一、国学热、读经热现象的反思

20 世纪 90 年代，我国关于传统文化的讨论日渐炽热，国学热由此兴起。进入 21 世纪后，国学热再次掀起热潮，人们对待国学热的态度也更加科学、理性。近 10 年来，以“国学热”“读经热”为题的文章频繁见诸各类期刊、报纸。研究者针对国学热的表现、成因及意义等方面展开了不同角度、不同层面的反思与争鸣，主要表现为以下五个方面。

1. 文化学视角的反思

不少学者认为国学热是一种文化现象。对于它的出现，有人解读为应对现代文化种种偏颇的需要和对本土文化沦丧的忧虑，这是文化保守主义的解释；有人解读为应对西方强势文化冲击的需要，这是文化民族主义的解释；有人解读为国家发展到一定程度，以及国人认识发展到一定程度而必然产生的文化自觉，这是文化自觉的解释。有学者认为国学热体现了人们对中国历史文化的认同，是浮躁时代的精神寻根和现实要求，并指出国学热只是一种文化现象，不会成为中国现代文化的主流。[①] 有学者对国学热做了比较具体的文化学反思，指出 20 世纪 90 年代国学热的兴起表明新文化保守主义形成。就文化认同而言，新文化保守主义

① 张冉．“国学热”的文化解读．理论观察，2008（5）：31-32.

陷入了事实性认同的误区。事实性认同是指对既有的文化或曾经有过自然、历史、道德和文化模式的认同，这种认同只是一种初级性认同。在主观认知和客观环境发生冲突的情况下，他们不加选择地到中国文化传统或现实因素中寻找文化认同的对象，然后加以理想化的选择，夸大为一种具有普遍意义的文化认同价值，以此作为对抗西方文化的灵丹妙药。这样一来，文化认同过程中那种多元的、复杂的、比较的和综合的理性建构消失了，取而代之的只是一元的、简单的、独断的和理想化的乌托邦想象，进而指出，面对全球化浪潮的冲击，“一种在动态的、开放的过程中逐步构建共同体的文化认同”①，即建构性认同是民族认同的正确选择。有学者专门针对读经运动展开文化学的反思，从能否全面认识自己的文化、能否达到对自己文化的自觉认同、能否具备文化的世界眼光这三个方面进行考察，认为读经运动并非真正意义上的文化自觉运动，而只是文化自尊的表现。将复杂的文化认同问题简化为“诵读—认同”这样一个简单的公式是行不通的。②

2. 教育学视角的反思

目前，从教育学视角解读国学热、读经热现象的研究成果也很多。有学者从教育哲学的角度探讨当前国学热的形成与意义，如有学者在梳理了国学热和永恒主义兴起的原因及主要活动的基础上，对国学热与永恒主义教育思潮进行了反思，指出我国教育界在国学复兴过程中要借鉴永恒主义的得失经验，应该有更加宽阔的眼光，积极促进东西文化的融合，注意科学主义和人文主义的融通。高校在深入进行国学教育的基础上，要积极推动通识教育的全面开展，推动国学复兴的进一步发展。③还有很多学者从现行教育体制的弊端反思读经热的缘起与意义。有学者认为现行教育体制违背了儿童认知心理规律，而民间读经运动则正确地遵循了这一规律。王财贵说，按照儿童认知心理发展规律，应该是先进行文化教育，再进行科学教育，而现行的教育体制却违背了这一教育心理学原理。有学者认为现行教育缺乏经典教育和人文教育内容，读经则弥

① 宋植友，刘承华．从事实性认同到建构性认同——20 世纪 90 年代“国学热”的反思．安徽史学，2002(2)：73-76.

② 江净帆．“读经”运动：是“文化自觉”还是“文化自尊”——兼与蒋庆先生商榷．和谐共生——2007 年全国博士生（教育类）学术论坛论文集，2007：183-189.

③ 宋广文，李俊峰．国学热与永恒主义兴起之反思．徐州师范大学学报（哲学社会科学版），2008（1）：126-129.

补了这一缺陷。蒋庆认为中国教育缺乏经典教育，他说："中国的教育体系中没有了经典教育。中华民族成了抛弃自己经典的民族，我们可以用八个字来概括这种教育的后果：'礼崩乐坏''学绝道丧'。"①还有学者认为现行教育体制内进行的道德教育是不够的，读经则是改变这一状况的重要途径。黄玉红和刘蕾在《传道授业解惑模式在德育建设中的现代意义——由"读经热"看德育建设》一文中认为，读经是"学校德育现状"的呼唤，因为在高考这个指挥棒下，学校更多的是注重知识的教授和传承，注重哪些对升学有用，忽略了道德和情感的培养，而经典能够成为指引学生道德养成的明灯。②王先达在《传统德育的回归——对当前国学兴起而引发的对传统德育的思考》一文中也指出，中国传统的德育思想有其独特的价值取向和思维方式，以情感和人性作为道德人格的最基本因素，为历代教育思想家所公认。利用中国传统美德来教育今天的学生是当前德育工作者的重要职责。③

3. 社会学视角的反思

有些学者认为国学热不仅仅是一个学术问题，其中蕴含一系列的社会问题，因此对国学热做社会学视角的反思是很有必要的。有人指出，国学热意识形态化与非意识形态化的纠葛造成了国学热意识形态的困境。一种表现是"非意识形态化"对意识形态的反拨。在国内，"非意识形态化"主要表现为两种声音：其一是以李一氓为代表的"非意识形态化"，他说："我们无法把马克思主义的地位轻易让给孔子，因为我们的世界观无法接受一个唯心主义的哲学体系。"④这是对国学热试图成为主流意识形态的反对，是对马克思主义主流意识形态的坚持。其二是以汤一介为代表的"非意识形态化"，视主流意识为不洁，主张国学热与主流意识形态保持距离。他指出，国学热的走向"也有另外一种可能，这就是国学热离开学术的轨道而意识形态化，从而背离了某些学者热心弘扬中国民族文化的初衷"⑤。两种看法是对立的，但揭示了同一个现象的存在，那

① 蒋庆，卢跃刚．没有了经典教育，谁是有文化意义的中国人？——蒋庆访谈．中国青年报，2004-06-12.

② 黄玉红，刘蕾．传道授业解惑模式在德育建设中的现代意义——由"读经热"看德育建设．吉林省教育学院学报，2008（2）：43-45.

③ 王先达．传统德育的回归——对当前国学兴起而引发的对传统德育的思考．教育探究，2007（6）：83-86.

④ 李一氓．给蔡尚思教授的一封信．文汇报，1990-12-26.

⑤ 汤一介．古今东西之争与中国现代文化的发展．江淮论坛，1994（6）：10-17.

就是20世纪80～90年代的国学热在自觉或不自觉地意识形态化。那么，国学真有可能重振雄风，恢复历史上曾经有过的官方意识形态地位吗？这显然是要打出一个问号。张岱年先生就说："儒家是适应过去时代的思想体系，时异势易，儒家不可能提供从根本上解决当代问题的方案。五四运动以后，儒家作为主导思想的时代已经一去不复返了。"①即便是汤一介先生提出要警惕国学成为官方意识形态，但他自己还是很清楚，"就现时各国、各民族的实际情况看，大概没有把儒家文化作为官方的意识形态的可能，儒家文化只能作为一种理论起作用"②。问题是，像汤一介这样的学者，既知道儒家文化不可能成为现时代的官方意识形态，又为何对此忧心忡忡呢？这反映了一部分学者的"非意识形态化"情结。这也正是国学热的意识形态困境的另一种表现，即"非意识形态化"的意识形态实质。③有论者尖锐地揭示了"非意识形态化"的意识形态实质，"不论是同情文化保守主义还是批评文化保守主义，都没有在意某些论者'非意识形态化'观点的虚伪性：一方面以激进的批判姿态，旗帜鲜明地大谈涉及阶级利益、价值观即意识形态性质的政治问题，乃至一般地否定革命，同时又以学术回避意识形态，借助人们对过去以行政手段解决学术问题的反感，巧妙地打起'非意识形态化'盾牌，以推销其自身的意识形态"④。这里要告诉我们的是，当国学以意识形态的面目企图登台表演时，书呆子气十足地去否认其意识形态性，结果只会有利于某种意识形态的巧妙推销。不过，国学热在反对文化同化方面是有一定积极意义的，应做出积极评价，只是其途径不足为据而已。还有学者分析指出，这十多年间，国学不仅和"爱国主义""社会主义核心价值""和谐"等社会主导价值联系在一起，同时也被纳入到大众文化的消费视野中。国学热在20世纪90年代至今的兴起和发展，是和中国国家形象的再造结合在一起的。具体来说，在这一过程中，国学本身的历史内涵被悬置起来，国学的符号价值与对国家的想象捆绑在一起，以一种景观化的展示方式被镶嵌在我们的政治外交和日常生活之中。在种种活动制作方式背后，国学"旗帜"所倚仗的并非一定是国学内部的文化逻辑，而是在一

① 张岱年．张岱年全集：第7卷．石家庄：河北人民出版社，1996：195-196.
② 汤一介．评亨廷顿的《文明的冲突》．哲学研究，1994（3）：19.
③ 黄立之．世纪末的"国学热"之意识形态解读．理论与创作，2001（5）：8-13.
④ 李登贵．五四精神：重评还是重申？——五四精神与传统文化学术座谈会述评．哲学研究，1995（5）：8，19.

种唯客论式的逻辑下任由各种商业逻辑和政治逻辑入侵。[①] 这种社会学分析，让我们直接看到了国学热背后的分裂和功利等社会问题。

4. 心理学视角的反思

有学者认为国学热作为一种社会现象包含深刻的社会心理因素。分析这些社会心理因素，对于我们正确理解国学热，正确对待国学，都有着重要意义。在此学者运用社会心理学原理分析了国学热的社会心理基础。形成国学热的社会心理现象主要有实用心理、独爱心理、盲从心理、排斥心理、自我实现心理。支撑国学热的社会心理原因有三方面：一是国学热满足了自我实现的心理需要；二是国学热满足了社会认同的心理需要；三是国学热满足了文化优越心理的需要。[②] 这种从心理学视角进行的分析很少，更深入的研究成果鲜见。

5. 传播学视角的反思

当前，国学热已成为不可回避的一个教育问题和社会热点，媒介以各种各样的形态掀起一轮又一轮的国学传播热潮。有一些学者针对新时期国学热的这一特点，展开了传播学视角的反思。如有学者从当代国学热的特点分析入手，透视现代传媒对大众文化的影响，认为 21 世纪国学以经典通俗化、民俗普及化、途径多样化为特点，使传统文化融进了现代知识体系，成为大众文化的一部分。同时，现代传媒也以其视觉性、虚幻性和娱乐性为特点，推动并繁荣着大众文化，成为文化建设的催化剂和助推器。[③] 西北大学的高晓瑜在他的硕士论文中从国学传播的舆论价值导向入手，对国学热进行反思，指出国学传播中的价值导向主要存在四个方面的问题：歪曲国学精神，迷信沉渣浮起；借传播国学之机，谋求一己私利；极端的民族主义、保守主义倾向；媒体的过度炒作。同时指出，面对当今价值环境多元与统一性并存，以及价值的功利性、复杂性等局面，需要有针对性地优化国学传播的舆论价值导向，注意处理好社会效益和经济利益的关系，谨防对受众的片面迎合，处理好庸俗和通俗的关系。[④] 徐友渔在《国学热的浅层与深层问题》一文中也指出，当前

① 刘佳．中国形象的再造——“国学热”从提倡到展示．海南师范大学学报（社会科学版），2010（1）：122-124.

② 张洁．从社会心理学视角看“国学”热．才智，2008（17）：185.

③ 徐亚军．从“国学热”透视现代传媒对大众文化的影响．中共山西省委党校学报，2010（4）：92-93.

④ 高晓瑜．国学传播中的舆论价值导向研究．西北大学硕士论文，2008.

国学热的表浅性主要表现为一系列引人注目的宣言、口号、事件和争论，留在人们记忆中的多半是媒体的炒作和一些极端主张的喧嚣声。[①] 虞云国也认为目前的“国学热”“经典热”与媒体炒作大有关系。正因为传媒的力量是巨大的，就有一个导向问题：其一，主流媒体必须注意自己的价值导向；其二，应该宣传一种多元选择的意识；其三，不同的媒体要有自己独特的定位和追求。[②]

综上所述，学界对当代国学热现象进行了文化学、教育学、社会学、心理学、传播学等多维视角的反思，取得了相当多的成果，有利于我们从更多角度了解这一重要现象。此外，人们对待国学热的态度更加科学、理性，这也标志着国学研究进入到了一个新的发展阶段。

二、国学教育研究的现状及反思

近年来，随着国学热的升温，国学教育研究也有了较快的发展，当前国学教育研究关注的主要内容如下。

1.国学教育价值与意义的探寻

当前，国学的价值在人们的关注下不断提升，人们纷纷从不同角度论述国学的当代教育价值。北京师范大学哲学与社会学院周桂钿教授认为，国学的核心是儒学，国学精神主要是儒学。儒学中存有促进世界和平、构建和谐社会、维护生态平衡，以及提高个人素质的价值。[③] 台湾南华大学校长龚鹏程认为，国学教育重在提升人格，强调人本理念。北京师范大学王子金教授认为，新国学教育对于青少年人格塑造最重要的任务，应当落在自由思想、民本理念、实学精神和环境意识等方面，以及对于中华传统文化的健康内容的继承。[④] 还有学者认为，国学的价值主要体现在六个方面：振奋民族精神，传承中华美德，提升人文素质，建设精神文明，维护祖国统一，推动世界和平。[⑤] 另有学者以辩证的思维分析了国学教育的利与弊，指出国学教育有其相对合理的一面，国学教育的发展首先有利于提高民族的定力；其次，有利于提高人们的道德修

① 徐友渔．国学热的浅层与深层问题．博览群书，2009（11）：4.

② 虞云国．“国学热”“经典热”之我见．文汇报，2007-07-15.

③ 周桂钿．国学精神与当代社会．北京行政学院学报，2007（3）：92-95.

④ 计亚男．两岸国学专家畅谈国学当代价值．光明日报，2007-10-08.

⑤ 陈杰思．国学的历史命运及当代价值．云南师范大学学报（哲学社会科学版），2007（9）：37-42.

养和人文素质；再次，就狭义的国学教育而言，还有利于提高学生的记忆力、识字量、表达能力、写作能力、理解力、想象力等多方面的素质（如果说国学素养、民族意识、人文精神及健全人格的培养是国学教育的主要目的和功能的话，这些可以说是国学教育的附属功能）。但国学教育仍有许多值得商榷的地方，在国学教育兴起之初，我们不宜绝对地否定其价值，也不宜将国学教育的地位抬得太高，更不宜将国学教育作为地方教育的"品牌"加以炒作和简单推广。这要求我们应采取泰然和辩证的态度，冷静地应对国学教育的热潮，理性地分析其价值，去粗取精地吸收国学教育中的精华部分，而不是一味夸大国学的作用或者一味强调国学的局限。①

从微观层面，不少学者围绕"语言价值""德育价值""审美价值""文化价值"等方面展开了国学教育的价值与意义的探讨。徐梓教授认为，国学经典教育的功用是无形的，不是直接带来什么功利的，因此可以称之为"无用之用"。它与素质教育的本质是一致的，起到"改良土壤"的作用，所以是"大用"。它不仅能帮助孩子掌握传统语言文字，更能形成文化的认同、情感的皈依，进而把自己从一个自然的生物学意义上的中国人，变成一个自觉的文化意义上的中国人。② 杜艳林指出，在幼儿阶段开展经典诵读教育活动具有"语言发展价值、良好品德培养价值、审美能力提升价值和民族精神培养价值"③。陈德艳认为，国学在幼儿园阶段的启蒙教育对幼儿道德品质发展具有重要意义，能切实有效地促进幼儿道德认知、道德情感和道德行为的整体和谐发展。④ 河南教育学院的李迎春则认为，国学教育具有显著的文化向度，可以对当代应试教育起到很好的纠偏补弊的作用。它的目标有两个：一是传承中华民族的优秀文化，二是把孩子培养成具有文化气质的人。⑤ 随着"社会主义核心价值观"的提出，有不少学者把国学教育与社会主义核心价值观教育联系起来，如霍彧等认为，打通国学与社会主义核心价值观的关系，将国学教育融入社会主义核心价值观教育不仅可以为国学教育指明方向，而且可以充实

① 范涌峰．国学教育的理性探究．太原师范学院学报（社会科学版），2008（11）：141-143.
② 徐梓．无用之用，是为大用——浅谈国学经典教育之"用"．少年儿童研究，2010（9）：4-8.
③ 杜艳林．幼儿中华文化经典诵读教育价值与方法研究．山东师范大学，2009.
④ 陈德艳．探析国学启蒙教育在提升幼儿道德品质中的意义与策略．新疆石油教育学院学报，2010（4）：165-166.
⑤ 李迎春．论国学教育的文化向度．河南教育学院学报（哲学社会科学版），2007（1）：58-61.

社会主义核心价值观历史内涵，丰富社会主义核心价值观教育内容，扩大社会主义核心价值观国际影响力，增强国民社会主义核心价值观自信心，对于社会主义核心价值观教育具有重要意义。[①]

与这些侧重理念上的探讨不同的是，有部分学者尝试从实证的角度探讨国学教育对青少年的影响。如广西师范大学的雷雨在《读经问题及中小学读经现象研究》一文中，对中小学读经运动进行了系统的剖析，在进行试验的基础上，指出中小学生诵读经典是开发潜能的有效方式，可以有效提高中小学生的思想素质。[②]山东师范大学的綦峰以行动研究为范式，探讨了经典诵读对中学生价值观的影响，指出经典诵读改变了学生长期形成的对于中国传统美德的排斥情绪，将传统家庭伦理道德意识注入学生的价值观，使学生对于自己的人生追求有了新的认识。[③]

2. 国学教育如何开展的研究

这方面的研究有理论层面的探讨，也有实践层面的探索。南京大学中文系许结教授认为，当前学校推行国学教育要解决好三重矛盾：一是推行国学教育与当前学校应试教育的矛盾；二是国学教育与现代教育的矛盾；三是快与慢的矛盾，国学教育是一种渐进式的教育，需要长期的积累。[④]中国伦理学会中华民族传统美德教育研究会会长栾传大认为，将国学纳入教育体系，最好的方式就是将中华优秀传统文化和美德作为现行教学与课程的底色，包括基础教育和高等教育。坚持传统与现代结合，理论与实践结合，东方和西方结合，通过必读与选读适当增加各学科的优秀传统文化和传统美德的比例。对于学校将国学教育纳入课程，他还提出要坚持辩证继承，有针对性、目的性的原则，针对目前学生思想道德建设的现状，针对不同区域、不同学校、不同年级的学生的认识水平和理解能力，针对学生的年龄特点进行。[⑤]还有学者认为，国学课程的设计和实施应符合现行教育体制，应在现行教育体制下逐步建立丰富多彩的科学体系，强调德育为先，注重知行合一。[⑥]

① 霍彧，邓全明．试谈国学教育对社会主义核心价值教育的意义．文教资料，2016（6）：70.

② 雷雨．读经问题及中小学读经现象研究．广西师范大学硕士学位论文，2007.

③ 綦峰．初中经典诵读研究．山东师范大学硕士学位论文，2010.

④ 陈圣宇．关于国学教育问题——许结教授访谈录．教研天地，2007（4）：10-11.

⑤ 张永生．国学在教育中拓宽渠道——访中国伦理学会中华民族传统美德教育研究会会长栾传大．教育旬刊，2009（10上）：19-20.

⑥ 刘二辉，高洪韬，曾文峰等．青少年国学教育的发展空间及实施原则．太原师范学院学报（社会科学版），2010，9（9）：143-144.

目前，随着国学教育进入学校教育体系，很多地区、学校纷纷开展并实施了国学教育，对国学教育实践层面的探索渐渐多了起来，研究领域从国学教育的内容、模式、师资、评价等方面都有涉及。

（1）关于国学教育的内容的研究

关于国学教育的内容的研究主要体现在三个方面：

第一，国学教育内容主要指对古典诗文的学习。如黄济认为国学教育的内容主要包括“蒙养教材，‘四书’，诸经，诸子，诸史，诗文”等几个部分，而中小学国学教育的内容主要按照经、史、子、集的分类来学，主要体现在对古典诗文的学习。①

第二，国学教育内容包括生活习俗等非物质文化。如有学者作为补充，认为除经、史、子、集外，还包括人们口耳相传且与每个人的生活都紧密联系的生活习俗、道德取向，以及需要代代传承的各类传统工艺、非物质文化遗产等。②

第三，国学教育内容包括其他民族的优秀传统文化。如有学者认为应该“施行‘大国学’”教育，在课程内容上设置一定的搭配比例，在以汉民族优秀传统文化传授为主的同时，辅之以其他民族的优秀传统文化教育，达到“百家争鸣”的目的。③

（2）关于国学教育课程模式的研究

国学教育的课程模式大相径庭，表述不一，梳理出来大致有以下三种模式：

第一，将国学教育作为正式课程。有学者认为应该树立明确的课程意识，把国学教育纳入课程体系当中，开设专门的国学课程，建立一套从幼儿园到大学阶段的完整的国学教育课程体系，保证教育的连贯性与延续性。④ 首都师范大学徐建顺认为完整的国学教育课程体系应包括三个方面：①三大板块：国学课程、生活课程、西学课程。②连接课程：科学史哲、文化比较。③核心特色：个别教育、陪伴成长。⑤

第二，将国学教育与其他学科相互渗透。建立渗透的思想，将国学

① 黄济．在中小学如何开展国学教育．课程·教材·教法，2015（2）：3-16.

② 刘凌，王立刚．读经、国学与传统文化教育的区别．当代教育语文化，2014（2）：1-6.

③ 洪霞，刘子莹．文化自信背景下的国学经典阅读课程设计．教育理论与实践，2018（32）：48-50.

④ 黄秀秀．文化自信视角下小学国学教育的问题与对策研究．鲁东大学硕士学位论文，2017.

⑤ 徐建顺．“化零为整”——在中小学进行国学教育的基本构想．北京教育（普教），2016（2）：34.

教育与其他课程相融合，如在语文课中可以渗透经典诵读，在美术课中可以渗透书法、国画，在体育课中可以渗透武术、象棋、围棋等，在音乐课中可以渗透古典舞蹈、民族乐器、戏剧，在思政课中探索中华民族的根基，在历史课中探索传统文化的价值等。①

第三，将国学教育以活动和综合式课程开展。包括利用微型课、校园物质文化环境、校园精神文化环境、以重大节日为契机开展的学校活动、以年级或班级为单位开展的主题活动。积极创设校园环境，在楼道、墙面、走廊、石柱、围墙等地方，打造具有特色的国学环境。②

（3）关于国学教育教师队伍建设的研究

根据大部分学者的研究，目前，学校的国学教师大部分由语文教师兼任，学校提倡建立专职的教师队伍。如何提高国学教师水平是大多数学者关注的，国学教师培训是关注焦点。

在培训内容上，有学者认为主要包括传统常识和传统技艺。如谢文庆认为要进行国学教师培养，内容应该涵盖常识、文本解读、如何教学、教学技能四个方面。③王立刚认为应该包括传统文化、常识，传统学术思想，传统文艺技能等④。在培训策略上，有学者认为应该设立交流和学习的平台。何银成认为可以建立师资共享机制。一对一或二对一结对帮扶，建立国学教师跨学科、跨学校的共享机制和平台，实现临时师资和正式师资的共同发展。⑤董兰认为以课题研究为引领，鼓励全员参与加入全国课题，在教育科研的带动下、实践探索下助力教师成长，壮大教师队伍，提升教师专业素养。⑥

（4）关于国学教育评价的研究

关于国学教育的考核评价涉及的内容较少，大多数未纳入考试范围。强调评价应该对学生重在激励，对教师重在引导，对学校的考核重在与各个学科教育、与校园文化建设、与家庭教育有机结合。现有的考核评价中量化评价和质性与量化相结合的评价方式有两种：

第一，采取量化评价的方式。有学者研究国学课堂“123456 十百千”

① 顾凡，李仙娥．探索国学经典教育教学的有效路径．中国教育报，2018：75.

② 马琳萍，王秋霞，侯凤翔．现阶段小学国学教育问题举隅及对策分析．社会科学论坛，2010（23）：188-192.

③ 谢文庆．基于教学创造力的国学师资培养研究．教师教育学报，2019（2）：41-45.

④ 王立刚．中小学国学师资培训体系建立的基本路径．集美大学学报，2015（1）：1-5.

⑤ 何银成．小学国学教育区域化推进策略．教育研究，2010（1）：104-108.

⑥ 董兰．浸润国学精髓，构建学校文化．现代中小学教育，2014（7）：26-28.

学习计划，内容包括“诵3经典处事之学，选读4部小说，参加5次国学实践活动，看6部电影，熟悉10首民乐经典，背100首古诗词，认识1000个繁体字”[①]等，将国学知识量化，按照一定的权重核算进学生的平时成绩和期末考试成绩中。

第二，注重过程性评价。有学者的研究采取质性与量化相结合的方式。如《国学水平测试系统》一书中将测试标准分为九级，每一级“熟练记诵国学二十四品经典表述”的字数、诗词文的篇数都在逐渐递增，属于量化评价，言语和作文中使用经典的要求及书法水平逐渐递增，这部分属于质性评价。[②]镇安小学采用的评价方式中，《宁波市国学素养显性十指标》、班级设立“国育五章”动态评价体系，即：每日学生自主评比，每周学生间互评一次，值周小队确认盖章，在评比栏中公示，这种方式属于量化评价。《国韵童心学生成长手册》，用以记录学生的成长痕迹，此为质性评价。[③]

综上所述，近年来，有关国学教育的研究较多，在内容、形式、教材开发等方面研究较丰富。对国学教材的编纂、开发方面，从研究台湾的优秀教材，再到国家层面开发的教材，再分析研究具有地域性的特色教材。在国学开展形式上，融合与渗透教育研究的较丰富，如与语文课、英语课、音乐课、政治课、历史课等均有学者进行深入的研究。在国学教师培训方面策略也逐渐增多，这些研究对青少年国学教育的开展都很有帮助，但还存在一些问题，主要表现在以下方面。

第一，已有研究多为分散和局部性的研究，缺少一种深邃而宽广的视野。目前学术理论界关于国学的研究及许多相关学科的研究成果在国学教育研究中未能得以反映，基本上还停留在国学教育“应该是什么”的层面，对“为什么”“如何实现”的问题缺乏现代课程理论的透视。如课程目标有明显的简单归纳痕迹，不能从国学教育的本质来上升提炼，不能吸收当代教育研究的成果，缺乏系统的课程学考察。

第二，已有研究多集中于探讨国学教育的概念、功能、实施措施或对个别学校国学教育实施现状的调查等问题，缺少创新性研究或理论层次较高的研究。对既有研究缺乏系统的整理与有效的总结，重复的成果较多。如上文所述，学者们从各个角度对国学教育的相关问题进行了研

---

① 吴燕娥．浅析国学课堂的“123456十百千”学习计划．农家参谋，2018（24）：182.

② 吴相洲，王昊元，赵翔．国学水平测试系统．北京：社会科学文献出版社，2015.

③ 顾秋红．小学国学教育重在“知而行”．人民教育，2016：22-31.

究，但由于研究角度各异，成果众多，还没有高屋建瓴地进行整理，造成重复研究多；对国学教育如何实施的理论指导，也多是一些对表面现象的批判，对表象背后的原因难见深入的剖析；对国学教育实践层面的一些较好的经验没有进行很好的总结，并加以理论层面的分析和指导，也就不能更有实效地推广。所以，目前对既有成果进行全面总结迫在眉睫。

总体来说，我们不缺乏国学研究的成果，缺乏的是对国学教育的研究；我们或许也不缺乏国学教育的传统，但缺乏对国学教育的现代思考。

三、社会宏观考察：实践的自觉与忧思

回顾近年来特别是20世纪80年代以来我国青少年国学教育的发展历程，我们欣喜地看到，中央到地方，社会到学校，官方到民间，均已对青少年国学教育有所行动，尘封已久的青少年国学教育正在迅速复苏并快步走到台前，初步蓄积起了规模发展的态势，已经产生并将进一步产生广泛而深刻的社会影响。

然而当我们为国学教育实践的进展感到欣慰的同时，也对国学教育的实践充满忧思。

忧思之一是国学教育实践的冒进和盲目。尽管国学教育这几年都是媒体关注的焦点，也是社会的热点，但是“热”得似乎缺少底气，国学教育实践很多时候都流于操作层面，这是所有搞“运动式”教育的流弊。国学教育热表现出多种形式，如印各式各样的国学启蒙读本，开读经班，设国学馆，开私塾，或是争先恐后开设国学课程，大家一哄而上，很多时候只是跟风或者受利益驱使罢了。现在很多国学教育实践者对于国学教育的认识仅仅停留在口号的层面，比如“传承中华文化，做小小道德君子”等，但对于这背后的内涵和途径却不甚了了。不明白经典诵读和国学启蒙的宗旨，不能鉴别国学启蒙读物的优劣和适用范围，僵化甚至错误地使用教学方法，教师国学素养甚低，这样的国学教育实践，无论打什么旗号，戴什么面具，害的终究是孩子。

忧思之二是国学教育实践的功利性。国学热的兴起，对于普及传统文化，改造现代教育来说固然是件好事，但一定要对“热”背后的力量保持警惕，即警惕功利性。现在的国学教育实践，一部分功利性来自商业，商业利益的推动把国学教育变成一种商品进行兜售，这种利益驱动

下的国学教育很容易让人陷入功利性的泥潭，从而失去传统文化和教育那种自得自乐的精髓。如今的国学教育实践还要警惕某种宗教的目的，主要是防止宗教教育向学前教育、基础教育，以及社会教化渗透，但事实证明，宗教教育已经不可阻挡地与国学教育结合起来，如净空法师的汤池文化教育中心。对于这种宗教性的国学教育，我们可以借鉴它们在操作上的可取性，摒弃其宗教内核，亦可以为青少年教育和社会教化做贡献。国学教育实践的功利性还来自政府。当然，构建和谐社会是我们共同的目标，但是理性思考和自我反思是任何一个公民应有的基本素质，迂读和腐读要不得，愚民教育和顺民教育最要不得。

忧思之三是国学教育实践的“知识化”倾向，把国学当作知识来传授、传播甚至普及。国学固然是一个极具外延性的知识体系，但是知识层面的东西只是国学的肌体，传统的文化精神和思想价值才是维系国学生命的血液和灵魂，“知识化”国学的做法看似让国学在与大众的亲近中实现了“复兴”，其实是对国学的生硬切割和无知“矮化”。就效果而言，接受了“国学知识”的人仍然不知国学为何物，仍然无缘一窥传统文化的堂奥。现代社会提供了一个多学科的时代背景，在信息和知识呈几何级增长的情况下，延续传统文化的要义已经不再是知识传承，更非服饰、礼仪，以及生活方式的“复古”。说到底，传统文化教育需要把传统的柔性光芒投照到个体心灵上。国学不是一个空洞的名词，而是有丰富的内涵，是中国人对自己文化的认识和研究，也是一种文化身份认同。国学具有时代内涵，从过去到现在再到未来，国学的意义和期待都是不同的。过分追求经济发展使人淡薄了人类文化的价值，而转向表面的东西，真正的国学教育应该把人的生命放进去。

四、学校微观调查：从自发走向自觉的瓶颈

国学教育的普及要从小抓起，国学课程科学化、规范化的主体是学校，学校要担起国学教育的重任。国学教育进校园、进教材、进课堂已是大势所趋。正如有学者指出，如果要证明当前国学教育热不是“虚热”，它是否能进入学校课程应该是很好的证明之一。目前，在国内的很多地方，国学已经进入到基础教育的课堂之中，国学教育正在全国各地中小学如火如荼地开展。

面对国学教育的一片热潮，我们需要了解，在繁荣的表象之下，国学教育在中小学的实际实施情况：学校领导、教师、学生，以及家长对国学教育的认识和态度；国学教育的内容选择；国学教育的方式方法等。说到底，我们需要了解国学教育在学校实施的真实情况，并清楚中小学国学教育呈现的是一种怎样的现状，有什么先进经验值得学习和推广，还存在什么问题需要引起人们的思考和警觉等。

近些年来，不断有学者进行这方面的调查研究工作。有学者从社会整体的角度对新时期的国学教育现状作了概括性的描述，总结为四种表现：一是中小学生诵经呈“燎原态势”；二是高校国学教育“二水分流”，即分为培养国学专门人才的专业教育与普及国学基本知识的素质教育两支；三是高层国学研修“三足鼎立”，即北京大学、清华大学、上海复旦大学三所重点大学在开办国学研修班方面形成了鼎足之势；四是大众国学教育为“星星之火”。在此基础上，指出了新时期国学教育还处在探索阶段，大致呈现出几个特点：一是教育的范围、规模逐渐扩大，接受国学教育的人越来越多；二是国学教育工作者基本上能做到针对不同层次的教育对象，采用不同的教育方式，授予相应的国学内容，因而效果较为显著；三是国学教育总是伴随着种种争论不断摸索前行。这种争论，有利于国学教育的健康发展；四是民间成为推动国学教育发展的主要力量。同时指出，当前国学教育存在的主要问题有：第一，在传统应试教育的地位仍然坚不可撼的形势下，如何定位国学教育的办学理念；第二，师资队伍出现严重断层；第三，缺乏科学且权威的国学教材；第四，教育形式和教育方法还有待进一步探索。①

还有不少研究者针对不同层级的国学教育现状做了一些调查研究，大学、中小学、幼儿园的都有涉及。其中，王素珍（2007）从对石家庄小学国学教育的内容、形式、教材、评价标准、师资情况、人们对国学教育的态度以及认识等方面入手，通过深入地调查、访谈，对当前国内的小学国学教育实践提出了一些建设性的意见和思考；钟其鹏（2008）列举了沈阳、深圳、济南等地几所小学在国学课程开发中的举措及问题。延玥、刘建（2010）则以调查问卷的形式对南京三所小学参加暑期国学启蒙班的家长进行了一次调查，了解家长对国学的了解程度以及家长对

① 钟其鹏．新时期国学教育述评．钦州学院学报，2008（2）：78-82.

儿童国学教育的态度，为国学教育的普及提供了一些建议。① 孔祥渊以山东省七所乡村学校为例对山东省国学教育的基本状况做了调查研究并提出了提升策略。② 吴安春、孟佳对北京市中小学开展国学教育的现状做了调查研究，提出了一定的思考与建议，并指出要按教育规律把国学教育纳入学校教育体系。③

对于基础教育阶段国学教育的实施现状的问题研究，综合全国部分地区的调查研究结果，大致形成了如下意见。

1. 中小学国学教育开设存在的问题

总体上看，中小学国学教育的开设情况主要表现为三种状态（阶段），一是无课程状态（阶段），主要表现为：国学教育没有纳入学校的课时计划，学生基本没有教材，老师基本没有教学，只是“见缝插针”式地进行教学。二是前课程状态（阶段），主要表现为：每周一课时或两课时，纳入学校课时计划；教师自编教材或购买教材，主要以经典原文为主，表现形式单一；主要手段是机械熟读背诵，不求理解；没有较明确的课程定位，没有建立较完善的课程目标体系、课程资源开发系统，师资培养计划等系统的课程建设还没有充分开展。三是课程状态（阶段），主要以校本课程的形态呈现，不同地区、学校按自己的理解设置课程目标，实施课程计划，这种课程状态，只是给小学国学教育搭建了一个大概框架，只能说还处在课程建设的初步阶段。这三种状态（阶段）在学校中不均衡地存在，同时，还存在着发达城市学校普遍开设，二线城市、城镇、农村学校开设较少的现象，尤其是农村学校，国学教育几乎为空白。

2. 对国学及国学教育的认识理解缺乏理性思考

1）教育工作者对国学及国学教育内涵有着比较一致的理解和认识。绝大多数教育工作者（学校领导及任课教师）对国学与国学教育的认识，多建立在“中国古代经典著作与中华传统文化”“包括经典诵读在内的中华传统文化教育”上，这反映了他们弘扬并传承中华文化的积极的责任意识，而且，这种理解和认识，也与当今国学教育的时代价值吻合。

---

① 延玥，刘建．国学对少年儿童教育影响的调查分析报告．基础教育，2010（11）：41-46.

② 孔祥渊．山东省国学教育的基本状况及提升策略——以山东省七所乡村学校为例．中国教师，2013（11上）.

③ 吴安春，孟佳．按教育规律解决国学教育难题——北京市中小学国学教育现状的调查与思考．中国教育报，2016-11-24.

2）国学教育的内容总体体现出了国学教育具有时代意义的、精髓的部分，但内容不够全面。调查结果显示的、最集中的内容，多体现在“经典诵读”“有关历史文化、人物故事、民间传说等的传统文化道德教育”等方面，而体现中华传统文化的很多领域，比如相对西方文化的本国的“风土人情”、戏剧知识等，则很少被纳入到国学教育的视野。国学教育，作为一门进入中小学教育的课程来说，其内容的构成，是摆在我们面前的一个重要而紧急的课题，尚需要理论界做出适用于实践的科学回答。

3）国学教育的组织方式众说纷纭，意见不一。在问卷调查中，主张“开设为课程”的声音与“课外兴趣小组”，以及“融入其他相关课程”等的声音不相上下。在我们的访谈调查中，主张“开设为课程”的强调国学教育的重要性及必要性，认为弘扬民族文化、培养下一代国民素质，必须加强本国传统文化的教育，而要使这种教育达到最好效果，必须使国学教育有相应的课程体系做保障，即制定课程标准，有专门教师和专门教材，甚至纳入考试科目。而主张“课外兴趣小组”和“融入其他相关课程”的教师（或学校领导），除一部分人怀疑国学教育在当今时代下对学生的实际教育功能外，多数人则强调“开设为课程”的不现实：一是其他课程已经很满了，学生和教师的压力已经很大，没有时间、精力再开设一门新课；二是升学的考试科目中，没有“国学教育”这一项，因此，只是作为课外的兴趣或作为教师、学校的道义良知，随机在相关的课程中涉及就足够了。

综上所述，国学教育具有的时代价值和重大意义不容置疑，而“国学教育的内容架构”“国学教育的组织形式”等这些意见不一的议题，是摆在我们面前的一个严峻的问题，我们必须为之探索并做出理性的选择。

3. 关于国学教育的组织实施不够规范

在实际操作层面，国学教育的现状总的特点是随意性大，缺少课程意识，没有较为成熟、完善的课程体系作为教学的实践支持。因此，国学教育的内容较为零散，缺乏要点和系统性；国学教育的组织也更缺少形式，难以从课时、师资、教材等方面得以保证。具体说来，国学教育的现状有如下特点。

1）职能部门没有相关的政策和措施，上级主管部门在国学教育方面缺少行动上的政策引领和指导。根据行动调查得知，关于国学教育，主管教育的行政部门从政策和舆论上是给予积极倡导的，但是并没有相关的文件出台，比如，关于课程标准、教材、师资等问题，都没有做出较明确的规定。在这种情形下，就出现了条件较好的学校或对国学有一定爱好、对国学教育有积极认识的学校进行了国学教育的尝试，而条件不成熟的学校还未采取行动。

2）由于缺乏课程意识，国学教育的内容显得很零散，缺乏要点和系统性。更多的学校选择了经典诵读作为教育的内容，但也是形式各异，有的学校由任课教师自主选择诵读内容，有的学校以不求甚解的方式整本地诵读某些经典，比如在低年级推行诵读整本的《三字经》《弟子规》等。

3）国学教育缺少甚至没有专门的教材。绝大多数学校没有专门的国学教育的教材，很多教师在教学过程中多是自己寻找教学材料。据有的教师讲，他们或者是选择自己认为较好的授课材料，或者是在自己平时的阅读中偶尔发现适合进行国学教育的内容，比如一首诗、一阕词。

4）没有专门的国学教师。根据问卷和访谈得知，国学教师多是由其他任课教师兼任，兼任教师者，多为班主任或语文教师。这些兼任教师，没有受过专门的培训或学习，主要依靠自学的途径进行业务提高，也偶尔通过参与一些上级单位组织的，或者本校组织的某个主题活动提高业务水平。比如，一位教师坦言：她是通过参与一次诗歌朗诵会才知道清明的来历，以及一些风俗的。在一次区教育局组织的以“清明”为主题的诗歌朗诵活动中，她被学校选为代表参加了这次竞赛，而在为竞赛的准备工作中，她通过查阅资料，了解了清明的来历，以及有关清明的经典作品和一些风俗人情，而且通过参与这次活动，也明确了自己今后开展国学教育的重点和方向。

5）国学教育没有评价系统，多数学校是以竞赛的形式来组织活动。这些活动除少数由上级机关部门组织的校际之间的观摩、竞赛外，更多的是由本校组织的某个主题竞赛活动，比如经典诵读、诗歌朗诵、综合演出等。而这些竞赛或演出活动，其最终成果更多的是培养了少数的“精英”，大多数学生则由于不能普遍地参与而可能出现学习兴趣下降的消极情况，这些活动甚至会导致形式主义之风盛行。也有的教师采用了随机评价测试的方式检测学生的学习效果，但这种测试本身缺少常规性，而随意性的检查又反过来影响国学教育的规范性。

6）多数学生、家长认可国学教育。从调查结果看，多数学生喜欢国学教育课程，家长也对国学教育予以理解和支持，并且，通过与个别家长的访谈得知，多数学生在接受了国学教育后，其思想和言行有明显的进步与提高，国学教育具有良好且显著的现实效果。

7）对国学教育的发展，多数学校领导和教师持乐观、积极的态度。一些学校表示，自己学校的国学教育将继续开展并更加丰富；也有一些学校表示，国学教育将作为学校的办学特色而成为努力的一个方向。

总而言之，国学教育是新的历史背景下出现的一种新的教育现象。一方面，人们普遍感到它的意义重大；另一方面，面对这种新的教育工作，很多一线教育工作者又无所适从，找不到一种可行的路径。在这种情形下，中小学的国学教育便呈现一种无序、盲目、随意甚至形式主义的状态。目前存在的主要问题有：缺少科学系统的国学教材；缺少一支具有良好国学素养的教师队伍，缺少连贯性，学前、小学、中学、大学各教育阶段衔接紊乱，缺乏科学统一的管理，国学教育力量表现为游兵散勇，参差不齐；各个国学教育机构之间，缺乏必要的协调统一，致使学生很难接受系统、持续的国学教育。因此，从某种程度上说，国学教育进入中小学课堂并非严肃的理性思考之后的产物，还有很多亟待解决的理论和实践问题。

中小学国学教育要持续健康地发展，比较突出的问题是，我们究竟应该选择什么材料组成国学教育的内容架构，而国学教育又应该以什么形式来组织和进行才能保证最佳效果？这些问题集中到一起，体现出来的，就是国学教育必须上升到课程的意识，用课程的标准去规范，这是目前需要解决的迫切问题。这些问题的出现，是国学教育从自发进入到自觉状态的表现，因此，中小学国学教育课程建设的问题便成为青少年国学教育从自发走向自觉状态的一大瓶颈。

第二章　青少年国学教育经验的借鉴

事物的发展是辩证否定的历史过程。新事物在旧事物的基础之上产生，是对旧事物的“扬弃”。既要肯定旧事物中的积极因素，又要否定旧事物中的消极因素，并在此基础上有所创新。中国青少年国学教育，应批判地吸收古今中外人类教育的成功经验，同时借鉴其失败的教训。

第一节　青少年国学教育的主要理论依据

一、永恒主义教育

永恒主义教育是一个传统的教育流派，也称新古典主义教育。它产生于20世纪30年代的美国，流行于20世纪50年代的英国、法国等国，之后逐渐衰落。主要的代表人物有美国的赫钦斯（Robert Maynard Hutchins，1899—1977）、法国的阿兰（Alain，1868—1951）和英国的利文斯通（Richard Winn Livingstone，1880—1960）。永恒主义教育强调古典教育传统，倡导“永恒的教育目的”“永恒学科”“永恒教育原则”，意在追求西方自古以来就崇尚的人文主义教育。永恒主义作为一种教育哲学，坚持主张过去的东西是卓越的，为宇宙、人性、知识和真善美的不变的本质辩解，认为凡是值得向往的东西都是永恒不变的，认为漠视理性文化，社会就会因精神支柱的坍塌而立足不稳。

永恒主义主张课程探索和追求最有价值的知识。认为学习古典学科对于国民精神有巨大影响，它有助于受教育者了解民族的传统并理解“生活的意义”。正如阿兰所言：“伟大的诗篇能抓住一切的人，最粗野的家伙需要最伟大的诗篇。”[①] 赫钦斯还指出：“在教育方面来说，传统是发明的先驱。要受教育者的天才或智慧真正进步，就必须先掌握传统。所以我认为传统是教育的根本。”[②]

永恒主义者强调，教育的中心应体现在“名著”之中的西方的伟大传统和智慧，而其之所以重要，是由于可以为人们提供关于人性、人的价值与命运的永恒真理，引导人们解决当前社会存在的精神和文化堕落问题。[③]

永恒主义在极力推崇“永恒价值”的基调上，确立了“复古式”课程标准，强调学习经典名著，甚至提出“回到古人、回到柏拉图”的口号，认为最经典的著作是历经千锤百炼的代表性的教育题材，对学生的智力也是很好的挑战和锻炼。赫钦斯说过：“一本古典著作是这样的书，它在任何时代里都是属于当代的。”[④]阿兰也认为儿童应从古人的伟大著作中了解作者，直接接触他们的思想，从他们最严密、最丰富、最深刻的语句中去学习语言。

永恒主义具有时代性的新内涵，它并不是停滞，更不是倒退到古代，从一定意义上说，永恒主义不仅承认变化的事实，而且主张变化和改善。我们不能否认永恒主义的现代意义，否认名著阅读计划的进步作用。西方古典名著中包含所有知识领域最根本的哲学精神，同样中国五千年的历史为我们提供巨大的精神财富，国学能够长期保存，说明它本身含有永恒不变可承传的要素。它不仅能给学生提供语言学习的环境，更在完善人格中有重要意义。

二、文化教育学

文化教育学，又称精神科学教育学，是19世纪末出现在德国的一种教育学说，代表人物主要有狄尔泰（Wilhelm Dilthey，1833—1911）、斯普朗格（Eduard Spranger，1882—1963）、李特（Theodor Litt，1880—1962）等。“就其理论基础（本体论）而言是建立在狄尔泰精神科学基础上的。它试图从人文科学和文化哲学的高度，综合教育思想中形式训练与实质

① 现代西方资产阶级教育思想流派论著选．华东师范大学、杭州大学译．北京：人民教育出版社，1980：249.

② Hutchins R M. Tradition in Education.Haward Education Review，1973（7）：301-303.

③ 陆有铨．躁动的百年：二十世纪的教育历程．济南：山东教育出版社，1997：65.

④ 方莹．永恒主义教育目的观及其启示．高等函授学报（哲学社会科学版），2006（6）：29.

陶冶、强制与自由、训练与放任、努力与兴趣、教师传授与儿童活动等因素，以文化财富去陶冶学生，寻绎出教育与陶冶的真正目标、价值和意义，从而达到生成完整的人。”①

其基本观点认为，人是一种文化的存在，人类历史是一部文化的历史；教育过程是一种历史文化的过程；教育研究必须采用精神或文化科学的方法；教育的目的就是要促使社会历史和客观文化向个体文化转变，并将个体的主观世界引导向博大的客观文化世界，培养完整的人格；而培养完整人格的主要途径就是“陶冶”和“唤醒”，建构对话的师生关系。②

被称为教育文化大师的斯普朗格认为，教育的目的就是陶冶人格，教育的任务就是传递文化，体验文化价值，并培养能创造文化价值的人格。他明确指出，教育的核心就是人格心灵的唤醒。③与斯普朗格同期的另一位文化教育学家李特认为，教育的目的在于培养学生的民族意识和价值观，引导学生认识本民族特性的本质、精神力量的构成，以及固定的文化形式。李特的“文化课程”理论，将社会、经济、历史、文学等因素综合起来，形成一种全新的人文精神的文化课程，弘扬一种新的精神教养观：培养学生的反思能力和民族意识，以真正的文化价值引导和激发学生的精神力量，使教育成为真正的“灵魂塑造”。④

由此可见，文化教育学最本质的主张，是培养整体的“文化人”。教育就是培养文化人，教育就是传承文化，教育就是涵养民族精神。

文化是一个民族的血脉，国民教育系统必须承担起保护和传承民族文化精神的重任。几千年来，中华民族虽历经磨难，却始终生生不息、绵延不绝，就是由于我们的民族文化一直未曾断绝，国学一直承担着传承民族文化的光荣使命。

诚如前面所述，国学有广义、狭义两个层面。广义的国学即胡适所说的“中国的一切过去的文化历史”，文、史、宗教、艺术、数术方技等均包括其中。狭义的国学是指意识形态层面的中国传统思想文化，它是国学的核心内涵，是国学本质属性的集中体现，也是我们今天所要认识并继承、弘扬的重点所在。总之，不管从哪个层面来看，国学教育都是中国传统文化的教育。它的目标有两个：一是传承中华民族的优秀文化，

① 夏国英．蔡元培文化教育学思想初探．绍兴文理学院学报（哲学社会科学版），2000（3）：1.
② 全国十二所重点师范大学．教育学基础．北京：教育科学出版社，2007：19.
③ 赵祥麟，李明德，赵荣昌．外国教育家评传3．上海：上海教育出版社，1992：37.
④ 台湾师范大学教育研究所．西洋教育思想．台北：伟文图书出版社有限公司，1979：546.

二是把孩子培养成具有文化气质的人。

国学教育之所以有这样的功能，是因为国学教育对诵读经典的强调实际上是把最好的东西教给孩子。经典之所以为经典，就是因为它经受了时间的考验，是真正人文的东西，包括儒家经典、二十五史、诸子百家、诗词歌赋的名篇佳作。这些经典之作有和谐的音韵、优美的意境、隽永的哲思和“乐而不淫、哀而不伤”的优雅的情趣，这些经典之作更包含了道德的、伦理的、民族的大学问和大奥秘，是真正中国特色的文化，有助于提升孩子的情感品质。总而言之，国学教育具有显著的文化向度，将赋予中国孩子一种与众不同的文化气质。

三、内隐学习理论

内隐学习作为一种学习模式，在人类的认知活动尤其是语言学习中处于核心地位。内隐学习具有以下特征：一是自动性，这是内隐学习最令人感兴趣的一个方面——人们能在没有意识努力去发现任务的隐藏规则或结构的情况下，学会在任务环境中对复杂关系作出恰如其分的反应；二是概括性，内隐学习获得的是抽象的，是不依赖于刺激的特殊物理形式的知识；三是理解性，内隐学习能被意识到，但又难以把它们一一揭示出来，也就是说这种知识具有缄默特征。所谓缄默，是指这种知识不能通过语言、文字或符号进行逻辑的说明，缄默知识通常要靠实践所得而不能靠传授获得。

国学相当一部分由古代传统典籍构成，很多内容晦涩难懂，甚至很多字是繁体字，这对今天的青少年学生来说，学习起来有难度。文言文的语法结构，加之古人含蓄委婉的表达方式，使国学经典之于其他学科更为复杂，仅仅通过传授式的说教，无法打通国学教育之路。内隐学习在处理复杂知识方面，有着得天独厚的优势。内隐学习理论告诉我们，语感正是通过内隐学习获得的，人们获得语感的过程是自动的，即没有意识努力去发现语言结构的规则却可以在言语行为中准确地使用它们，语感获得后在以后的言语活动中进行推广时效果相等或更好。

从小让孩子接受国学教育，诵读国学经典，就是一个不断接触语言材料的过程，无形中就是在强化学生的语言感受能力即语感，所谓“书读百遍，其义自现”。缄默知识重在体验，不要求学生将知识复述出来，这大大降低了学习的难度，同时，通过不断的体验，国学知识便会自动转化为已有知识的一部分，被已有知识同化。

内隐学习认为，内隐知识是自动产生的，无须有意识地去发现任何操作过程中的外显规则（内隐记忆的自动性）。所以，对于国学而言，重复、反复的诵读，并不是做无用功，它会使学生置身于经典之中，身临其境，耳濡目染，久了，就自然体会到其中的要义。在获得缄默知识之后，通过进一步的体验，与现实生活联系起来，这样，无意识、自动产生的知识便不会是孤零零的个体，会被赋予某方面的意义。依据内隐学习的理论，国学教育的过程，应该重视诵读与体验的作用。

事实上，国学教育作用的方式是内隐的，是自动的，个体无法意识到其产生、发展与升华。国学教育不是主要以传授知识为目的，而是通过潜移默化、润物细无声的方式提升学生的悟性，帮助他们树立正确的价值取向，燃起生命的希望的火花，使个体生活得更有意义，精神更为富足，这是国学教育的最为重要的意义所在。

四、现代脑科学

现代脑科学研究表明，13 岁以前是人的记忆力发展的黄金时期。这一时期不但记忆速度快而且记忆牢固。过了这一关键时期，人的记忆能力就开始呈下降趋势。儿童诵读经典活动就是抓住记忆力的这一特点，在儿童记忆力的黄金时期内进行经典诵读的训练，以不求甚解、轻松愉快的教育方式使儿童的脑力得到训练，在加强记忆力、集中注意力的同时，使其身心平衡发展，自制力和自觉性得以提升。

除此之外，医学博士林助雄先生也从生理医学层面阐述了儿童经典诵读的科学性。他指出，儿童诵读经典的过程类似念唱，眼睛看文字和念唱的律动刺激和启动了右脑，而辨别字形以便记忆则是左脑的工作，整个读经过程同时动用左右脑功能，使左右脑动作得以同步。诵读的内容不仅会存入大脑记忆，而且会烙印在潜意识里，直接地、潜移默化地影响人一生的思维与行为。[①]所以，他认为少年儿童读经，只要假以时日，就会潜移默化地陶冶性情，使心性向善、向上。

苏联心理学家、教育学家赞科夫认为，如果教给学生的东西使其智力活动负荷不足，就会导致其智力退化。苏霍姆林斯基也提出类似的观点：“儿童在 7 ～ 12 岁这段时间，大脑正处于急速发展的过程中。如果

① 林助雄 . 儿童读经与潜能开发 . 石油政工研究，1999（4）：41.

教师忘记应当关心一个人神经系统的发展和大脑皮层细胞的增强，那么学习只能导致孩子变得迟钝。”[①]布鲁纳也曾大胆地提出了一个震惊教育界的假设：“任何学科都能够用在智育上是诚实的方式，有效地教给任何发展阶段的儿童。”[②]尽管这个假设尚未得到证实，可能显得武断且片面，但它却再次提醒我们，人的智力潜能很大，人类发展所达到的水平远没达到极限。

而中国古代学者根据自身的经验总结，对经典诵读也都有着自己的认识。颜之推指出：“人生幼小，精神专利，长成已后，思虑散逸，固须早教，勿失机也。”[③]并且还以自己的经历现身说法：“吾七岁时，诵《灵光殿赋》，至于今日，十年一理，犹不遗忘。二十之外，所诵经书，一日废置，便至荒芜矣。”[④]可见经典教育如果及早进行，就能让孩子从小养成诵读的习惯，趁着大好时光多加记诵，将会受益终生。

第二节　西方古典语言教育的启示

一、重视古典语言和古典文化的训练

从世界范围来看，重视经典教育，加强古典语言和古典文化的训练是当前许多国家进行基础教育课程改革的重要内容。在西方，基于形式主义的教育哲学传统，古典语言与古典文化教育一直是中等教育的重要内容。英国一向注重通过经典教育培养优雅的绅士风度，其语文教育散发出浓厚的古典人文主义气息。目前，英国语文教育仍然注重古典语言与古典文化的学习。英国学者认为，经济发展与物质生活的进步造成了学生对传统道德和价值观的淡漠，学生往往不能很好地应对家庭生活，以及为未来的社会生活做好必要的准备，通过古典人文教育（用希腊语、拉丁语撰写的古典文学被称为人文主义的全人教育）可以培养仁爱和勤

① 苏霍姆林斯基．苏霍姆林斯基选集（第三卷）．蔡汀，王义高，祖晶译．北京：教育科学出版社，2001：137.

② 程正方，高玉祥，郑日昌．心理学．北京：北京师范大学出版社，2003：288-290.

③ 颜之推．颜氏家训译注·卷三·勉学第八．吴玉琦，王秀霞译．长春：吉林文史出版社，1998：146.

④ 颜之推．颜氏家训译注·卷三·勉学第八．吴玉琦，王秀霞译．长春：吉林文史出版社，1998：146.

勉的品质，培养记忆、推理等能力。法国人文主义教育学派强调，法语语文教育可以引导学生直接与人类文化遗产接触，通过学习古典语言、古典文学、古典文化，一方面能够有效地学会思维和表达，另一方面培养法兰西的民族文化精神，因为在法国人看来，法语是法国历史与智慧的象征，是法兰西文化与精神的代表，它所具有的独特魅力是法国人的骄傲。

二、倡导博雅教育或通识教育

西方国家对古典语言教育的重视是一以贯之的，最早可以追溯到亚里士多德的自由教育。通识教育（liberal education），也有人译作“自由教育”“博雅教育”“文雅教育”，是一种以发展自由理性为核心，以培养社会精英人士为目标的文理兼备的教育。例如，赫钦斯在芝加哥大学担任校长期间，大力推行经典名著课程，这些课程是“文雅的而非实用的、心智的而非职业的、整体的而非割裂的、必修而非自由选修的”[①]。

发展到现代，西方国家各个学校关于通识教育的具体内涵表述不一，采取的教育方法也各有差别，但基本上已达成这样的共识：教育应该是全人教育。一个学生无论将来从事什么职业，都应该具备广博的知识、丰富的涵养、正确的思维方式和良好的社会责任感。通识教育并不仅仅是给学生传授一些业外的知识，更在于让学生去了解自己和自己所处的时代，使其能够成为想要成为的人。

因此，有国外研究者指出，真正的教育就是博雅教育，只有博雅教育才能培养高尚而自由的人，更强调要在基础教育阶段大力实施博雅教育。[②]钱伟长也曾在一次会议中公开指出，中小学教育的目标，应该是培养一个公民必须有的修养和知识，也就是“通识”教育。[③]

虽然他们所提到的博雅教育和通识教育并不完全是指同一事物，但两者之间的联系非常紧密。博雅教育更倾向于心智的教育，能力培养，通识教育则倾向于传授知识的教育；从性质上来说，博雅教育是一种教

① 胡大志 . 通识教育的理论和实践：复旦大学和哈佛大学的比较研究 . 复旦大学硕士学位论文，2008.

② Finn C E,Ravitch D.Beyond the Basics, Achieving a Liberal Education for All Children. The Canadian Journal of Higher Education,2007.

③ 钱伟长 . 钱伟长认为：中小学教育的目标，是培养公民的“通识教育”. 宁夏教育，1986（6）:38.

育理念，而通识教育是实现这一理念的教育教学手段；因为博雅教育本质上是一种基础教育，所以博雅教育在整个教育阶段都可以实施。博雅教育更在于让学生去了解自己以及自己所处的时代，使其成为能够成为的自己。其基本内容在于造就学生高尚的人格，使学生获得全面而自由的发展。具体来说，就是能恰当待人处世，成为负责任的公民。最重要的是要养成一种态度，其核心是“尊重”，即对自我、他人、社群、民族、国家、人类、职责、事业和自然的尊重。而这些和儒家的“仁”是相通的。

其实，中国传统的教育就是一种以培养人文精神为目标的教育。从早期儒家的经典可以看出，教育的目标是培养“君子”。君子的品质是多方面的，其中既包括崇高的志向、良好的道德修养，也包括广泛的人文知识。这种教育与中世纪晚期以来英国的“君子教育”颇有相似之处：教育的目的在于培养一种行为方式、一种风范、一种具有独特魅力的人格。德国著名社会学家马克斯·韦伯（Max Weber，1864—1920）曾注意到传统中国关注人文教育远甚于人文主义时代的欧洲或德国。如果用韦伯的术语来表述的话，人文主义教育的核心是唤醒人身上的“神性”，使人成为“君子”。《大学》所谓的格物致知、正心、修身、齐家、治国、平天下就是这种君子理想的全面阐释。而张载的“为天地立心，为生民立命，为往圣继绝学，为万世开太平”① 则将君子理想推向顶点。这种理想代表了中国传统教育哲学中最可贵的部分，也是今天在追求教育的技术性、功能性目标中最容易被忽视、甚至被抛弃的部分。

美国通识教育兴起的一个原因，就是要反专业教育的潮流，把文明的基本价值重新引入青年的生活中。博雅教育或者说通识教育绝不是简单的传授知识，而是引导学生自觉地探索文化之根和文明之源，在此过程中获得对自身民族文化的自我意识和整个人类文明的觉醒，这是21世纪全球化社会的公民不可缺少的文化视野和博雅素质。

当下讨论中国的通识教育，必须有中国文化的自觉，或者有中国文明主体性的自觉，需要关注对中国古典的开放。

通识教育里应该有以下内容：第一个是系统性的经典教育，第二个是养成性的人格教育，第三个是实践性的价值教育，第四个是超越性的心灵教育。我们当下的教育特别缺少这四种教育：生命教育、公民教育、

① ［宋］张载．张载集·张子语录．北京：中华书局，1978：113.

传统文化教育和心灵教育。我们要认识到，现当代的中国之所以在大学里推广通识教育，恰恰是因为当下的中小学教育没有满足这一点，因为中小学教育受分科主义传统和应试教育的影响，学校、教师、家长等片面追求升学率，造成学生片面发展、缺少个性。因此，不仅提倡在大学里推广博雅教育或通识教育，也应当在中小学进行，并给他们的家长补一补。

开展博雅教育或通识教育应以传承中国文明作为自己的主要责任，重视经典的研读，研读“四书”“五经”就是比较好的方法。这些经书承载着中国之道，承载着中国的基本价值。通识教育如要养成当代的士君子，就必须以中国之道灌注于青年，以中国价值树立他们的人格。这些中国式价值是普遍的价值，仁义礼智信、忠孝节义敬，西方人同样会践行，并认为这就是最根本的价值，我们中国的通识教育就应传承这些价值。所以，经典教育应该是通识教育中最能够贯彻“道”的一种教育。让孩子们学习原汁原味的原典是最好的。

另外，中小学教师是大学培养的，推广通识教育或博雅教育也催生教师教育的新模式。我国各大学现在也在推行通识教育，但几十年来受苏联影响，大学文科本身的最大的弊病是，课程体系成为概论加通史（或断代史、专史）的模式。学生们学一点概论、原理、通论、导论、通史、专史、断代史是有必要的，但如果所有课程统统如此，不直接读一些东西方文学、史学、哲学、道德、艺术、宗教等领域里的原创性经典，那就有很大的缺憾，不可能培养出具有原创力的人才。目前，西方大学通识教育主要的做法是以核心课程为主轴，引导学生直面经典，在对这些原创性经典进行研读的过程中，传承文化，同时培育学生的伦理素养、人生智慧、精神价值、文化能力、道德信念。西方的这些做法值得我们借鉴，我们要改变概论（原理）加通史（专史）的模式，使之变成以研读中外古今之原著经典为主的方式。建议学习“四书”“五经”等一两种中国文化的基本经典和一种西方文化的经典并作为核心课程（绝不要用中西文化概论之类的课程来代替）。所有大学生都应修一门《大学国文》，可以用“四书”或《古文观止》作教材。傅斯年先生当台湾大学校长时，全校学生在大一时必上一个学期的《孟子》，一个学期的《史记》(选)，增强历史感，培育健全人格与浩然正气，这个经验也值得借鉴。

第三节　我国古代“蒙学”的借鉴意义

蒙，取《易·蒙卦》中“匪我求童蒙，童蒙求我”之义。注云：“童蒙之来求我，欲决所惑也。”① 童蒙，即初入学的儿童。“养正”这个词最早出现于《易经》，其中的提法是“蒙以养正”。通过《易经》，我们知道“蒙”是指事物由被盖着到被揭开的过程，因此可以引申为“启蒙”。“正”用今天的理解就是指好的、优良的道德品质。因此“养正”的基本含义是蒙童通过自己的努力和学习，培养正知正见，从而养成良好的品行，完成自身修养的完备。“蒙以养正”简单点说，就是在幼年阶段，通过使用正确的教材，教育、启迪儿童的智慧和心灵，使儿童的身心、道德品质都能够得到健康成长，为其以后的性格形成及发展打下坚实的早期基础。陈汉才先生认为“我国古代教育家将幼儿从识字开始到 15 岁入大学之前这一阶段称为蒙学阶段，所谓蒙学教育即指这一阶段幼童和少年的教育，包括幼儿学前教育和部分小学教育”②。

吕得胜在《小儿语》序言中提到，“有知识时，便是养正时也”③。即在儿童身心发展萌芽之时，便应该对其进行“养正”的教育。南北朝时期的教育家颜之推的“人生幼小，精神专利，长成已后，思虑散逸，固须早教，勿失机也”④ 就是讲要抓住儿童最好的教育时机。

在我国古代历史上，蒙学一直受到极大的重视，不仅历代思想家、学者都提倡要重视蒙学教育，还有一些大学者常常亲自撰写蒙学教材。如《三字经》的作者是南宋著名的学者、教育家、政治家王应麟，《千字文》的作者是六朝萧梁时期的著名学者周兴嗣，《龙文鞭影》（原名《蒙养故事》）的编撰者是明代著名文人萧良有。其他如司马相如、班固、班昭、扬雄、曹植、蔡邕、陆机、颜延之、梁武帝、萧子云、虞世南、欧阳修、朱熹、王守仁、徐渭、蒲松龄、章太炎等都曾直接编写教材，这就保证了蒙书的学术水平。

尽管各个朝代蒙学读物都有所不同，但总的说来，其编纂思想是一脉相承的，最基本的就是注重蒙养教材的识字、实用功能，注重伦理道

① 周易正义．十三经注疏．王弼注，孔颖达疏．北京：北京大学出版社，1999：37.

② 陈汉才．中国古代幼儿教育史．广州：广东高等教育出版社，1996：192.

③ 吕得胜．小儿语．北京：中华书局，1985：1.

④ 颜之推．颜氏家训译注·卷三·勉学第八．吴玉琦，王秀霞译．长春：吉林文史出版社，1998：146.

德教化，注重文化知识的积累与发展教育，所以我国古代蒙学读物具有一些共同的特点，而这些特点也正是蒙学现代价值所在。当前处于小学阶段进行国学教育的初期，除根源性先秦文本外，国学教育多会选用传统蒙学读物，这也正是借鉴了蒙学教材的特点。蒙学教材的特点主要表现在以下三个方面。

一、识字与德育结合

识字无疑是语文学习的开端，也是语文学习的基础。集中识字是蒙学读物编纂的主要指导思想之一，“蒙养之初，识字为先”，古人认为开始阅读之前必先识 2000 字，否则有害无益。[①]《三字经》《千字文》《百家姓》简称“三百千”，是以识字为主的教材，篇幅都短小，初学者从识字开始，蒙童可以在一年到一年半的时间里学习完成而不觉困难。古人之所以要对学生进行如此高效的识字教育，原因之一是“识字为先”。“三百千”中，《千字文》全文 1000 个常用字，无一字重复，古今教材识字效率之高无出其右，其他蒙养教材如《史籀篇》《急就篇》等也都有集中识字的特点，尽量在短小的篇幅中包含更多的文字以求其高效。蒙养教材在集中识字方面利用了蒙童“弱于理解，强于记忆”的心智特点，让意义记忆与机械记忆相结合，进行集中识字。一方面让学生背诵，不对背诵的内容进行解释；另一方面又让句子有一定的意义，尽量让学习内容贴近日常生活，贴近学生的情趣，在诵读的同时自然地对文字进行识记。

蒙学读物的识字教育不单单为了识字，在识字的同时，融入了伦理道德教育的内容，几乎所有的识字教材都与思想品德教育相结合，起到教化的作用，多孝悌、忠义、尊卑，以及仁爱、和谐的内容。蒙学读物中的道德类知识不仅涉及伦理道德规范，还包括对其原理和价值的讲解。最具代表性的道德类启蒙读物《弟子规》对幼儿提出了“首孝悌，次谨信。泛爱众，而亲仁。有余力，则学文”的要求，对道德品质不仅提出具体行为要求，还讲解了其中的道理。如在“出则悌”章节中，就指出“兄道友，弟道恭。兄弟睦，孝在中”，即兄弟和睦，也是对父母的孝顺，点明了兄弟和睦的意义。又如“泛爱众”章节中提出“凡是人，皆须爱。天同覆，地同载”，即人类同生在天地间，因此人与人应互相关爱，阐释

① 王筠 . 教童子法 . 北京：中华书局，1985：3.

了“泛爱众”的原因。蒙学读物在设定幼儿行为规范的同时进行道理阐释，使其对道德规范的理解“知其然”并“知其所以然”，激发道德情感，使幼儿对道德规范的理解更为全面深入。

二、韵语与背记结合

韵语特点也就是语言的音乐性。鲁迅先生所论文学起源的“吭唷吭唷派”就包含了这种音乐的美感。主要作品收集于西周初年到春秋中叶的《诗经》，其中大部分篇章都有重章复沓的音韵美。语言的音乐性有利于传唱、有利于记忆、有利于表达情感。古代蒙学读物继承并发扬了这一优秀特质，不管是三言、四言、五言、七言还是杂言，多运用韵语，读起来就能朗朗上口，并能给人以快乐的感觉，读书就如唱歌。因为用韵，所以背记起来更为便捷。台湾一位家长撰文说全家有午后读经的习惯，小女儿只有三岁，就在旁边玩，但令人惊讶的是，当某个人背诵接不下来时，小女儿的嘴里就冒出了下一句，这说明韵语有利于记忆与随机记忆。

古代没有拼音，学生先跟老师读，学生能正确朗读后即让学生自己读，老师给予指正。读书讲求“眼到，口到，心到”和正确姿势。学生读书多遍，直到能熟练背诵。朗读、背诵、默写，成为古代教学的主要方式。无论是“三百千”等识字教材，还是《幼学琼林》《笠翁对韵》等基础作文教材，都要求学生能熟练地背诵。这些读物在编排上有适合学生背诵的特点：句式整齐且用韵。比如最难背记的《百家姓》，四字成句，连续几句用同一韵。开头几句“赵钱孙李，周吴郑王……席季麻强”用“ang”韵，然后转为“o”韵，这样既有音乐的美感，又不至于太单调，学生记它就如唱儿歌。在现在的人们看来，《百家姓》的姓与姓之间没有意义上的联系，因为它们只是单个字的组合，同时它没有实质的内容，因此并不适合背记。但事实并非如此，从心理学的角度看，小学生背记在很大程度上不是意义记忆，而是随机记忆，他们的背记能力非常强，非成人所能及，并且记忆得相当牢固，儿童时期记住的内容可以终生不忘。

三、知识与语言结合

蒙学读物蕴含的文化常识非常丰富，令人叹为观止。《三字经》的内容大致就包括以下几个部分：“教”和“学”的重要性；封建社会的伦理纲常；介绍自然和社会科学的基本常识；讲述历史；劝勉蒙童努力学习。其中蕴含了大量的历史故事、典故及各科知识，熔铸天地名物、古今事迹于一炉。清代贺兴思说它是一部“袖里《通鉴纲目》”。《幼学琼林》全书分天文、地舆、岁时、朝廷、文臣、武职、祖孙父子、兄弟、夫妇、叔侄、师生、朋友宾主、婚姻、妇女、外戚、老幼寿诞、身体、衣服、人事、饮食、宫室、器用、珍宝、贫富、疾病死伤丧、文事、科举、制作、技艺、讼狱、释道鬼神、鸟兽、花木等33篇，堪称幼儿百科全书。《急就篇》是汉唐时期流传最广的识字教材，内容包括姓字、衣着、农艺、饮食、器用、音乐、生理、兵器、飞禽、走兽、医药、人事等。丰富的文化内涵在增长学生学识的同时也为学生进一步学习打下良好的基础。古代蒙学读物都尽可能地在有限的篇幅中蕴含最丰富的人文信息，以此来高效率地丰盈学生的心灵，提高其素质，也为学生今后的学习打下坚实基础。教材的人文内涵关注的不仅仅是“旧用”，而且是人的发展与素质，是立足高远的教育理念的体现。

从相关的蒙学读物来看，能够长久流传并为人们推崇的，多是具有丰富人文内涵的蒙学读本。由于蒙学读物要适合幼儿，所以在篇幅上多属短制，这就要求教材语言简约。精练的语言与丰富的人文内涵有机统一，是古代蒙学读物的又一突出特点。比如《三字经》开篇：“人之初，性本善。性相近，习相远。”才12字，用“an”韵，句式整齐，富有节奏，读起来如唱歌，从形式、结构到音韵都很有美感。但这简洁的12个字里却包含着孟子性善论的哲学观点，还有孔子阐述教育作用的教育理念，文化内涵极为丰富。蒙学读物有大量的对仗，即便是散文，也追求工整。明清时代，由于科举，属对成为蒙学的重要内容和技能，属对最大的特点就是语言精简。学生从“一字对”开始训练，如“天对地，雨对风”，继而字数增多，内容趋于复杂，语言的精练要求也越来越高，如“骚旅客逢梅子雨，池亭人挹藕花风”“茅店村前，皓月坠林鸡唱韵；板桥路上，青霜锁道马行踪”。属对在语音、词性、声律、语法等方面都有讲究，而且用字简省，讲究每一字都有出处和落处，力求传神。此类训练有利于开发学生的思维，提高学生的语言表达能力与写作能力。蒙学读物语言的简约留给学习者充分的想象和思考空间，同时也有效地训练了学习者的语言规范，提升其表达能力。蒙学时期知识与语言相结合的蒙学读物的学习对我国古代文学史上诗词的繁荣有重要意义。

第四节 我国台湾地区的国学教育经验

随着两岸教育文化交流的进一步深入，人们发现了我国台湾地区浓厚的国学氛围。在台北，那些源自“四书”“五经”的街道名称让人印象深刻，如忠孝路、仁爱路、信义路、和平路等，使用了几千年的繁体字是台湾通行的汉字，每年孔子诞辰，岛内孔庙都要举行祭孔盛典，社会名流经常举办诗歌朗诵活动，吟诗诵经。在台湾地区的文学作品中，古典诗词俯拾即是。[①] 这一切，与台湾地区 60 多年来对中华传统文化和文化传统的坚守紧密相关。这种坚守不是对中华传统文化盲目、消极地维护，而是理性的，是台湾民众文化上的寻根之旅、精神上的回归之途。

在对待国学的问题上，台湾所走过的道路值得我们思考和借鉴。台湾对中华传统文化的弘扬，主要是通过旨在提升民众文化素养和道德品质的中华文化复兴运动实现的，这一运动历经蒋介石时代、蒋经国时代，影响深远。

一、学校教育方面

作为文化的基础，教育始终是中华文化复兴运动实践的重要部分。在学校教育方面，中华文化复兴运动推行委员会（简称文复委）明确提出青年是教育的主要对象，推行文化复兴运动工作的重点是指导青年的生活与行为实践。台湾当局制定了《复兴中华文化青年行为实践运动推行办法》与《青年生活规范》。同时，在台湾各个大学、专科院校成立 100 多个中华文化复兴运动推行委员会分会，举办巡回文化讲座、“复兴中华文化”论文竞赛、学术座谈会等活动，宣传国学教育。在具体的教学实践上，从小学起就开始加强对学生的古文训练和中国传统思想文化的熏陶，从课程安排到教材编撰，国学教育都占有很大比重。在台湾小学生每周 40 个小时的课程安排中，语文、历史、公民道德等与国学相关的课程几乎占了一半左右。从小学二年级开始，每个学生还必须学习用毛笔写作文，每周 1 ～ 3 篇。初中学生每学期学习 15 ～ 18 篇国

① 吴丽仙. 国学教育传统的理性困守. 教育评论，2008（6）：119.

文课文，其中，文言文比例占了将近50%。高中则采用三种国文教科书："《高中国文》"、《中国文化基本教材》、《国学概要》，这套教材在台湾沿用了40多年。"《高中国文》"类似大陆的《高中语文》课本,《中国文化基本教材》的内容包括《论语》《孟子》《大学》《中庸》等国学经典。这两种教材是我国台湾高中三学年六学期每个学生必修的语文科目，要求学生逐章逐节背诵、默写，并且进行考试。高二分文理科后，文科学生还必须选修《国学概要》，主要内容是关于国学的一些基本知识，如对《四库全书》、经、史、子、集的概要性介绍等。各高校中文系设立了相当系统、齐全的学科门类，一些冷门学科如音韵学、训诂学等也有一些学者和学生在研究。经过努力，台湾地区已形成小学、中学、大学相对接的，较为完整的国学教育体系，坚守国学教育传统成为台湾学校教育的一个重要方面。

二、社会教育方面

首先是在社会上开展对传统文化的研讨与推广。"中华文化复兴运动"非常注重对传统文化的整理、研究，以及创新和宣扬。1972—1989年，文复委学术研究出版促进委员会编辑出版了《尚书》《礼记》《中国历代思想家》等大量书籍，对中国文化典籍、思想名著做了仔细的整理研究，便于人们阅读、了解中国古代文化；同时提倡学术通俗化，鼓励公私机构进行学术研究，出版文化著作，并积极推广学术，使学术贴近社会和生活。

其次是提倡现代化与合理化的民众生活。为了提高民众道德水平，文复委于1968年5月、1970年10月先后发布了"国民生活须知"（96条）与"国民礼仪范例"（79条），并通过各级分支机构、社会部门做了大量的推广、宣传工作。两者以中国传统儒家礼仪作为行为规范标准，对民众的衣、食、住、行、言等生活各方面的细节做了相当详尽的规定，将国学教育渗透到民众的日常生活之中。同时在中小学开设"公民与道德""生活与伦理"课程。文复委用来指导民众生活的基本准则是被称为"最完美、最崇高、最理想的生活标准"[①]的"四维八德"，尽管这一套固有礼仪不可能从根本上解决问题，但一定程度上端正了社会风气，提高了社会道德水平。

① 秦孝仪．中华民国文化发展史．北京：近代中国出版社，1981：2181.

三、家庭教育方面

在家庭教育方面，官方先后颁布了所谓“《儿童福利法》”（1973 年）、“《中央妇女工作会齐家报国运动实施办法》”（1977 年）、“《未升学未就业青少年辅导工作要点》”（1982 年）等文件，倡导在家庭教育中融入中国传统伦理道德教育，“把孝悌、亲和、举家报国作为家庭教育之重点，秉承传统文化”[①]，促使青少年形成传统的教育观、伦理观和价值观。20世纪70 年代以来，台湾广播、电视、报刊等大众传媒积极推动家庭教育的文化建设。如公开征选家庭教育电视及广播剧本，制作成社会科学教育类节目播放；邀请台湾师范大学和台中护理专科学院的教授在教育电视台讲授“家庭教育”课程；编印《家庭教育》范本，制成教育影像及视听教材发行；在各县市青少年辅导中心开展“张老师”咨询服务，通过电视、电台播放“张老师时间”节目等。在对家庭教育进行专业指导的同时，大力宣传忠孝、仁义、孝悌等儒家思想，取得良好的社会反响。

四、社会人士和民间团体方面

除官方的推动以外，台湾社会各界人士对中华传统文化坚持理性的固守，对于传统的推广和普及也起到了重要作用。1990 年，社会人士林缡敏出于对国学的执着，在台湾成立了华山书院，聘请国学名师讲授“四书”、“五经”、老庄、佛典等课程，免费让社会人士前来听讲。1994 年，在华山书院下设读经推广中心，专门协助牟宗三的弟子王财贵教授推广儿童读经的教育理念，传承国学教育。这一运动得到南怀瑾等知名人士的倡导和支持。目前，台湾已设立了 500 多个儿童读经班，许多教师到读经班当起了志愿者。

台湾民间也成立了许多文化基金会和学术团体，如中华经典研究学会、台中县读经推广学会、崇正基金会、崇仁文化教育基金会等。这些民间文化团体通过举行各种文化活动，推动了台湾国学教育的传承和发展。中华文化复兴运动总会台湾省分会本着复兴传统优良文化的宗旨，从 2000 年开始，连续举办了 9 届全台经典科段总会考，在台湾 24 个县、市均设有考场，是台湾最具规模的儿童读经评鉴活动，参加会考的人数、及格率逐年递增。2007 年，中华经典研究学会在台中举办了“万人齐诵

① 孙德玉．传统文化影响下的台湾家庭教育．安徽师范大学学报（人文社会科学版），2002（3）：361-364.

礼运大同篇”和经典会考活动。其宗旨是培养儿童、青少年及社会人士研读古圣先贤经典，启发潜能，养成勤学读书的风气，知书达礼、爱己爱人的情操。同时，鼓励儿童、青少年背诵并体会中华传统文化的智慧结晶，鼓励社会大众共同研读经典、效法先贤礼仪，提倡孝道。社会人士，各大院校、高中、初中、小学学生，以及幼儿园儿童均可报名参加。考试科目包括《三字经》《千字文》《百家姓》《弟子规》《孝经》《论语》《大学》等 23 部国学经典。

以这样多渠道、多途径的传统文化教育实践为基础，台湾地区对中华传统文化的坚守，促进了中华传统文化在台湾的扎根，实现了文化的复兴，提高了民众的文化素质与道德水平，维护了台湾社会的稳定。正如余英时所言，“每个民族都有文化传统，文化是不可能灭绝的。而一个国家的兴盛只靠科技、经济那些立竿见影的东西是不够的，还需要人文修养的部分。台湾地区保存的是相当原始的中华文化，儒家在台湾的影响力很大”①。

海峡两岸共享一个世代更迭的文化，同宗同源，血脉相依。台湾地区对国学教育传统的坚守，实质上是对中华传统文化的坚守，体现了台湾民众文化寻根的渴望，是一种精神意义上的回归。台湾国学教育的实践源于中国源远流长的传统文化，两者之间有着深刻的内在关系。早在 20 世纪初，梁启超、章太炎、邓实等近代学人倡导的民族文化自觉思潮，便将“国学”一词展示在国人面前。邓实在 1906 年撰述的《国学讲习记》中指出，“国学者何？一国所有之学也”。每个国家都有自己的“一国所有之学”，但是只有中国用“国学”这样一个明确的专有术语来命名，而且已发展成为一门独立的学科，这说明了中国国学的独特性及对民众的重要性。什么是国学？至今学术界仍是众说纷纭，莫衷一是。但是，从开放、发展的角度，结合台湾国学教育的历史进程来理解，我们认为国学应包括以儒学为主体的中国古代所有的传统学术文化，具有整体性、传承性、包容性与时代性，它体现了中华民族特有的民族精神与思维方式，是海峡两岸民众共有的文化遗产。

由此，我们认为，推行国学教育是海峡两岸教育界共同的历史任务。台湾地区经过 60 多年对中华传统文化的坚守，已形成一个较为完善的国学教育体系，其作为一个成功的文化范例，对祖国大陆目前随着国学热的兴起而开展并日渐活跃的青少年国学教育提供了有益的启迪。

① 周为筠. 在台湾：国学大师的 1949. 台北：金城出版社，2008：封底.

第三章　青少年国学教育功能的拓展与地位的确立

世间的一切事物都是作为系统而存在的，不但与周围事物互相联系、互相作用，而且内部各要素之间也总是互相联系、互相作用的，由此构成一个有机整体。事物只有具有某种功能，发挥一定作用，才能在系统中占据一定地位，也才具有存在的合理性。青少年国学教育是教育大系统的一个方面、一个部分，发现青少年国学教育的特有功能并找到其合理定位，才能维护青少年国学教育的存在，进而促进其发展。

第一节　青少年国学教育功能的拓展

教育功能亦称“教育作用”，指教育对整个社会系统的维持和发展所产生的作用和影响。[①]这一含义的范畴非常广泛，既包括教育对个体的作用和影响，又包括教育对社会的作用和影响。

实质上，这里所言的教育功能是教育的社会功能，而教育的社会功能是通过教育对人的培养来实现的，从这个角度看，教育的育人功能是最基本的功能，社会功能属于派生功能。

一、人格培育功能

有学者认为“以人为本”的教育观包括两个层面的内容，即“生存的教育”与“存在的教育”。本质上，现代教育仍停留在“生存的教育”层面，强调教育的功利价值，而对“存在的教育”没有给予应有的关

① 顾明远．教育大辞典．上海：上海教育出版社，1998：747.

注，“没有给予人们以生存的理由和根据……没有给予人们一颗清醒的头脑”①。现代教育从人以外来思考人，在这种教育形态下，人的经济性、工具性，以及自私等特性得到训练与培养，而人之为人的根本特性即人的精神性却没有彰显出来，人愈加疏离人之为人的本质。

对于国学的主体，千百年来，可谓聚讼纷纭：有人认为是以儒家哲学或思想为主体，有人认为是儒道（或儒道释）互补，有人认为是儒法互用，不一而足。而对于国学价值、内涵的挖掘，先哲圣贤可谓皓首穷经，仍难穷其一二。在此，我们无意研讨国学的内涵，只是想阐述一个事实，国学以它博大精深的内涵铸就了我们民族的文化－心理结构，深刻影响着我们民族，以及生存其中的每一个个体的发展，它是中华传统文化的精髓，是最为宝贵的教育资源。

国学经典作为中华传统文化之精髓，强调“天人合一”“伦理精神”“中庸思维”。这是一种关系思维，强调人与自然、人与人之间以“中庸”的方式和谐共处。因此，国学教育本身是关乎人之存在的教育，而非生存层面的教育，是养成高尚人格与道德的人文教育，而非培养技艺娴熟的劳动者与破坏自然的探险者。从性质上看，青少年国学教育是一种人文教育，其根本目的在于提升青少年的人文素养。

1. 国学教育能涵养人文

在技术主义盛行的今天，优秀传统文化被赋予了更多的人性色彩。它不仅是维护个体精神世界独特性与丰富性的手段，而且作为一道精神屏障，也拉开了人与冰冷的物质世界的距离，拉开了人与世俗的功利世界的距离，给个体的精神与尊严以更多的可能和空间。德国诗人诺瓦里斯（Novalis，1772—1801）在谈到哲学时说，哲学是“怀着一种乡愁的冲动到处去寻找家园”。学习传统文化，也可以看作是这样一种寻找精神家园的过程。人总是不安于命运的安排与现状的支配，总是试图超越现实，寻找理想的人格与生活方式。国学经典里面融入了先人对人、对人性、对人生的思考与探索，表达了先哲对真善美的追求，这不仅可以慰藉现实社会中饱受侵害与挤占的心灵，而且能引领人们超越现实。

2. 国学教育能修炼心性

心性是指人的性格、性情。虽然“性”是先天的，即指人与生俱来

① 石中英．教育哲学导论．北京：北京师范大学出版社，2002：91.

的本质或特征，但它借助一定的载体可以修炼到理想状态。而传统文化中深厚的人文底蕴正好为青少年的心性发展提供了充足的养分。比如传统文化中的儒学探讨的就是“人生的方向”，它触及的是人们“心灵”和“心性”的最深层次，涵盖的是人类的真性情、真生命、真智慧。所以我们在学习时，必须以自己的生命去体验、以自己的身心去研究、以自己的心灵去撞击、以自己的生命去呼应与契接、以安身立命的角度去体会。读圣贤书，所学何事？应把握好自己的心性，守住心性，守德勿忘，行善为本，助人为乐，弃恶扬善，真正做到：平心如性，苦苦修炼，从幼到老，从生到死，遇事做到大公无私，为人做到心品纯正，待物做到问心无愧。这样我们才能抵制欲念，克服软弱，战胜邪魔，达到清静平和的境界，才能和中华民族的传统文化与传统美德合拍、沟通、感应。

3. 国学教育能提高个人境界

国学经典是浓缩了人文科学和自然科学等多方面知识的结晶，国学经典优美的行文、韵味，以及从中散发出人与自然的和谐可以涵养青少年的善心、仁爱之心，青少年阅读经典的一个重要任务就是要培养高雅、健康的生活旨趣。“天苍苍，野茫茫，风吹草低见牛羊”的雄浑与奔放，“落霞与孤鹜齐飞，秋水共长天一色”的开阔与高远，“江畔何人初见月，江月何年初照人”的幽远哲思，“登山则情满于山，观海则意溢于海”的酣畅淋漓，无不让人受到灵魂的升华，精神的洗礼，心境的净化，这就是国学经典的魅力。

读经的倡导者认为，诵读经典使学生的审美观发生了质的变化。学生的文学鉴赏能力普遍提高了，学生的阅读兴趣从肤浅的网络内容转向了深厚、有底蕴的经典。学生日常生活中的文明用语多了，“语言垃圾”渐次消亡了。更重要的是行为美学发生了变化，学生普遍能“引经据典”地辨析自己行为的对错，从而更好地培养自己的情操。

总而言之，一个人若从小受国学经典的熏陶，其中的词语、韵律、意境、审美旨趣等便会深深地印在心中，从小形成对中华文化的认同，将来不管身在何处，都不会迷失自己。

二、智力开发功能

人们都知道，“智力反映了一个人的聪明程度，是适应环境的能力、学习的能力、解决问题的能力。智力是处理抽象概念、处理新情境和进行学习以适应新环境的能力"[1]。智力是由观察力、注意力、想象力、思维力等组成的。20 世纪 70 年代中期，美国心理学家斯腾伯格（Robert J. Sternberg，1949—）开始对智力进行深入研究，他对智力进行全新的分析和界定，认为，"一个人适应环境能力的好坏，或智力水平的高低，不仅取决于个体先天具有的遗传素质，更与后天的学习、培养有关"[1]。

古代经典的文体形式注重协调，有严格的文字声韵特征，读起来朗朗上口，在诵读过程中，儿童可以贮存语料，形成语感，增强识字、阅读的能力。长期有规律地阅读古代经典，不仅可以感受祖国悠久的文化，积累文学知识，同时能很好地起到对学生进行智力训练的作用。

德国医学博士林助雄医师论证说：人类有两大学习能力，即记忆力和理解力，记忆犹如计算机资料的输入和保存；理解犹如程序的设计和应用。没程序空有资料，则资料是死的；没资料空有程序，则程序是虚的。[2]记忆力与理解力二者缺一不可，但记忆力与理解力在人生成长过程中的发展曲线是不同的，依据人类学家和心理学家的研究，13 岁以前人正处于记忆力黄金时期，因此，这段时期诵读国学经典的效果最好。

古代罗马最有成就的教育家昆体良在其《雄辩术原理》中强调"记忆力不仅存在于儿童时期，此时期的记忆甚至更加牢固"[3]。这段时期，即使不引导他们记住经典作品，他们也会去背诵广告词、流行歌曲。所以"道可道，非常道，名可名，非常名"与"小猫叫，小狗跳，猫叫狗跳好热闹"的难易程度对于小学生来讲完全一样，而前者在语言内容方面是高度紧凑和浓缩的，包括大量对人生、世界，乃至宇宙的智慧思考，和为人之道的论述，是古人真实深远的生命体验。这些语句在文字的组合时多用简练的短句，读起来有一种轻松有趣的音韵感。任何一段都让小学生像唱歌一样，轻松愉快地高声朗诵，朗读遍数多了，音韵和字义等因素都会逐渐影响读者，书读百遍，其义自现，慢慢悟进去，将来长大后的学问就广博了。让儿童自小就接触最有价值的书、永恒之书，只要能背，不管懂不懂，这些内容都会存入大脑记忆，而且会烙印在潜意识里，而潜意识的妙用就在于无须经过意志的运作，能直接地、默默地、

① 邵瑞珍．教育心理学．上海：上海教育出版社，1997：273.

② 林助雄．儿童读经与潜能开发．石油政工研究，1999（4）：41.

③ 昆体良．昆体良教育论著选．任钟印译．北京：人民教育出版社，1998：178.

自然地影响人类的思维和行为。

辜鸿铭先生精通数国语言，国学造诣极深，曾获13个博士学位，其深厚的西文素养得益于童年背诵《浮士德》《莎士比亚》等经典的经历。在北大教英语时，有学生向他请教西文的妙法，他答曰："先背熟一部名家著作做根基。"他晚年曾说："有些人认为记忆好坏是天生的，不错，但认为记忆力不能增加是错误的。人心愈用而愈灵！"美国教育家赫钦斯将人文教育缺失的大学毕业生说成是"几乎没有什么理解力，也完全没有智慧"[①]的一群人。

中国语言文字之根在国学经典当中，这些千古美文就是最好的警句范文。这些好语录、文章、诗词背诵多了，灵巧的修辞、畅达的造句、铿锵的声韵、周密的谋篇，不知不觉，就会变成自己内在的能力。久而久之，口头表达能力和书面表达能力自然就会提高。语言是思想、宝贵经验和智慧向下一代传递的重要工具，语言的学习对于中小学生智力开发十分重要。小学生诵读大量国学经典后，胸有万卷书，自然下笔如有神。所谓"熟读唐诗三百首，不会作诗也会吟"就是这个道理。

人的发展离不开知识经验的积累，站在巨人的肩膀上，直接传承圣贤的智慧经验，这也是人一生立身处世的基础。"九层之台起于垒土，千里之行始于足下"，预先垫底，有了基础，将来才会运用，才会创新。就像盖一座高楼，没有地基和预先的框架是绝对不可能盖起来的，所以以国学经典为地基的扎根教育就显得非常重要，它会让我们形成完善的知识体系。

少年时代的杨振宁就在数学方面突显出自己的不凡，但他的父亲没有像别的父母那样专注培养他的数学，而是在暑假期间给他请了一位清华大学历史系的教师，教他背诵《孟子》。一个半月下来，小杨振宁已把《孟子》背得烂熟。后来杨振宁认为《孟子》教会了他思考，在他日后的科学研究当中起到了重要的、突破性的作用。他说他对汉语的论述曾经有过许多冲动，而他的成功很大程度上得益于自己的古文功底，他的好多高分子物理理论都受到《孟子》的启发。

由此可见，国学经典诵读对于丰富知识、形成合理的知识结构有着非常重要的作用。很多国学经典既是文学、又是历史、还是哲学，一个

① 罗伯特·M. 赫钦斯 . 美国高等教育 . 江利兵译 . 杭州：浙江教育出版社，2001：62.

人的一生，无论是学习还是做人，都能从中得到无穷的启发。例如，《老子》是道家的经典，诵读它可以培养出缜密的思维体系，虽只五千余言，却是一个智慧的宝库，取用不竭。翻开《老子》，便是与智者对话的开始，启人心智，发人深思。"道可道，非常道"，老子对宇宙起源和终极真理的思索，至今仍光芒闪耀。"反者道之动"，老子辩证的目光洞穿了万物依存转化之谜。"柔弱胜刚强"更是智者告诫世人如何处世立身的名言。还有"无为无不为"，对后人治国治民的影响难以估量。与这位睿智的先哲对话，可以引发无尽的思考。为什么"道可道，非常道"？为什么"反者道之动"？为什么"柔弱胜刚强"？为什么"无为无不为"？《老子》的每一章几乎都能让人陷入深深的沉思。

台湾漫画家蔡志忠先生"庆幸自己是中国人"，原因之一就是中国有老子。他有本漫画书，名为《老子说——智者的低语》。还有台湾的王财贵教授认为，儿童就该背《老子》，能奠定一辈子的聪明。中国科学院院士、教育部高校文化素质教育指导委员会主任、华中科技大学前校长杨叔子，规定其所指导的博士生，1998年入学的，必须学、背《老子》，1999年入学的，还得加上学《论语》，背《论语》的第一篇到第七篇，否则，不予论文答辩。他说："中华经典是中华民族文化的精髓，是中华民族人文精神的结晶。一个民族的凝聚力，主要体现在对本民族人文文化的认同程度。纵鉴历史，横观现实，一个国家，一个民族，没有先进的科学技术，就会落后，听命于人甚至受人宰割；而一个国家，一个民族，没有优秀传统文化，没有民族人文精神，就会虚无，就会异化，甘愿为人奴隶。"①

中华民族为什么能经历五千年风雨，特别是从一百多年的前赴后继、艰苦斗争中蓬勃壮大，不值得深思吗？人文文化对感情的感染，人格的熏陶，习惯的养成，环境的造就，传统的形成，其重要性尽人皆知。何况，对于锻炼思维、培养灵感、孕育创新能力、认同人文文化的巨大作用呢？

三、品德培养功能

中华传统文化经典蕴含着丰富的道德教育资源。全国人民代表大会

① 杨叔子．素质教育应从人文教育入手．见：弘扬民族文化 加强素质教育——中央教科所、中国青基会、中国教育报研讨会摘要．中国教育报（专版），2003-03-29.

常务委员会副委员长王光英在《弘扬中华民族的文化认同感》一文中比较中西文化时指出："中华文化是世界惟一持续发展从未中断的文化，她既有古老的历史，又焕发着青春的活力。从某种意义上说，中华文化具有'伦理性'的特点，强调如何'做人'。"① 中华传统文化中的"格物、致知、诚意、正心、修身、齐家、治国、平天下"实际上就是一个由低向高、由内向外、由近及远地实现人生价值的过程，其最高目标是"明明德，亲民，止于至善"，也就是"为天地立心，为生民立命，为先圣继绝学，为万世开太平"。但要实现这个目标又必须从一个人的成长初期做起，从具体的修身做起，把各种道德规范融入儿童生活的每一件小事中，这些美好的品质随着人的成长而生根发芽，习惯成自然，以一个道德完善的人存在于世。

国学经典的德育内容围绕人们的日常生活展开，它重在告诉人们日常生活中一些为人处世的基本道理和准则，强调从日常行为规范做起，从孝亲、敬长、悌兄、信友做起，由近及远，从小到大，逐步提高自己的道德品质，而不是远离生活实际的空泛的大道理。由于经典中大量的德育内容贴近少年儿童的生活，融于日常生活之中，教育与生活在时间、空间、活动上往往是统一的，更容易被孩子接受。儿童在诵读经典的过程中既识字、学知识，又能在日常生活中去实践、尝试那些行为规范，久而久之，形成习惯。

因此，国学教育活动对培养青少年的善心、仁爱之心，培养孝亲敬长、诚实守信的道德品质，养成举止文雅的道德行为习惯，促进道德修养的提高和人格的健康成长，加强亲子关系等，都具有显著效果。正如法国哲学家、教育家阿兰所说："儿童在背诵古诗之始就会校正他的情欲，就会让他自己处于一切情欲的情景之外，迅速升华为感情，从中发现人间真理。"②

朱熹主张从小培养儿童的道德品质。他强调"必须讲而习之于幼稚之时"，并指出这种培养应同儿童的日常生活结合，"童蒙无先入之杂，以正导之无不顺受""故养正当于蒙"这些道德教育思想对于今天小学生道德品质的发展和培养都是十分有益的。当然，由于学生年龄小，有些词句暂时理解不了，但长大后，这些词句必然会成为构筑一个人文化底

① 王光英. 弘扬中华民族的文化认同感 . 光明日报，2002-09-04.
② 任钟印 . 世界教育名著通览 . 武汉：湖北教育出版社，1994：248.

蕴和人格魅力的基石。

鞍山市东长甸小学在进行中华经典诵读的三年时间里，曾用问卷调查、访谈、观察等方法了解孩子在诵读前后的一些变化。以 2004 年 9 月暨中华经典诵读活动开展两年后进行的一次家长问卷为例，学校共向学生家长发出 362 份问卷，涉及学生文明礼貌、尊敬长辈、诚实守信、热爱劳动、团结同学等方面的内容。问卷的目的是通过家长了解孩子在读经前后思想品德方面的变化。

数据分析表明，100% 的学生在读经前后的思想品德都有不同程度的变化，年级越小的同学提高的幅度越大。[①] 通过问卷我们看到学生有如下变化：其一，94.5% 的学生在诵读中华经典后知道尊敬长辈，吃东西让长辈先吃，客人来了主动打招呼，和小伙伴一起玩的时候主动把自己的玩具让给小朋友玩。还有 35% 的学生在同伴或小弟弟、小妹妹不尊敬长辈、与父母顶嘴时能用“父母呼，应勿缓。父母命，行勿懒”这样的话语提示他。其二，84% 的学生在诵读中华经典后能够自己的事情自己做，并且能够帮助家长做拿碗筷、打扫卫生等一些简单的家务劳动。其三，93% 的学生在诵读中华经典后能够做到团结友爱，与小伙伴关系融洽。

通过调查我们可以看出，国学经典诵读对于小学生品德培养具有其他教育形式不可比拟的作用。正如 4 年级 4 班吴俊宜同学所说：“我越发喜欢读《老子》一书了，它教我怎样做人，怎样在学校与同学友好相处。同时，使我对文言文的理解能力大大增强，我下决心背熟《老子》！另外，在今后的人生历程中，我决心按老子的教导去做人，去处事，让圣人的智慧融化在我的心里，滋养我的生命，使我也能成为一个‘博大真人！’。”[②] 正如朱永新先生所言“学生阶段是人生读书的黄金时光，要让学生大致浏览和把握人类文明中最经典、最精华的内容。这已经不是一种单纯的读书行为，它对学生良好德性的养成具有深远意义”[③]。

中小学生处于可塑性最强、记忆力最好的年龄段，我们应把握好这个时机，不仅要给学生们传授科学文化知识，还要给他们中华经典的熏陶，让他们在幼小的成长阶段就拥有很多经典的智慧和德行，那么，未

① 此数据来自鞍山市东长甸小学的调查问卷，引自：边艳红．小学阶段中华经典诵读教育价值研究．河北师范大学硕士学位论文，2005.

② 引自：边艳红．小学阶段中华经典诵读教育价值研究．河北师范大学硕士学位论文，2005.

③ 朱永新．新教育之梦．北京：人民教育出版社，2002：10.

来的人生道路就可以更为顺利。

四、文化传承功能

文化是一个民族存在与发展的根本，是一个民族之为民族的重要衡量标准。文化与教育相伴而生，相随而长。教育自身既是文化，同时也是文化存续的工具，因此，教育具有文化存续的功能。从中华传统文化的发展来看，自新文化运动以来，传统文化逐步失去其生存的土壤，取而代之的是以科技理性为特征的西方文化。传统文化在教育上的“失语”不仅意味着传统文化正在逐渐丢失，更可怕的是民族性的丢失，甚至关涉到民族自身的存亡。并且，中华传统文化是一种典型的关乎人生的教育。因此，无论从民族的角度还是人类社会发展的角度看，开展国学教育都是必要的。

2004 年，北京师范大学教育系教授郭齐家在香港凤凰卫视“世纪大讲堂”的讲演中也指出：“经典是对某个文化传统而言最具有权威性的著作，一个民族的历史和体现民族精神的优秀传统文化与优良传统道德需要通过经典的传承而延续，民族历史、民族精神与经典的传承直接关系着天下兴亡与民族的存灭……‘五四’时期我们引进了科学技术，非常好，得到了很大的成功。但是也有一个缺陷，就是把中华经典文化给解构了，在教育上不提他了，渐渐我们中国人从教育上把自己民族的经典文化从教育上开除了，这在世界教育史上都是没有过的。现在回过头来一看，这是很大的遗憾。所以我们现在这一阶段就希望能够把科学和人文结合起来，把中国文化和西方文化结合起来，把传统文化和现代文化结合起来，把科技文化和人文文化结合起来，所以我们这里特别强调少儿读经。”①

对于国学教育的文化传承作用，还有很多学者发表了自己的观点，归结起来就是认为传统和现代是不可割裂的，国学经典是我国学术思想的精华，是民族文化与民族精神的载体，其中一些内容如提倡和平主义、人道主义、自强不息等，现在仍然具有现实的借鉴价值。针对青少年开展国学教育，可以传承我国传统文化中的精华，发扬中华民族的优良精神，对于促进我国的文化发展、发扬民族精神都有重要意义。

在现代社会的基本政治、经济制度实现了转变之后，传统文化的重

① 郭齐家．少儿读经与文化传承．湖南科技学院学报，2005（1）：52-54.

要功能体现在伦理道德教化、文化共同体的形成、民族凝聚力和认同感的增加等方面。任何一个社会，作为其文化土壤或社会文化背景的有两样东西，一个叫“文化认同”，另一个叫“伦理共识”。所谓“文化认同”，解决的是“我是谁”“我来自哪里”的问题，是个体所归属的民族文化的基本身份和自我认定，是精神信仰的归乡和故园。所谓“伦理共识”，是指在民众中的一个隐性的，然而又具有约束力的价值观、生活态度，对待家庭与社会的方式，以及终极信念的共同点。一个社会如果没有“文化认同”和“伦理共识”两样东西是非常可怕的，不免会遭受脱序的危险，当然也就不可能有健康的现代化，不会有健康的政治、经济、科学、文化的建设。而国学经典作品正是孕育中华民族的“伦理共识”和“文化认同”的母体。因此，在语文教育中对文化传统的教育不可等闲视之，它关乎着民族文化心理的建构，甚至关系到国家、民族发展的命运和方向。

从文化的视角而言，中小学国学教育内容是中华传统文化的代表，是中华传统文化的浓缩与结晶。实施国学教育的过程即是以学生为载体而展开的文化传承的过程，此过程不仅使传统文化得以保存，同时使其得以创新并延续。

五、民族意识强化功能

民族精神是民族文化的核心和灵魂，是一个民族赖以生存和发展的精神支柱。在五千多年的历史长河中，中华民族形成了以爱国主义为核心的团结统一、爱好和平、勤劳勇敢、自强不息的伟大民族精神。这种民族精神博大精深，根深蒂固，是凝聚和激励全国各族人民实现中华民族伟大复兴的重要精神力量，是我们极其宝贵的精神财富。中华传统文化所蕴含的民族精神，是培养、激发民族自尊心、自信心，增强民族意识，树立民族自豪感的重要因素。国学经典中有哲学、有智慧、有历史、有道德、有文化、有美学，是中华民族之魂，体现着中国的人文精神。

1999年春节期间，江泽民同志出席中国唐宋名篇音乐朗诵会时曾号召大家学一点古典诗文，以“陶冶情操，加强修养，丰富思想”“增强民族自信心和自豪感”。这是具有远大文化战略眼光的见解，一语道破人文血脉的传承对于民族的重大意义。

我们必须清楚地知道，人文精神建设乃是立国之本。《易经》里有一句至今犹值深思的名言："观乎人文以化成天下。"当今世界，知识经济崛起，异质文化的撞击和遍及全球的商品大潮对人文情趣提出严峻的挑战。因此，能否做好面向新世纪的人文精神建设这篇大文章，乃是一个民族能否以独特的精神风范屹立于世界民族之林的战略性问题。

在中华民族的文化传统中，经典古籍构成了它的核心。经典古籍不仅传承着中华民族奋斗的历史，而且传承着中华民族的基本精神。春秋战国时期留下的哲学思想，让我们能在做人、行为处事、治国等方面有所依据；诗经、楚辞、唐诗、宋词、元曲等文学作品陶冶了我们的情操；八卦、易经、理学、禅宗思想等也扩大了我们的视野和想象空间。

在欧洲，古代经典最显目的标志，是一尊尊名扬天下的雕塑和一座座屹立千百年的建筑。中国历史上毁灭性的战乱太多，只有一种难于烧毁的经典保存完好，那就是古代诗文经典。这些诗文是蕴藏在无数中国人心中的雕塑和建筑，而一代接一代传递性的诵读，便是使这些经典延绵不绝的长廊。欧洲经典的长廊安静肃穆，中国经典的长廊书声朗朗。我们传承中华文明的过程，就是对学生进行爱国主义教育的过程。

金庸先生认为，开展国学经典诵读不是要让学生学习很多知识，更多的是一种情感的、民族性格的熏陶。要继承温柔敦厚、乐而不淫、哀而不伤的诗教，使学生们养成孔孟所提倡的至大至刚的人格。著名学者、《科技中国》杂志主编陈越光先生说："一个人，如果他从来不知道孔子、老子、孟子、庄子是何许人，从来没有读过、听过诗经、唐诗、宋词，如果他对'富贵不能淫，贫贱不能移，威武不能屈'和'己所不欲，勿施于人'等都一无所知的话，他就没有资格说他是一个真正的中国人。因为他无法融入中华民族的精神生活。"①

中小学生通过国学教育系列活动，在很小的时候就接受民族文化的熏陶，从中汲取营养，融会中华经典文化中的民族智慧，有助于树立正确的世界观、人生观、价值观，使他们在完善自身人格修养、提高文化品位的同时，自觉地承担起传承中华文明、弘扬民族精神的重任，确立深厚的民族观念，极大地增强民族自信心。

学生读了《论语》，当知道孔子受全世界推崇时，感到自豪和骄傲。学生读了《老子》，就了解了大成若缺、大巧若拙的古老哲学。学生了解了中

① 《人民日报》科技文部中国青少年发展基金会．让民族文化血脉相传——海内外学者畅谈中华古诗文经典诵读工程．人民日报，1999-04-22.

华古老文明，就会看到未来中国的辉煌，进一步激发学生的爱国情感。

有一个孩子在参加国学经典教育活动后这样写道："我以前只知道中国又穷、又落后，国外的东西好，爱吃肯德基，爱看《蜡笔小新》，却不了解中国在 2500 多年前就有了受全世界敬仰的圣人，有那么了不起的古老文明，现在我才知道，中国真了不起，我为我是个中国人而感到骄傲。"①

中华经典在世界文化史上占有重要地位，作为一个中国人，我们有责任为全人类守护它、传承它。要无愧于这样的光荣使命，就应该让孩子们从小汲取中华经典的滋养，继承我们民族的优秀品格。"我们必须建立一个信念，把古代伟大作品中的智慧、启示和经验，转化为塑造新历史的力量。"②只有这样，在经济全球化，各国文化相互交流、融合的大环境中，青少年才不会迷失方向，将来才能更加自信地走向世界。

在青少年国学教育的上述功能中，人格培育功能、智力开发功能和品德培养功能属于个体功能，而文化传承功能、民族意识强化功能则属于社会功能。青少年国学教育的社会功能与个体功能既有统一的一面，又有明显的区别。一是两种功能作用的领域不同。社会功能作用于社会，落脚点指向促进经济、政治、文化和社会生活的发展；个体功能作用于个体，其落脚点指向个体素质的形成与发展。二是两种功能的发挥具有不同步性。一般来讲，当社会发展处于较低级的阶段时，社会整体与人类个体尚不能实现高度统一，这时，满足社会需要通常成为第一需要，即国学教育首先要实现的是其社会功能，而这种社会功能又往往与个体功能对立，甚至是以牺牲个体的发展为代价的。这在我国奴隶社会和封建社会，以及在欧洲中世纪时期已有历史教训。只有当人类文明高度发展以后，国学教育的个体功能和社会功能才有可能实现同步。人类社会发展到社会主义阶段，为国学教育实现个体功能与社会功能的高度统一创造了条件，提供了可能。当代中国的青少年国学教育，同样以实现二者的高度统一作为最高追求。我国正在加快推进教育现代化，其特点之一就是教育的个体功能与社会功能实现高度统一。现代化的教育坚持把"以人为本"作为核心理念，不但追求人的全面发展，而且努力服务于社会的全面、协调、可持续发展，通过充分发挥教育的社会功能，为个体发展创造条件，使教育的个体功能得以充分实现。

① 引自：边艳红 . 小学阶段中华经典诵读教育价值研究 . 河北师范大学硕士学位论文，2005.
② 韦政通 . 中国的智慧 . 长沙：岳麓书社，2003：163.

第二节　当代青少年国学教育地位的确立

一、青少年国学教育是人文素质教育的重要渠道

教育要以人为对象，目的是人的全面发展。教育的目的，是要将人从不成熟的状态中解放出来，带到更自觉、更理想、更圆满的境地。农业文明时代以知识传递为本，工业文明时代以能力培养为本，我们现在的教育观念以人为本，以人文教育和素质教育为核心。所谓人文教育，就是为了促进人性境界的提升，为了理想人格的塑造，以及个人生命价值和社会价值的实现。人文教育主张在学习知识的同时，培养健康的人格。使教育的对象不只是学得表浅的知识，而且通晓支撑这些知识的文化意蕴；人文教育不是培养没有灵魂的专家，而是要造就具有文化修养的个体。

“人文”一词最早见于《易经》中“关乎天文，以察时变；关乎人文，以化成天下”的说法。所谓“人文”，是指人类的各种文化现象。人文素质，是与科学素质、身体等方面的天生素质相对而言的概念。根据马克思主义关于人的全面发展学说，人的发展不仅包括劳动能力的发展，还包括社会关系的全面发展，以及个性的发展。为此，科学素质、人文素质，以及身体等方面的天生素质，均为人的全面发展所不可或缺的素质。科学素质一般指了解必要的科学技术知识，掌握基本的科学方法，树立科学思想，崇尚科学精神，并具有一定的应用科学处理实际问题、参与公共事务的能力。人文素质则指以人内心的精神世界为基础，以文化传统为载体所构成的高层次的人的整体素质状况，是人们在认识和处理人与人、人与社会关系方面所应具备的基本品质。人文素质的主要内容包括人文精神、人文意识、人文品质、道德水准，以及文化心理素质等。

如今，世界很多国家都非常重视人文素质教育。人文素质教育就是以教育的方式传递人类优秀的文化成果，并使之内化为青少年学生的人格、气质、修养，成为相对稳定的内在品格。概括讲，就是传递人文知识、培育人文精神、提升人文素质。美国正规大学本科教育的前两年，学生会花很多时间了解西方经典文化艺术作品，把这当作必修的基础课程，到了第三年才全面进入专业学习。西方国家这种通识教育不是为了培养某种特定技能，也不是为受教育者谋求某种职业而做准备。它的目

的不是获得具体有用的知识，而是要发展独立思考的能力。它不在于让人思考什么，而在于让人如何思考。它精心设置包括文学、历史、哲学、艺术和科学上的一系列课程，旨在促进学生对真、善、美的崇敬之心，唤起学生对一切伟大、深邃、美丽事物的敏感和惊奇，同时也让学生了解人类在探寻知识过程中思考的重大课题和运用的基本原则。以经典阅读为中心的教学方式，是西方通识教育的最基本形式，西方通识教育的核心内容只有"西方文明"和"经典研读"两大门类。一些具体课程，都是在此基础上生发出来的。

世界上多数国家没有不重视本国文化传统的，都是利用教育尤其是中小学教育传播这些传统的精髓，撒下人文精神的种子。而传承人类文化的最主要载体就是经典作品。从整个教育发展史来看，但凡在思想文化激烈冲突与碰撞的动荡年代，人们就要重估经典教育的价值和意义。因为人们坚信，借助经典教育，通过与伟大心灵的对话，也许能从混乱的观念和迷茫的思想中窥见真理的光芒，获得深刻的启示。

北京大学钱理群教授曾说：每一个民族都有其精神原创性、源泉性的东西，它们都应该进入国民教育。英国莎士比亚的作品，以及中国的《论语》、《庄子》、唐诗、宋词等都是这类作品[①]。在全球化的今天，通过国学教育活动，让青少年学习国学经典，其作用绝不仅仅是学习语言、启迪智慧，而是担当了更加重要的使命：那就是在青少年的血液里融入民族文化的基因，播下民族精神的种子，形成丰厚的文化底蕴。接受国学教育的过程，不仅是增进知识的过程，不仅是"把知识消化于生命，转化为生命所具有的德性"的过程，而且具有熏陶气质、变化性情、提高涵养的作用。正如朱自清先生在《经典常谈》中指出的，"经典训练的价值不在实用，而在文化"。国学教育对于提高人文素养具有其他任何教育内容所难以比拟的作用。

国学以它博大精深的内涵铸就了我们民族的文化－心理结构，深刻影响着我们民族，以及生存其中的每一个个体的发展，它是中华传统文化的精髓，是最为宝贵的教育资源。作为一种教育思想，国学教育就是以优秀传统文化为核心内容，以培养人的文化素养、人文精神、民族意识及健全人格为主要目标的教育。当今我们倡导的素质教育，尽管它的

① 北大学者钱理群专访：我的精神自传．东方早报，2007-11-28.

内涵不断变化，但最基本的指向是从单纯注重传授知识转变为引导学生学会学习、学会合作、学会生存、学会做人，关注人的全面发展，注重综合素质的培养。这样看来，国学教育与素质教育说到底都是做人的教育，“国学教育是素质教育的一部分，是对素质教育的有益补充，因为素质教育是做人的教育，而中国传统文化的精髓也正是对人进行教育”①。倘若我们能把握好国学与教育目的的契合点，不仅能促使国学教育向理性回归，而且能为素质教育提供价值导向和丰富的教育资源。

二、青少年国学教育是学校德育的重要途径

中华文化以儒学为核心和主体，兼容诸子百家的传统物质文化和传统精神文化，源远流长、博大精深、多元一体，创造了中华民族五千年的辉煌历史。一般来说，国学作为传统精神文化的信息载体，不仅是中华文化的学术基础，也是治国安邦的根本韬略，更是教化道德、构建和谐社会的重要组成部分。在大力推进社会主义精神文明建设的今天，国学精粹越来越受到重视，特别是在对学生的德育中，越来越显现国学的巨大优势。

德育是时代的产物，是当代政治、经济要求在思想意识中的反映。德育既要立足中国特色社会主义的现实国情，又要传承中华民族优秀的道德传统文化，特别是面对经济、政治、文化的全球化挑战，我们更应该以国学为载体，弘扬和发展以爱国主义为核心的公民道德教育。全球化是一个历史性的过程，是人类社会发展的必由之路，也是现代科技发展的必然产物。全球化是以现代科技为依托，以现代物流为基础，以高速信息流为媒介进行的全球一体的生产和消费活动。它带来经济发展的全球机遇，使全球资源的配置向效益最佳的地区、集团集聚，发挥出最大的经济效益，带来全球文化价值观的逐渐确立。这一趋势不以任何人的意志为转移，而且呈现出愈来愈快的趋势。但全球化对我国的德育工作确实带来了空前的压力与挑战。例如：商业价值凌驾于其他一切价值之上，极端个人主义和利己主义高度膨胀，导致了人与人、人与社会、人与自身的冲突。只讲索取，不讲奉献，常常强调自身的权利而忽略义务和责任，造成人际关系冷漠，婚姻家庭破裂，老少失养，情感扭曲，人格分裂，导致社会不稳定因素向纵深发展。

① 康伯春．国学教育与素质教育．安阳师范学院学报，2003（1）：21.

在全球化的背景下，欧美文化对中国新生代，即80后、90后的影响更直接、更全面，渗透更为便利。集全家之爱的独生子女通过互联网、影视作品，盲目崇尚西方自由观念、追求个人目标的极端利己已成为社会现实，这对各个层面的教育造成了巨大冲击。垃圾文化和病态时尚直接冲击当代青少年学生的精神世界。一些学生羡慕在网络上一夜走红的“凤姐”“犀利哥”，而对艰苦奋斗、爱岗敬业的劳动模范报以冷笑；认同“宁愿坐在宝马车内哭也不愿骑着自行车笑”的价值观念，只要能获取极大的物质享受，什么付出都是值得的；学校图书馆内的中国名著、世界名著无人问津，反而对网络文学中那些性格怪异、处事荒诞、语言粗俗的公主、帅哥情有独钟。“千里之堤，溃于蚁穴”，如果我们不强化弘扬和发展以中华民族爱国主义为核心的民族精神和以改革创新为核心的时代精神，凸显社会主义核心价值体系，那我们将逐渐失去心灵的阵地，在全球化的经济浪潮中迷失方向。

在如此复杂的时代背景下，仅以时代精神、爱国主义为基点来实施道德教育已远远不够。国学教育也许不是最好的选择，但至少是必需的选择之一。以国学为载体，弘扬和发展民族优秀文化传统，倡导社会主义核心价值体系，多渠道、全方位进行道德教育是行之有效的手段。

首先，以儒家文化为主线的国学哺育了整个民族，是形成民族精神和道德的本源；其次，在构建中华文明大厦的历史进程中，儒家思想以道德的先导性引导人们去追求一种理想的精神境界和行为方式，形成了直到现在仍有重大现实意义的道德教育思想和方法，把道德教化的主旨蕴含于诗词曲赋、风土人情中，蕴含于怡情养性之中，蕴含于日常生活中，对我们今天提高道德教育的实效有着重要的借鉴作用；最后，历代优秀的图文典籍、诗词歌赋在为人们提供文学滋养的同时，也把融汇在诗文中的睿智、风骨、胸怀和操守浸润到每个人的心灵深处，能够在改良土壤的同时播下道德的种子，产生“润物无声”的效果。因此国学是我们落实日常生活道德教育的有效载体之一，也是培养社会精英的途径之一。

德育之精髓是以爱国主义为核心的民族精神，民族精神是中华民族的力量之源，而国学则是中华文明的重要支撑，两者犹如车之两轮、鸟之双翼。将国学引入德育课堂，不仅让学生感悟到中华文化的博大精深、丰富哲理，更让学生了解到国学中蕴藏着丰富的民族精神和伦理要素，如《论语》中“志于道，据于德，依于仁，游于艺”，《孟子》中“人之所以异于禽兽者几希，庶民去之，君子存之”，众所周知的“先天下之忧而忧，后天下之乐而乐”“自强不息，厚德载物”“三军可夺帅也，匹夫不可夺志也”。“木兰从军”“囊萤映雪”“孟母三迁”“孔融让梨”等众多典故中折射出的励志爱国、忠孝节义、勤奋好学、尊老爱幼的淳朴风范，它们既是国学的精髓，又是当代中国最有说服力的德育题材。更为重要的是，国学思想精粹与公民道德素质教育目标具有高度的同一性。

一般来讲，国学主要包括以儒学为主体的中华传统文化与学术，而儒家文化以“礼义”为基本核心，提倡“乐道安仁”“自省自克”“改过迁善”，注重个人修养，以“格物、致知、诚意、正心、修身、齐家、治国、平天下”为人生理想，是真、善、美的理想体系，也是传统中国人的行为准则。“吾日三省吾身”“见贤思齐，见不贤而内省”的人格追求，“见善，修然必以自存也；见不善，愀然必以自省也”的善恶观，“温、良、恭、俭、让”的行为风范，“地势坤，君子以厚德载物”的胸怀，“是故君子有大道，必忠信以得之”的诚信要求，“致中和，天地位焉，万物育焉”的和谐目标，“仁者爱人”“成人之美”的处世思想，“见利思义”的价值取向等，不仅含有崇高的义理，而且具有切身实用的为人处世的各种方法和道理，这些对于新时代青少年的道德修养、道德信念、人生哲理、社会价值、人格特质的培养都能起到良好的作用。

国学是优秀的思想文化，是中华民族永恒的精神财富，它超越时空的界限而亘古常青，我们应该充分认识它在道德教化中的重要作用，并广泛运用在各种德育的环节中。要特别注意的是，在德育中必须强化国学与时代精神的整合，坚决摒弃陈腐的内容，要取其精华，去其糟粕。根据时代的需要用现代语言、手段和形式加以阐发，才能使学生对国学产生兴趣、乐意接纳并从中获取源源不断的精神食粮，从而回归民族精神和文化的认同。

概而言之，青少年国学教育是当代学校德育的重要补充，其根本目的和意义，在于通过让学生诵读经典，熟记名句，学习掌握必要的传统文化和技艺，从而不断提高中文修养和审美能力，了解中华传统经世致用的学问方法，明确中国传之千古的道德精神，感受中国诗礼传家的特色文化，并在辩证学习、批判继承的基础上，把传统的文化和精神尽可能烙印在心灵深处，熔铸于日常行为之中，做一个有君子风范和传统文化气息的中国人。

第四章　青少年国学教育的课程建设

如何在教育实践中落实国学教育理念？这涉及国学教育的课程设置，教学方式、方法与评价问题。因为在学校教育发展中，任何计划的落实、目标的达成，都必须依靠具体的课程作为载体来实现。

第一，学校对人的培养目标是通过课程来体现的。学校是培养人才的场所，有着明确的教育和培养目标。但人的培养并不是凭空实现的，它要依据课程，通过制定课程目标，规定课程内容，搭建课程组织结构等，才能真正将培养人的目标落到实处。离开了课程这个中心来谈论学校的教育和培养目标，只能是空中楼阁式的幻想。

第二，课程是教师教学的主要依据。课程主要体现为课程计划、课程标准和教科书，教师的教学从内容的选择到方式方法的设计等，无不依据课程标准。

第三，课程也是教学质量评估的主要依据。教育教学质量的好坏、教学目标的实现、教师教学方式的实行、学生在学习中的情感态度等，其状况如何，成绩和存在的问题怎样，都需要评价检测。而这些评价检测工作最主要的参照和依据则是课程标准，可以说，课程标准是衡量教学质量的尺度，离开了这个尺度，则无法评定教学质量的优劣。

由此可见，课程作为教师开展教育、教学活动的中介，在教育、教学实践中占据重要地位。国学教育的课程在国学教育实践中的地位亦如是，因此，课程建设问题是学校国学教育实施过程中必须首先解决的最现实的重大问题之一。本书试图从四个方面探讨国学教育的课程建设：课程设计、课程内容、教材建设和课程实施。其中，教材建设与课程实施将各单列一章详细阐述。

第一节　青少年国学教育的课程设计

大多数课程的设计都不可能超越两种基本形式——渗透课程和单一课程，国学教育也不例外。渗透课程就是将国学教育的基本内容融入各门课程中，通过教学活动来开展国学教育；单一课程就是将国学教育的基本内容编制为专门课程，由专门教师执教并进行教育教学活动来开展国学教育。尽管国学教育的课程设计方式未能有所创新，不过却有其独特的要求。

一、渗透课程与单一课程间的两难抉择

《国家“十一五”时期文化发展规划纲要》指出，中小学各学科课程都要结合学科特点融入中华优秀传统文化内容；在社会教育中，广泛开展吟诵古典诗词、传习传统技艺等优秀传统文化普及活动；办好世界中华传统文化论坛。国家语言文字工作委员会2010年度语言文字工作会议指出，经典诵读应作为素质教育的重要内容和推进素质教育的重要载体，与教育教学融为一体。在此基础上，从2010年起，教育部、国家语言文字工作委员会、中央精神文明建设指导委员会办公室共同实施“中华诵·经典诵读行动”，在部分地区中小学开展“中华诵·经典诵写讲”进校园、进教材、进课堂试点工作，并用三年时间，完成“中华诵·经典资源库”的建立。

党和国家站在历史发展的高度，指出了新的历史时期中华传统文化的发展之路——传统文化教育进课堂，并对中小学实施传统文化教育的方式提出了相关建议，可以采用学科渗透的方式，有条件的学校亦可开设专门课程。由此，在国家政策的推动下，国学作为中华传统文化的重要载体，日益受到人们的重视，国学教育进校园、进教材、进课堂已是大势所趋。然而，我国中小学传统文化教育不作为必修课程，与升学考试也无必然联系，因此，目前中小学国学教育面临诸多问题，比如无课程标准、无教材及相应的评价机制，师资力量短缺，以及教学实践不成熟等一系列问题。这些正是制约国学教育真正落实的关键问题。

在我们的问卷调查中，关于国学教育的组织方式众说纷纭，意见不

一。主张“开设为课程”的声音与“课外兴趣小组”和“融入其他相关课程”等的声音不相上下。

事实上，针对学校开展国学教育，部分学校与教师的顾虑也不是不无道理。因为在中小学开展国学教育并不是在课程表中增加一门课那样简单，也不仅是转变一下观念就能解决的，国学嫁接到现代教育中常常会出现互相“排异”的问题。究其原因，主要有：①由于传统文化在近现代社会遭到激进主义较彻底的批判和打击，至今在很多人的意识里，“国学”仍是“封建落后”的代名词，因而对其教育价值持否定态度；②国学有精华也有糟粕，其中固然有不少具有人类永恒价值的东西，但也的确存在与现代社会不和谐的成分，加上语言与内容的复杂，对许多人来说，把握起来确实很困难；③作为传统文化的载体，国学教育比较适宜传统的教育教学方式，其中许多内容与现代教学观点不相吻合，还有待进一步改进；④至关重要的一点是，主要以道德修养为价值取向的国学教育，与以升学为目的的应试教育一时难以融合。

基于实践中国学教育课程建设认识上的偏差，如何更加合理地建设、完善学校国学课程规划，如何让国学课程变得更加科学、更加规范是当前青少年国学教育的当务之急。

针对目前中小学开展国学教育一般公认的两种模式：渗透式模式与单一学科课程模式，我们不妨对模式本身的特质再探讨一下。

渗透模式，又称多学科模式，它的优点主要有三个方面。

一是将国学教育内容化整为零地融入本地区的主修课程中，使国学教育成为日常教育教学活动的重要组成部分，成为学生的日常学习行为。那么，这种国学教育课程就具有了诺丁斯所说的“连续性”[①]。具有连续性的国学教育课程，一方面可以满足学生对连续性、稳定性的需要，有助于学生对其产生感情，从而产生学习兴趣，自主学习；另一方面，连续性的课程可以产生耳濡目染和潜移默化的作用，使学生在不知不觉中领会国学精髓，从而将其内化为自己的思想。

二是将国学教育的基本内容融入各门学科中，可以帮助学生从不同角度获得知识，让学生从自己喜欢的维度，以自己擅长的方式去思考国学背后的人生观、价值观。同时，教师之间若有很好的沟通和协调，学

① 内尔·诺丁斯．学会关心——教育的另一种模式．于天龙译．北京：教育科学出版社，2003：76.

生可以从不同专业背景的教师身上，获得对国学内涵更多的启发，从而有助于学生对中华传统文化形成全面的认识。

三是它不会在现有课程之外增加新的科目，而是作为学校学科课程的底色，形成了一种旨在唤醒学生国学兴趣的综合性力量，服务于国学教育。渗透课程的这一优点，在当前我国中小学生课业负担沉重，政府和社会大声呼吁“减负”的背景下显得弥足珍贵。

然而，渗透课程的缺陷也显而易见，它缺乏连贯性，不能为学生提供一个具有逻辑顺序的知识体系。它对各学科间的协调性有很高的要求，否则，国学教育便会被各学科分割得支离破碎，教学内容也会出现重叠甚至相互矛盾。此外，由于涉及学科门类过多，综合评价难度较大。当然，只要这些课程的任课教师能相互协调，教育教学效果可以在某种程度上得到改善。似乎可以说，渗透课程是开展国学教育比较理想的课程。

但是，由于国学教育在我国刚刚引起关注，而新课程改革的基本框架已经定型，一方面，鉴于课程的周期性，以及课程改革在人力、物力和财力等方面的要求，我国不可能立即开展新一轮课程改革，以将国学教育的基本内容融入其中；另一方面，目前我国的课程内容基本上可以说是以认知为本的，在这种课程中，即使有意识地渗入一些国学教育的内容，恐怕也会被淹没。因此，尽管渗透课程是中小学开展国学教育比较理想的课程形式，尽管有调查表明，许多教师认为没有必要设计专门的国学教育课程，“应是各科教师皆有义务推动的……需要考虑的是聚焦问题”①，但是，鉴于目前我国尚不具备实施渗透式国学教育课程的条件，所以，探讨单一国学教育课程及其设计就显得非常必要。

二、单一国学教育课程的价值辨析

20世纪90年代以来，不少中小学校把开设专门课程视为实施国学教育的主要途径。然而，这种做法从一开始就受到了多方质疑。如果不能对质疑做出有力的回答，不能深刻认识国学课程的价值所在，那么关于国学课程的研究与实践就都失去了逻辑前提。

1. 对否定国学教育课程价值的观点探讨

分析目前学术理论界及实践界对学校开设单一国学课程的看法（这

① 林治平. 生命教育集思：2001年海峡两岸生命教育学术讨论会论文集. 台湾财团法人基督教宇宙光全人关怀机构，2002：194.

里有一个前提，就是首先在肯定中小学开展国学教育意义的基础上对如何实施国学教育的看法），否定其课程价值的原因主要可以归纳为以下几点：一是担心开设课程，会使国学教育被搞成单纯教授国学知识的教育；二是担心开设课程、编印学生用教材，会导致国学教育因为有学科途径而被“单一化”；三是有论者认为，正确的国学教育模式是渗透模式，应该注重国学教育的全面渗透性，将国学教育的意识渗透到各个学科之中，渗透到各个教师的教育观念中，因而担心开设专门课程会因目前师资力量的薄弱使得国学教育的目的难以完全实现；四是担心另外开设课程，会加重教师与学生的负担。

如果把课程的本质理解为知识，那么第一个担心是可以理解的。中小学生确实没有必要学习系统的国学知识和理论。然而，随着课程理论的发展，人们更趋向于“课程的本质是经验”的观点。开设课程并不必然导致单纯的知识和理论传授。这样看来，第一个担心就有一点“因噎废食”的意味。第二个担心是否合理呢？从实践层面看，由于应试升学的影响，学校教育确实存在着单纯学科化的问题。但同时，我们更应该看到，一些课程被弱化、边缘化的时候（比如体育、音乐、美术及其他非中考、高考课程），与之相对应的教育就几乎不见踪影了。所以，国学课程作为非中考、高考科目，我们担心的不是学科化问题，而是担心如果没有专门课程，中小学国学教育会被置于何地的问题。第三种担心并没有明确否定国学课程的价值，但认同国学专门课程效能有限的观点，仍然给人一种印象——不宜开设国学专门课程。这一观点在论证上有两点值得探讨。第一，如何认识国学教育不同途径之间的关系。全面渗透固然是实施国学教育的重要途径，但它并不能作为排斥其他途径的理由。就像德育也需要全面渗透，而它同样不会排斥德育课程一样。第二，如何看待课程效能的有限性。我们知道，任何课程对于相应的教育而言，其效能都是有限的。不能将某项教育的效能完全交由某相应课程来实现。语文尚且有“功夫在诗外”的说法，何况国学课程这样以非知识为中心的课程呢？第四种观点主要来自中小学一线教师，他们认为国学教育很有意义，但与中考、高考没有直接关系，而且会占用本可以用于升学学科的增量课时（即在国家课程计划外由学校加码的课时）。这种否定国学教育课程价值的观点，是在“考什么就教什么”的应试思想影响下，片面理解国学教育目标的结果。何况学校的各门课程从来都不以“是否作为升学考试科目”为开设依据，它只能以“是否直接服务于全体学生的全面发展”为开设依据。学校不应该为了短期的功利而牺牲学生的可持续健康发展。

2. 单一国学教育课程价值的把握

事物（或行为）的价值，一般情况下总是从事物（或行为）的用途或积极作用方面进行认定。但这样做常常不能对“为什么”的问题做出令人信服的回答。原因很简单，有用的或有意义的不一定是必需的，尤其不一定是不可替代的，只有发现了事物（或行为）不可替代的价值，才能雄辩地给出创造事物（或创新行为）的充足理由。因此，必须找到国学课程的关键价值——不可替代，才能圆满回答“为什么”的问题。

我们认为，单一国学课程的价值主要表现在三个方面。

第一，单一国学课程的开设是促进其他途径更好发挥作用的纽带。

有人认为，目前中小学语文课程中关于传统文化的内容已经有很多，主要通过语文教育来实施国学教育就可以了，没有必要再增设一门国学课程；也有人认为，国学教育只是作为课外的兴趣或作为教师、学校的道义良知，随机在相关课程中涉及就足够了；还有人认为，开展国学教育最重要的是把它渗透于教育教学全过程之中。事实上，离开了国学课程，这些途径不仅不能实现其应有的教育功能，而且会使国学教育随意化、空泛化。

单一国学课程的开设可以弥补语文课的某些缺陷。要实施国学教育，语文课独具学科优势，较之其他基础教育的学科，语文具有更强的人文特征。在基础教育阶段主要通过语文教育来实施国学教育。这种做法的好处是简便易行，学生既学习了语言，又接触了国学经典。但也存在十分突出的问题。由于我国语文教育界在教学实践中重视语言而轻视文学与文化，重视训练而轻视情感陶冶，重视智力发展而轻视精神建设，重视标准理解而轻视创造性阐释，扭曲了国学教育的性质和作用。国学经典作品的思想价值、文化价值、审美价值常常被机械割裂的分析和教条主义的注解所遮蔽。

笔者统计了实施课程改革后人民教育出版社的义务教育课程标准实验教科书从一年级至九年级共十八册的课文，其中小学阶段共有 353 篇课文，古诗词共有 38 首，分布在 18 篇课文中，约占课文总量的 5%，文言文 3 课共 4 篇短文，占课文总量的 0.8%，除此之外还有一些古文今译的故事。初中阶段共有169篇课文，其中古诗词有7课，收录了《诗经·关雎》《观沧海》《春望》《水调歌头》等名篇在内的23首古诗词，约占课文总量的4%，此外还在课外古诗词诵读中选择了60首让学生自行学习。文言文36课，从《论语》《孟子》《庄子》《资治通鉴》等经典中节选，约占课文总量的21%。由此可以看出，小学阶段比较注重古诗词的学习而轻视文言文阅读能力培养，五、六年级的教材才选入4篇比较简单的文言文，之前的教学中一直没有让学生接触到文言文的阅读与学习。而初中阶段，虽然古诗词在课堂上由教师教授的数量有所减少，但是在课后的古诗词背诵中增加了大量的内容。文言文有相当比重的增加，选择的都是文学性较强的作品，比如《口技》《桃花源记》《岳阳楼记》《醉翁亭记》等。

从当前语文课程的结构布局来看，"语文"实际上略等于"语言文学"，语文教材选编了一部分中国文学和外国文学作品，学习古代的文学作品，可以获得很多有价值的文化营养。但是古代文学并不等于国学，在古代文学之外，还有许多优秀的文化内容，如果我们只关注文学作品而不关注各种古代文化，很容易变得观念狭隘。将国学独立出来，在中小学设立此类课程，有利于学生全面系统地了解传统文化，弘扬和培育民族精神。这样做的好处在于：其一，把国学教育与语文教育区分开来，既可以解除强加在语文教育身上的"负担"，又使国学教育获得了独立的课程地位，便于国学教育理念的落实和实施。其二，国学教育课程的开设将扩大国学教育的文化视野和取材范围。在语文教育中进行国学教育，由于首先要考虑到国学经典作品的语言教育价值、文学教育价值和语文训练价值，这样使得相当一部分具有深刻思想性、文化价值与历史价值的优秀经典作品，被排除在外。国学课程的独立开设将放低语言教育的标准，而提高思想、文化、学术标准，以体现国学教育的开放性、全球性和多元性，使大量的优秀文化遗产进入国学课程。其三，与应试教育拉开距离，国学教育将不列为考试科目，只是作为修身的一部分，这样做可以尽量防止应试倾向和庸俗化。其四，国学教育以地方或校本课程的方式独立开设，将发挥地方和学校的积极性，为创建良好的微观和中观文化生态环境发挥主体作用。

第二，单一国学课程的开设可以为学校开展传统文化教育活动提供核心支持性载体。

对于如何在青少年学生中弘扬和培育民族精神，进行传统文化教育，在过去的几年中，不少中小学进行了诸如诗文素养教育、国情教育、校园文化建设、社会考察、影视文化教育等教育内容和形式的实验，收效良好。但这些活动仅限于学校课程之外的延伸活动，且不够系统和连贯，有一定的随意性，因此，其教育效果不尽如人意。弘扬和培育民族精神既然是"主旋律"，就应当寻找一种核心的支柱性的载体，在中小学的各学段持续、系统、深入地进行。这种核心和支柱载体，就是在中小学设立作为校本课程的国学课。这门课程容量大，传承性强，目标生成性强，切入点多，发散和延伸的功能很强，具有取之不尽、用之不竭的素材和深厚的民族底蕴。课程开发得好，可以成为将各种教育目标熔于一炉、含金量极高，并极具中华文化特色的"拳头"和"名牌"课程。这门课可以通过丰富多彩的经典内容和多种呈现形式，为学生提供脍炙人口的优秀民族文化的"大餐"，有效地培养学生说、读、写的能力，铸造学生的"民族魂"和"中国心"。让学生全面了解古代的哲学、政治、历史、社会文化等，通过文化的内化而影响人的个性特点、价值观念、心理倾向和思维方式。

第三，单一国学课程的开设可以形成一股专业力量，促进全体教师转变国学教育观念。

一方面，将国学教育全面渗透于教育教学全过程确实是一种很好的设想。但缺乏专业能力的一般教师无法实现这种渗透，缺乏明确责任指向的教师也不愿意主动学习如何渗透，学科课程目标则决定了教师也不可能有时间去实现这种渗透。如此一来，"全面渗透"只能作为一种理想存在。针对目前基础教育现行模式，在中小学实施国学教育，开设单一国学课程，可以树立国学教育的专业形象，形成一股专业力量，通过学校的各项教育教学活动，不断地将国学教育思想影响教育教学的方方面面，作用于广大教师群体的思想层面，从而促进国学教育的全面渗透，真正使国学教育生动起来、活跃起来。

另一方面，国学课程的开设，是建立良好国学教育氛围的黏合剂。青少年国学教育不仅是学校的责任，也需要广大家长的支持与配合。而家长对某项教育的认识和重视程度又常常受相关课程的影响。简单地说，家长认为开了课的总比没有开课的重要一些。开设国学课程也是向家长进行国学启蒙、普及国学知识、进行国学传播，建立国学教育支持系统的重要途径。实践证明，有关亲子沟通的课程设计，在指导家长转变教育观念，尊重孩子主观意愿，选择适当的教育方法方面都具有积极作用。

单一国学教育课程相对于渗透式国学教育课程来说，最大的优点就是具有连贯性，它将国学教育的基本内容系统地、完整地呈现出来。就我国的教育现状而言，单一国学教育课程更能引起人们对国学教育的重视，也更可能将国学教育的基本理念落实。尽管单一国学教育课程也有其不足，仍然是我国目前开展国学教育的理想选择。

三、国学教育课程设计的基本原则

培养青少年人文素质的国学教育，是一种综合素质教育，并不是在课程表中增加一门课那样简单，也不仅是转变一下观念就能解决，它是一个“系统工程”，有许多“技术性问题”。当前，国学教育纳入现行学校教育体制，必须思考的是如何与现代教育相互融合，逐步建立丰富多彩的学科体系，以获得持续、稳定、良性的发展。鉴于此，我们认为中小学国学教育课程的实施应遵循以下原则。

1. 单一学科和渗透课程组织模式相结合原则

从上面的分析与探讨中，国学教育课程组织的渗透模式与单一学科模式各有所长，也各有所短。因而要有效地开展国学教育，应当充分考虑对两种模式取长补短。青少年国学教育的最终目的决定了它是一个教育过程，是一种教育理念，是现代社会新型的人才培养观，它需要教育教学工作者调整教育教学观，树立国学教育的课程意识。从这个方面说，渗透课程组织模式应当是国学教育课程发展的趋势，但是，鉴于目前基础教育的实际情况，采用这一模式时，必须认识到它的不足，同时也应看到单一学科课程组织模式的优势，结合其长处来实施渗透课程组织模式。正因为两种模式各有利弊，且在许多方面，两者恰巧可以互补，因此，不同地区或学校应当根据各自的办学条件、教育对象及其年龄层次，充分发挥两种模式的重要作用。总之，无论采用哪一种模式，都应当努力协调两种课程模式的关系，使它们结合并存，相辅相成，而不是片面强调一种而决然否定另一种。

2. 显性课程和隐性课程相结合原则

显性课程又称显在课程、正式课程，是为实现一定的教育目标而正式列入学校课程规划（教学计划）的各门学科，以及有目的、有计划、有组织的课外活动，按照编制的日程课表实施。目前，国学教育已经进入基础教育工作者的视野，被很多地区、学校纳入地方课程、校本课程的规划之中，要求通过有组织、有系统的教育和教学过程，来实现国学教育的目的和目标。因此，无论采用单一学科还是渗透课程组织模式，都必然使国学教育成为学校教育中的显性课程。

隐性课程又称隐蔽课程、潜在课程，是课程和教学计划之外潜在的、非预期的课程，是学校课程的重要部分。隐性课程不通过正式的教学进行，而是通过学校情境有意或无意地对学生的知识、情感、信念、意旨、行为和价值观等方面起到潜移默化的作用，促进教育目标的实现。学校和班级的氛围，校园精神的、物质的文化建设，教师本人的国学素养，师生关系及学生之间的相处，等等，都是影响学生学习国学的兴趣、态度，形成国学素养的重要途径。因此，有必要结合隐性课程的开发，来辅助实现国学教育的目的和目标。

3. 学科课程与活动课程相结合原则

学科课程是着眼于科学的知识结构、理论体系而精心设计的课程，重视科学的基本内容。国学教育的单一学科或渗透课程组织模式，主要是以学科课程为特征的，它侧重于系统地传授国学知识，并在全面理解国学精髓的基础上，激发学生的学习兴趣，达到涵养心性、熏陶气质、提高人文素养、培育民族精神的目的。

活动课程是从学生的兴趣和需要出发，以活动为中心，为改造学生的经验而设计的课程。国学教育的根本目的是培养学生的人文素养、健全的人格，促进身心健康发展，而单纯的传授知识，显然难以有效实现这一目的。在国学教育教学活动中，还应考虑“在活动中教育”，搭建以“体验”为途径的各种形式的活动平台，让学生在实践活动中体验国学精髓，在体验中感悟、内化，最终促进自我发展。如果学校靠近山林，可以对学生进行田园感悟教育、自然和谐教育等；学校可以利用特殊的节日进行国学宣传教育；学校可以用国学内容进行知识竞赛、征文、文体活动等。将活动课程纳入到国学教育的课程发展中，并不是要取代现行学科课程，而是与学科课程相辅相成，相得益彰。

四、国学教育课程的设计过程

课程设计是指“课程所采用的一种特定的组织方式，它主要涉及课程的目标，以及课程内容的选择和组织”①。也就是说，课程设计基本上包括两大步骤，第一步是设定课程目标，第二步是选择并组织课程内容。国学课程的设计也不例外。

1. 课程设计主体

在设计国学教育的课程之前，首先需要确定课程设计主体。我国课程改革的现状决定了国学教育课程的设计主体最好是学校。众所周知，新课程改革的要点之一是“三级课程管理体制”的确立。在这一体制中，“国家对课程进行宏观调控和指导，并就最基本方面做出统一规定；地方在此前提下对本地区课程进行决策和管理；学校则进行校本课程的开发与管理”②。可以说，在国家和地方指导下，学校开发和设计课程已成为新课程改革的目标之一；而且，如何开发和设计课程也已成为许多学校关注的焦点。目前，已有不少学校开始行使这一自主权。在这种情况下，如果逆“民意”而行，由国家或地方来设计“针对性”极强、需要“因地制宜”的国学教育课程，就可能无法引起学校共鸣，使国学教育流于形式。鉴于此，国学教育课程的设计比较适合由学校完成。

2. 国学教育课程定位

要对国学教育进行课程设计，我们必须明确这门课程的性质，也就是为中小学国学课程找准定位。

早在20世纪，马一浮在浙江大学的国学讲座中强调了国学的学习和教育须首先辨明以下几点：“一、此学不是零碎断片的知识，是有体系的，不可当成杂货。二、此学不是陈旧呆板的物事，是活泼的，不可目为古董。三、此学不是勉强安排出来的道理，是自然流出的，不可同于机械。四、此学不是凭藉外缘的产物，是自心本具的，不可视为分外。”③他认为，新式学校教育之弊主要在以追求知识技能为主，只注重培养分科的专业人才，却不注重人的德性的培养和人格气质的养成。他说：“方今学子务求多闻，则义理非所尚。急于世用，则心性非所先。”④不难看

① 施良方. 课程理论——课程的基础、原理与问题. 北京：教育科学出版社，1996：81.
② 瞿葆奎. 中国教育研究新进展 • 2001. 上海：华东师范大学出版社，2003：336.
③ 马镜泉. 马一浮学术文化随笔. 北京：中国青年出版社，1999：95.
④ 吴光. 试论马一浮学术思想的基本特色. 光明日报，2008-10-26.

出，马一浮在打破各种学术思想的樊篱，主张“不分近古，不分汉宋，不分朱陆”，在儒、佛、道之间进行会通融合，以及“中学”与“西学”的相互比较所做的努力中，蕴含了对于儒家与佛、道，以及西方学术之间进行比较和沟通的较开放的文化关切，一种深刻而内涵丰富的大文化观下的国学教育思想。

当前，我们对青少年实施国学教育，也是在大文化观的视野下，主要以国学内容为载体，根据社会发展需要和学生身心发展规律，有目的、有计划、有组织地引导学生获得相关国学知识，培养民族精神，提高人文素养，促进身心健康发展的一种教育活动。根据国学的内涵与特性，以及青少年国学教育的目的和意义，学校专门开设的国学课程应当定位为建立学生大文化视野的通识课程，国学课程应当是一门跨学科的综合课程，不是语文课程的补充，也不是思想品德教育的辅助教材。课程综合化是世界教育发展的趋势，直接指向学生知识结构的建立与改善，提升学生的整体智能，发展学生独立思考的能力。因此，对于国学教育的课程规划、教材建设与教学设计，应当与惯常的语文教育、历史教育、道德教育、哲学教育有所不同。

3. 课程目标的设定

在设定国学教育的课程目标前，学校首先需要对学校内部、外部环境进行分析。因为：第一，“校本课程指的是学校根据自己的教育理念，在对学校学生的需求进行系统评估的基础上，充分利用当地社区和学校的课程资源，通过研讨、设计与专业研究人员或其他力量合作等方式编制出的多样性的、可供学生选择的课程”①。校本课程的这一本质决定了国学教育的校本课程设计必须首先分析学校内、外部环境。第二，每一所学校都是不同的，从一所学校获得的分析结果不能照搬到另一所学校。只有了解了本校现有的条件和资源，才能开发出适合本校的课程。所以，学校设定国学教育的课程目标时，首先需要分析学校内部、外部环境。分析学校外部环境，主要是了解社会、社区、家长的现状及其对学校的要求；分析学校内部环境，主要是了解师生的现状、学校可供利用的资源、现有课程中的不足，以及学校自身需要解决且可能解决的问题等。

其次，学校需要根据学生的年龄特征、生长环境、文化背景，以及对国学及其价值、意义等的了解，确定本校国学教育课程的目标。众所

① 鲁艳．校本课程：概念必须正确理解．教育发展研究，1999（12）：23.

周知，国学教育的目标先在于专门课程的具体目标，专门课程只是实现国学教育目标的重要课程目标，是与教育目标一致的，并不独立存在于教育目标之外。在这个意义上，国学课程目标的根本性质和方向必须与国学教育目标保持一致。

如前所述，鉴于当代青少年国学教育功能的拓展与地位，我们把国学教育的总目标确定为“培养人的文化素养、人文精神、民族意识及健全人格”。根据这一总目标的要求，专门课程的目标在根本性质和方向上必须体现以下特性。

1）和谐发展特性。学生人格的健全发展，具体包括个体身心的和谐、个体与他人的和谐，以及个体与社会（包括家庭、学校、狭义社会）的和谐。也就是说，作为专门课程，其目标要涉及主观我对客观我、主观我对他人、主观我对社会三个层面，关注认知、情感、行为三个维度的和谐发展。

2）学生主体特性。以上三个层面的和谐发展都是围绕着学生生命成长的主线进行的。由于个体的生理基础不一样，成长环境不一样，所受的早期教育影响也不一样，因而中小学生接受国学教育的起点和可供利用的教育资源也必然不同。因此，专门课程的目标必须体现对每个学生主体性的充分尊重，并以学生主体的成长需要为重要依据。

3）活动体验特性。不论是国学教育目标当中提出的“文化素养”“潜能开发”，还是“民族意识”“人格”，都不可能只通过“传授”达到一种新的成长水平。只有通过“活动”这一载体，并让学生作为主体在活动当中获得切实体验，才能更好地使学生对三个生活层面（我、他人、社会）的认知得以内化，情绪得以感受，行为得以改善，从而促进他们身心的和谐发展。由此可以看出，专门课程的目标不是一种静止状态，而是在活动体验中表现出的一种运动状态。在这里，活动体验不是实现某个目标的工具，它本身就是目标。这是专门课程的目标与其他课程目标相比表现出的独特之处。

最后，落实到课程目标的表述上面，由于国学教育目的反映的是整体状态，是内隐的，不能测评的，所以，在撰写国学教育的课程目标时，应该使用概念化的词语，如能力或技能、知识或态度等，而不是使用行动、行为、学习活动或测试项目等词语。因为以行动、行为、学习活动或测试项目所表达的课程目标尽管比较具体，而且可操作，但是容易强调那些可以明确识别的要素，而忽视那些不易辨别的、很难测评的、很难被转化为行为的内容，而且这种课程把学习分解为许多独立部分，不利于学生完整个性的发展。

五、课程内容的选择与组织

课程目标设定之后，接下来就是根据目标选择并组织课程内容。国学在经过了几千年的发展后，可谓是包罗万象、博大精深，有精华，也有糟粕。但是在实践中，不少学校片面地以为开设国学课程就是让学生“读经”，国学课程内容就是“儒家经典”。因此，在选择与组织国学课程内容时，首先，要认识到其内容的丰富性，国学课程内容来源于“国学”，它不只限于儒家学派的“四书”“五经”，还应有容纳百家的“经、史、子、集”；不但包含中国传统的学术著作，也包括中国民间民俗的文化遗产，如戏剧、琴棋、书画、刺绣、中医、太极、楹联、节庆、古代建筑等；不但有国学的内容，也含有学习研究国学的方法。其次，要树立国学课程资源意识，国学课程资源有丰富的内涵和广阔的外延，但却不宜直接用到国学课程开发领域，必须经过科学而严格的筛选和转换，才能成为有效的国学课程资源，具体来说，应当遵循以下几条原则。

1. 民族性原则

开发国学课程资源要以民族特性为标准，充分挖掘中华民族独有的学术文化资源。如我国汉字中独有的对联文化就是不可多得的国学课程资源。对联，雅称楹联或楹贴，俗称对子。对联体现了汉语言文字的独特性，汉字的象形、形声、会意、偏旁结构，以及各种音义变化，直接构成了对联艺术，如摹声、双关、拆拼、同旁、同韵、绕口、隐切等特色。对联具有民族文学的显著特色、雅俗共赏的对偶格律、喜闻乐见的艺术形式。以民族特性为标准，开发类似对联这样的国学课程资源，不仅能激发学生对中国古典诗词格律艺术的学习兴趣，还能潜移默化地提高学生运用汉语言文字的能力，更重要的是让学生在我国古老的汉文化和俗文学的沃土中感受中华民族文化的魅力。

2. 价值性原则

以现代价值为标准开发国学课程资源，能保证国学精华部分的入选和封建糟粕的剔除。比如韩愈提出的“是故弟子不必不如师，师不必贤于弟子”“闻道有先后，术业有专攻”等观点正好切合了当代课堂上师生平等对话，共同建构知识的教育思想。这应该及时纳入国学课程资源当中，进入国学课程教学体系。而孔子的“民可使由之，不可使知之”“唯小人与女子难养也”等观点已经不符合当代的全民、全纳教育思想，可酌情删减。以现代价值为标准，还可以扩展对国学课程资源进行现代解读的空间。比如可以将孔子的“三军可夺帅也，匹夫不可夺志也”，王阳明的“志不立，天下无可成之事”解读为“道德自主向权利自主转化”，从而与现代教育中培养学生的“主体性”目标结合起来。

3. 科学性原则

以符合科学规律为标准开发的国学课程资源，不但能保证我国优秀的传统文化知识代代传承，还能在传授知识的同时培养学生的探究能力和科学精神，使国学发扬光大。以科学规律为标准，就要对国学课程资源进行符合科学规律的转化，并且国学课程实施者还应当结合适当的教学方法。如《孟子》中有“数罟不入洿池”“斧斤以时入山林”“鸡豚狗彘之畜不失其时”的观点，体现了中华文化中环境资源和人的需求之间朴素的和谐观，教师不但可以发掘出其中蕴含的可持续发展的现代意识，还可以采用综合实践活动的教学形式鼓励学生去探究其中隐藏的科学道理，发展学生科学探索的能力。

4. 以学生为本原则

以学生为本，指的是一切从学生利益出发，教育行为一切为了学生。以学生为本必须尊重中小学生的特点。开设国学课程并不是要增加学生的负担，所以在开发国学校本课程时要充分考虑到学生的年龄阶段和层次差异。国学校本课程内容首先要根据不同阶段学生阅读的能力和需求，选择国学中的经典作品，所选内容要符合课程设置的总体目标，而且在难易程度和深度上要适度，在编排内容时要符合循序渐进的教学方法，由易入难，难易结合并保证课程内容的科学性及合理性。小学生天性爱动，所以国学课程要把历史知识和实践相结合，增强学生的领悟能力。小学生思维集中时间较短，所以内容编排要适当。中学生思维活跃，正处于成长阶段，课程内容要新颖，并能增加中学生对国学的感悟和兴趣。

5. 长远发展原则

开设国学课程是教会学生学习中华文化学术的途径。在中小学阶段，学生不可能把所有的国学知识融会贯通，学校设置的课程要让学生受到教育的同时知道如何学。课程内容设置不能光考虑知识严密，也要考虑学生的情感、思维等人文品格，不能把教材变成填鸭式说教。国学教材选择的标准之一是要突出人文性、审美性，从培养学生的人文精神、审美情趣来考虑。国学作为重要的文化载体，兼顾文化教育的功能。国学教材，应有浓厚的文化尤其是人文文化气息。这就要求我们更加注重选文的思想品德和文化内涵，要求选择思想深刻，具有丰厚文化底蕴的教材。同时教材中文章篇目的选择、体裁、体例的安排，要突出时代性。在内容上合理编排，不同文章体现出人文精神的不同方面，这将更有利于对学生品德的培养，有利于学生的长远发展。而且，国学校本课程开发不是靠一个人，在短时间之内就能完成的。编写出的校本课程还要在具体的教学过程中接受检验，所以，学校应重视学校开发的国学课程，对课程教授的过程和效果进行综合评估。根据评估结果进行适当修改，以使该课程设置能达到学校开设国学课程的目的，使以学校为本的课程能够保持持久价值。

6. 多样化原则

中华传统文化内容丰富，决定了其传承方式的多样性。一般来说，学校在设计国学教育课程时，不应贪图方便而简单沿袭传统，一律采用学科课程的形式，而应结合学校和社区的资源、学生的现实情况、国学教育课程的目标及其具体内容，采用多种形式相结合的方式来呈现。不仅仅限于显性学校课堂学习，还有很多隐性课程，诸如活动、社团组织、节日庆祝、讲座的开展及校园文化、班级文化、课堂文化氛围的营造等。

课程内容是关系到课程目标实现的关键。国学教育，作为一门进入中小学教育的课程来说，其内容的构成，是摆在我们面前一个重要而紧急的课题，尚需要理论界做出适合实践的科学回答。针对这个问题，下文我们再做专门探讨。

第二节　青少年国学教育课程内容的选择

如果说课程目标是学生某方面发展要达到的“彼岸”的话，那么课程内容就是驶向这一“彼岸”的“渡船”。可以想象，不管“彼岸”多么光明，如果没有“渡船”或“渡船”建构不善，那么“彼岸”就永远只会是“海市蜃楼”。从这个意义上说，课程内容是关系到课程目标实现的关键。那么，朝向国学教育课程“彼岸”的“渡船”是用什么材质做成的呢？这些材质在哪里可以找到呢？又以什么方式构成整个“船体”呢？这三个隐喻实际上反映了确定中小学国学教育课程内容的三项任务：第一，如何理解国学教育课程的内容？第二，如何选择国学教育课程的内容？第三，怎样组织国学教育课程的内容？

一、对中小学国学教育内容的理解

1. 我国历史上的国学教育内容体系

勤劳智慧的中华民族在漫长的实践和创造中，积累了博大精深的传统文化，涉及哲学、伦理、道德、行为、审美、认知等广阔领域。数千年来，代代传承、丰富和发展，形成了我们这个民族独特的内涵和神韵，其中既有治国之道，又有为人之本；既有传统文化，又有民族精神；既有经典华章，又有名言警句。教育同实践相伴而生，那么体现传统文化的课程也应运而生。阅读中国教育史和课程演变史，我们可以从中发现“国学”课产生、发展、完善的大体脉络。

在先秦贵族子弟的教育里，“诗”是重要的内容。《周礼·春官》：“教六诗：曰风、曰赋、曰比、曰兴、曰雅、曰颂。”孔子可谓《国学》的开山鼻祖，他编纂的《诗经》是最早的蒙养教材，他设置的“诗、书、易、礼、春秋”等课程，都属于国学范畴。可见，在先秦时期以“诗”“书”等为代表的国学经典，是教育的重要内容。

到了汉代，国学经典的传授尤为突出。汉代学官立有五经博士，以《易》《诗》《书》《礼》《春秋》为代表的儒家经典，不仅是博士及其弟子皓首穷经的研究对象，也是读书人做官的“敲门砖”和执政者的教科书。

六朝和唐宋时期视野有了很大的拓展，对国学经典的学习除了儒家经典外，其他各种典籍中的诗文也成为重要内容。六朝贵族子弟从小就学习古诗文，《梁书》上记载昭明太子“五岁遍读‘五经’，悉能讽诵”。在上流社会，清谈老庄、熟读《离骚》也是名士风流的必备条件。正是在这种浓郁的国学经典教育风气的熏染下，由昭明太子编辑的集八代文学之大成的《文选》对后世的教育影响深远。唐代非常注重对《文选》

的学习，宋代有所谓“《文选》烂，秀才半”之说。

唐宋以后，社会流行的教育范本以“四书”“五经”为主。“五经”内容博深，文字难懂。识字教学以后，马上读“五经”，对十岁左右的学童来说是十分困难的。为此，有必要选择文字通畅、切合实用的典籍供学童诵读，以此作为向高深层次经学教育过渡的桥梁，汉朝将《孝经》和《论语》纳入国学课程，南朝梁周兴嗣编写了《千字文》，宋朝大学问家王应麟编纂了《三字经》。这些蒙养教材的内容和形式，接近人们的生活实际，语言流畅，便于诵读。

初读经书的要求和方法是“粗知文义”“略通大义”。在教学方法上，以口授和诵读为主。以《三字经》《百家姓》《千字文》为代表的蒙养教材，非常注重对传统文化的熏陶。拿国学蒙养教育中最有代表性的读本《三字经》来说，全书结构严谨，文字简洁，概括性极强，在千余字的篇幅里容纳了大量的知识和道德说教。它三字成句或三字倍数成句，短而谐韵，朗朗上口，通俗易懂，便于记诵。许多语句，如“养不教，父之过；教不严，师之惰”“玉不琢，不成器”“人不学，不知义”等，都成为家喻户晓、妇孺皆知、代代相传、脍炙人口的警句名言。《三字经》被誉为“千古一奇书”。

此外，宋代谢枋的《千家诗》因为“率皆显明易解之作，以此启迪童蒙，甚便”（清·黎恂语），所以“世俗儿童就学，即授《千家诗》”。唐末胡曾《咏史诗》，以及宋代杨简《历代诗》等，也曾被选作教材。《唐诗三百首》是清人蘅塘退士专为教学而编的唐诗选本，作者说：“专就唐诗中脍炙人口之作，择其尤要者，每体得数十首，共三百余首，录成一编，为家塾课本，俾童而习之，白首亦莫能废。”“熟读唐诗三百首，不会吟诗也会吟”也说明这本书对学习者潜移默化的作用。《古文观止》则成为人们学习古文的重要选本。古代国学教育，经过长期积淀，逐步形成了以读经为主要内容，由浅入深、循序渐进的日臻完善的国学教育课程体系，是中华民族的教育瑰宝。

2. 当代有关国学教育内容的理论争鸣

经、史、子、集是经典的分类方法。1906 年，章太炎在日本主编同盟会的机关报《民报》，刊登《国学振兴社广告》，国学讲授内容包括诸子学、文史学、制度学、内典学、宋明理学、中国历史。顾实在《国学丛刊》发刊词中将国学分为小学、经学、史学、诸子、佛典、诗文六类。

黄筱兰、张景博认为国学的分类包括经学、小学、史学、子学、文学等。[①]张岱年总结前人对我国学术文化的分类，提出国学应包括哲学、史学、文学、政治经济学、科技之学五大类。这里的“政治经济学”不是与马克思主义同样名称的西方古典学科，而是约同于古代所说的政事和经世济民之学。[②]有人认为国学包括义理之学（哲学）、考据之学（史学）、辞章之学（文学）。还有人提出中国古代和现代的优秀文化和成就，历史、思想、哲学、地理、政治、经济乃至绘画、音乐、术数、医学、星相、建筑等都属于国学范畴。

可见，学术界关于国学分科的意见林林总总，不一而足，但大都主张对国学加以分科研究。国学以学科分，应分为哲学、史学、宗教学、文学、礼俗学、考据学、伦理学、版本学等，其中以儒家哲学为主流；以思想分，应分为先秦诸子、儒道释三家等，儒家贯穿并主导中国思想史，其他列从属地位；国学以《四库全书》分，应分为经、史、子、集四部，但以经、子部为重，尤倾向经部。

不过最近在学术界，国学面临着身份认同的问题，即国学作为一门学科能否成立的问题。曹伯韩认为：“中国学术向来无所谓分科的，一般儒者都是以万能博士自命，他们常说‘一物不知，儒者之耻’，所以那些学者的全集里面，也有诗词歌赋的文学作品，也有评论史事的论文，也有代圣贤立言的经书注疏，可以说对整个学术范围内的各方面都有所贡献。但就个人的才性及用力的浅深说，本来不能不有所偏至，所以一些有名的学人仍然只能以一种专长著名，如朱熹以理学著名，李白以诗著名，人们决不会指朱熹为诗人，指李白为理学家。所以事实上，国学仍然是分了部门的。”[③]陈来认为国学确实是一门学科，理由是西方的汉学有一个学科的框架，在大学被作为一个独立且完整的学科来对待、建制；学术发展不断在发展中摸索，不断在变换角度，反映在学科上就是有分有合，中国的学问是沟通的，需要整合，不能囿于科系划分这些传统的做法。朱汉民认为中国的传统学术是一个整体，建立国学学科可以弥补文、史、哲分科之缺陷。[④]干春松则认为国学学科化并不是解决学科分割和意义系统丧失的有效途径，因为将边界不明的国学引入到学科体制

① 黄筱兰，张景博．国学问答．北京：中央编译出版社，2009.
② 张岱年．如何研究国学．文史哲，1994（3）：32-33.
③ 曹伯韩．国学常识．北京：生活·读书·新知三联书店，2008：5.
④ 陈来，黄朴民．龚鹏程等．国学是一门学科．http：//www.cn.content/2009-10/12/content-993776.htm，2009-12-04.

的讨论，或者作为现行学科的一种纠偏机制，效果可能恰好相反；如果一定要为禁锢于学科界限的古典研究寻找一种补偿机制，那么具有悠久历史的“古典学”可能是最为合适的学科方案，这样可以过滤沉淀在国学上的“意识形态”和“非科学”影子，使其形成一种学术性的机制。①

自1840年鸦片战争失败以来，国学在社会意识形态领域开始由巅峰走向低谷直至五四运动的兴起，衰微的百年历程中国学饱受时弊，直到20世纪90年代初才再次兴起。但在国学热潮兴起之时，对国学教育的争论也随之而来。其实，对于国学的真正争论应该从被称为“当代儒学家”的蒋庆兴建阳明精舍开始。

2004年，蒋庆花费两年时间编撰的一套12册的《中华文化经典基础教育诵本》正式出版，其中收录了19部儒家经典。蒋庆在后记中说“近世以降，斯文见黜；经书之厄，甚于秦火”②，他认为，废除了小学“读经科”后，中华民族就成了抛弃自己经典的民族，失去了文化根基和文化身份的民族。加上“文化大革命”期间“批林批孔”，此后一直有破无立，延绵了两千多年的作为基础教育的经书终于被视作“文物”束之高阁，整个教育体系中没有了经典教育，一度出现了礼崩乐坏、学绝道丧的局面，而要改变这种局面就要从孩子抓起，所以他主张进行国学教育，认为“学必读经”。③

有人担心民族文化会断层，也有人认为现代社会中小学读经的意义已经不大。反对者认为我国传统价值观重视整体价值，忽视个体价值；重视义理价值，忽视功利价值……因而中华传统教育忽视学生个体自身价值的追求，以依附和顺从为行为坐标、缺乏主动性……这种人格特征显然很难适应当今社会生活。④如薛涌的《走向蒙昧的文化保守主义》一文，正是针对蒋庆编撰的这12册《中华文化经典基础教育诵本》，他赞同蔡元培废除读经之举，更反对在现代还让孩子们读经，认为读经根本是“强迫孩子在3～12岁期间背15万字自己并不懂的东西”⑤。

可见，引发这场新世纪国学争论的导火索是这套《中华文化经典基础教育诵本》，主要是针对国学教育内容的理论争鸣。纵览整个讨论，焦

① 干春松．“国学”：国家认同与学科反思．中国社会科学，2009（3）：60.
② 蒋庆．中华文化经典基础教育诵本．北京：高等教育出版社，2004：276.
③ 蒋庆．中华文化经典基础教育诵本．北京：高等教育出版社，2004：277.
④ 薛涌．走向蒙昧的文化保守主义．南方周末，2004（7）：9.
⑤ 薛涌．走向蒙昧的文化保守主义．南方周末，2004（7）：10.

点主要集中在以下三点。

第一，文化观冲突。在中小学阶段进行国学教育是“重振民族文化”，还是“复古倒退”[①]，这是双方讨论的一个关键问题。赞同者认为目前中国文化呈现出两方面的特征：一方面是西方的“民主”“科学”未能扎根，而另一方面则呈现“世风日下”“人心不古”[②]的尴尬境遇。因此，重新审视国学教育，恢复对中华传统经典文本诵读，特别是让心智纯真的青少年接受读经教育尤为重要。反对者则认为随着社会的进步，更应当提倡“平等”“民主”的思想，应当继续坚持学习西方的先进思想。中华传统经典带有封建色彩，隐含奴性文化，儿童在不能充分理解和分辨的情况下照单全收，后果令人十分担忧。[③]

第二，教育观上的抗衡。支持者认为要充分利用幼儿期，让儿童去诵读中国文化及世界一切优秀文化的典籍，去根植文化修养。[④]对于儿童是否能马上吸收“经典”的内涵这一问题，他们认为“一个儿童基本的学习能力，是吸收能力，是海绵似的吸收，整体的吸收，你教他什么都会放在肚子里”[⑤]。发展心理学的研究认为 3 ～ 13 岁是人一生中记忆力的黄金期，虽然“其知识未开，理解能力薄弱”，但应当发挥其记忆能力强之所长，教导孩子反复熟读，进而鼓励背诵，以“激活儿童的脑力，训练记忆力，发展其智力，开发其智慧”[⑥]。反对者对这些教育理论提出了异议，他们认为教育应以儿童为本位。让儿童读经是置儿童的兴趣、需要于不顾，成人成了儿童的“侵略者”。[⑦]“儿童心理学表明，儿童的记忆是在其自身感知的基础上形成的，‘不求理解’的‘死背’，谈不上让儿童对记忆内容去感知，这是典型的反科学的想法和做法，单就儿童记忆的发展来说，这也是有害的”[⑧]。

---

① 刘晓东．“儿童读经运动”：违背科学的主张，复古倒退的教育．学前教育研究，2004（5）：19-20.

② 周晓飞．儿童读经之争的背后——试论当前幼儿教育的观念混变．幼儿教育（教育科学版），2006：3.

③ 刘晓东．“儿童读经运动”：违背科学的主张，复古倒退的教育．学前教育研究，2004（5）：19-21.

④ 智有．播种圣贤教诲，读经已立立人．五台山研究，2004（2）：39，40.

⑤ 金林祥，张正江．论少年儿童读经教育的德育意义．临沂师范学院学报，2005（2）：130-131.

⑥ 郭齐家．少儿读经与文化传承．湖南科技学院学报 .2005（1）：46，48.

⑦ 刘晓东．儿童教育中的南辕北辙——兼评幼儿读经现象．学前教育研究，2004（3）：26.

⑧ 刘晓东．“儿童读经运动”：违背科学的主张，复古倒退的教育．学前教育研究，2004（5）：20.

第三，价值观上的失衡。赞同者认为我国传统价值是建立在求善基础上，并特别强调群己和谐、天人和谐的。[①] 过去否定的东西在一定条件下被重新肯定，这是符合历史发展规律的。中国文化有 5000 年的深厚积淀，极大地丰富了全人类的文化多样性。而且，随着时间的推移，中国文化的历史积淀将更显其独特的价值。[②] 因而他们认为在新的时期，应重新审视国学的价值问题。

3. 当前中小学国学教育课程内容概述

笔者在对国内部分地区、学校的问卷调查、走访中发现，对“国学教育内容的理解”方面，观点基本集中在“经典诵读”“有关历史文化、人物故事、民间传说等的传统文化道德教育”等方面，调查统计显示，“经典诵读”最多，达到 100%；其次是对“传统文化知识的讲解传授”，占总数的 89.3%。而体现中华传统文化的很多领域，比如相对西方文化的本国的风土人情、曲艺知识等，则很少被纳入到国学教育范畴。在关于“经典诵读内容”的调查中，多数意见集中在“根据教育目的有体系地精选诵读内容，比如围绕爱国主义、热爱大自然的情怀等精选诵读内容系列”上（约占总人数的 96.2%），“单纯地诵读某些古代经典、蒙学材料，比如《弟子规》《三字经》《论语》《老子》等”则少有人选。然而与问卷调查结果相左的是，在笔者走访的三所小学里，无一例外都在进行《弟子规》的诵读教学。对此现象，笔者的解释是：首先，我们更相信大家的真实选择，这说明大家更注重国学对当今学生的普遍教育意义，更注重国学精髓内容的选择，以及传统文化的普遍意义上的传承。同时，对“不求甚解式的”经典诵读也表示理解，毕竟“不求甚解”也是一种学习方法，尤其对较低年级的同学来说。下面，我们选择一个具体案例来分析目前中小学国学教育内容的大致情况。

沈阳市皇姑区是国内较早在中小学开展国学教育的地区之一。目前，全区 60 多所中小学近 7 万学生已正式开展国学教育，许多学校结合自身特点制定了各年级的国学教育计划。总体上，沈阳市皇姑区中小学国学教育内容以 2005 年 9 月下发的《皇姑区中小学国学教育指导纲要（试行）》（简称《纲要》）为主要指导纲领，纲领的具体内容如表 4-1 所示。

① 郭齐家．少儿读经与文化传承．湖南科技学院学报，2005（1）：50.

② 金盛华，黄光成．现代社会挑战与教育变革导向．北京师范大学学报（社会科学版），1999（11）：41.

表 4-1　皇姑区中小学国学教育指导纲要（试行）

	学习内容	教学方式	阶段性教育目标
小学一年级	《三字经》《百家姓》	建议熟读成诵，《三字经》尽量以故事的形式让学生了解其中的内容；《百家姓》不做严格要求	在教学方面要做到尽量多识字的目的；在学习方面要树立明确的学习目的；在文明礼仪方面要学会孝敬父母、长辈的基本礼节和礼貌用语，当家人生病时，学会问候
小学二年级	《千字文》《弟子规》	以背诵为主，不要逐字逐句地讲解，只要了解其中的道理即可	能做到简单汉字的识别；在学习方面要学会和周围的人交流学习方法；在文明礼仪方面不再做家里的“小皇帝”“小太阳”，在和别人相处时要学会关心、照顾别人，学会与同学互助合作，友好相处
小学三、四年级	《论语》	以背诵为主，不要逐字逐句地讲解，只要了解其中的道理即可	在诚信方面要做到与朋友要坦诚相处；在文明礼仪方面要聆听和尊重长辈的教诲，认真完成长辈交给的任务，做到老师进入课堂时，全体起立向老师问好，并向老师敬礼。进老师办公室要先敲门，经允许再进入，与同学见面要打招呼，请同学帮助要说“请”，对同学无意伤害要真诚地说“对不起”
小学五年级	《中庸》《大学》	以了解文章内涵为主，经典段落可背诵	做诚实守信的好学生，能够创造一两个供大家借鉴的学习方法；尊老爱幼，在公共汽车上主动让座；学会帮助身边有困难的同学，积极参与“手拉手”活动；要把自己的事情做好；孝敬父母、长辈，为他们做力所能及的事情
小学六年级	《孟子》《老子》《庄子》《墨子》	以了解四大名家的生平和主要思想为主，经典篇章可背诵	能为家人分担家务，分解忧愁，勤劳、自理、自强；学会“恰当”地运用礼貌用语与别人交流，讲话要注意场合，态度和蔼，要讲普通话；适当参与社会活动，能完成 2 ～ 3 件助人为乐的事情
初中一、二年级	《史记》《礼记》	以介绍名篇佳句为主要内容，经典篇章可背诵	初一年级要做到：懂得什么是理想以及青少年要树立远大的理想；明确学习科学文化知识与建设社会主义现代化的关系；初二年级要做到：培养良好的日常行为习惯，在学校活动中树立和发挥榜样的作用；提高分析题解决问题的能力及与他人的交往能力

由《纲要》可知，沈阳市皇姑区中小学的国学教育内容大体分为两类，一是小学一、二年级主要学习的古代蒙学读本，如《三字经》《百家姓》《千字文》《弟子规》等；二是中、高年级所学习的儒家、道家等学派的经典著作，如《论语》《中庸》《大学》《孟子》《老子》《庄子》等。具体翻阅这些文本读物，笔者将中小学的国学教育内容划分为两个方面。

（1）小学一、二年级以识字教育为主

沈阳市皇姑区小学一、二年级国学教育的内容为《三字经》《百家姓》《千字文》《弟子规》，其中《三字经》《百家姓》《千字文》为识字教材的典型代表。明人吕坤说：“初入社学，八岁以下者，先读《三字经》，以习见闻；《百家姓》，以便日用；《千字文》，亦有义理。”《三字经》共

1122 字，除去重复字，实际容纳 510 个单字。《百家姓》也是集中识字读本，全书只有 568 个单字，除去复姓中重复的字，实际容纳 510 个单字。其所收 500 余个通行姓氏，和每个人的生活都非常贴近。《千字文》是南北朝时期流传下来的集中识字读本，其编写方法对后世影响巨大，以至形成一种“千字文体”。据统计，仅读“三、百、千”共可识 1496 个汉字，而且三本读物均合仄押韵，搭配合理，难度适宜，为识字教学之典范。

（2）小学中、高年级及初中以道德教育为主

由《纲要》可知，沈阳市皇姑区小学中、高年级及初中年级的国学教育内容为《论语》《中庸》《大学》《孟子》《老子》等，其以儒家、道家等经典著作为主。总体而言，大多著作的核心内容为伦理道德教育。以《论语》为例，《论语》中大量的“弟子入则孝，出则悌，谨而信，泛爱众而亲仁，行有余力，则以学文”内容包含着立身、处事、为学、从政等丰富的人生经验和人生智慧。

《孟子》也十分重视伦理道德的教育，提出“富贵不能淫，贫贱不能移，威武不能屈”的大丈夫理想人格，认为通过长期的道德实践，可以培养出一种坚定的、无所畏惧的心理状态，即所谓的“浩然之气”，其“至大至刚”能够主动扩张，充塞于天地之间，成为人们追求的理想。因此，《孟子》的许多言语已成为几千年来中国仁人志士立身处事及判断他人行为的道德准则。

由此可见，中、高年级国学教育更倾向于道德教育，其中包含公正无私、疾恶如仇、诚实笃信、不尚空谈、戒奢节俭、防微杜渐、三省吾身、豁达大度等修身之道，敬业乐群、公而忘私的奉献精神，“天下兴亡，匹夫有责”的爱国情操，“先天下之忧而忧，后天下之乐而乐”的崇高志向，自强不息、艰苦奋斗、勤劳勇敢的昂扬锐气，“富贵不能淫，贫贱不能移，威武不能屈”的浩然正气，厚德载物、达济天下的广阔胸襟，奋不顾身、舍生取义、见义勇为的英雄气概，“以天下为己任”的社会理想，“己所不欲，勿施于人”的社会风尚，等等。

通过以上的分析不难看出，历史的传承、理论的争鸣、现实的选择，均把国学教育的内容聚焦于国学经典。当然，国学经典应当成为国学教育的主体，下文我们将继续探讨针对国学经典类教育内容的遴选。但在这里，我们必须要特别指出，有人认为国学就是《三字经》、《百家姓》、《千字文》、《弟子规》、《增广贤文》、“四书”“五经”、诸子百家、唐诗宋

词等古代文学作品，国学教育就是教学生这些东西，开设国学课程就是让学生读经，国学课程内容就是儒家经典，这些理解是十分片面的。国学可以包含，但绝对不等同于中国古代文学。如前所说，国学的内容极其丰富，涵盖了方方面面的民族传统文化和文明，是“多元一体”的。中国象棋、琵琶、古筝、书法、中国画、剪纸、风筝等，皆属国学教育内容之列。因此，对于国学教育的内容，学校必须根据自身特点、师资条件和学生的认知水平、认知规律做出科学的选择。

4. 对中小学国学教育内容有限性的认识

上述沈阳市皇姑区中小学的国学教育，其内容主要为中华传统文化经典读本的直接使用，其中部分中小学在教学过程中仅对经典文本加注了汉语拼音及部分插图，多数学校对其具体内容基本无选择、批判及引导。目前国内开设了国学课的地区和学校大部分采用这种模式。对于中小学阶段的学生，较弱的甄别能力和判断能力是该阶段教育对象的主要认知特点，尤其是小学生，其思维特征仍是以形象思维为主，抽象思维能力、判断能力均处于低级阶段。所以，中小学生在接受国学教育的过程中对内容基本没有判断、甄别的能力。因此，面对良莠不齐的国学教育内容，若不加选择、批判及引导，势必会造成诵读过程中的迷惑与矛盾。故而，对中小学国学教育内容有限性的梳理尤为重要。[①]

（1）在个体与社会的关系方面：重宗法、轻个性

在漫长的农业社会，传统道德把伦理与政治等同起来。受此影响，在个人与社会的关系上，国学教育内容所全力搭建的是个体社会一体化的结构，强调的是个人在宗法血缘关系及“家”“国”同构网络中的既定位置，而不是其作为独立人格主体所具有的独特价值与需求。[②] 所以，重宗法、轻个性成为其基本特征之一。具体表述如下：

1）纲常为要、消弭个性

农业社会“三纲五常”的思想支配着整个社会生活。“三纲”即指“君为臣纲，父为子纲，夫为妻纲”，要求为臣、为子、为妻者必须绝对服从君、父、夫，同时也要求君、父、夫为臣、子、妻做出表率。“五常”即仁、义、礼、智、信，是用以调整、规范君臣、父子、兄弟、夫妇、朋友等人伦关系的行为准则。[③] “纲常为要”反映了封建社会中君臣、

① 孔园园．我国中小学国学教育的内容研究．沈阳师范大学硕士论文，2009.

② 吴康宁．教育社会学．北京：人民教育出版社，1998：94，96.

③ 杨席珍．封建社会的人际传播．沈阳大学学报，2008（1）：89.

父子、夫妇之间特殊的道德关系。“三纲五常”作为一种道德原则与行为规范源于孔子，其首先提出了君君臣臣、父父子子和仁义礼智等伦理道德观念。在《孟子》中又进一步得到深化，提出“父子有亲，君臣有义，夫妇有别，长幼有序，朋友有信”的“五伦”道德规范体系。而后董仲舒在其基础上对五伦观念做了进一步发挥，以此确立了君权、父权、夫权的统治地位，并把封建等级制度、政治秩序神圣化，成为宇宙的根本法则。[①]同时又认为，仁、义、礼、智、信五常之道乃为处理君臣、父子、夫妻关系的基本法则。这些内容在中小学国学教育内容中都有强烈的体现，如《三字经》中：

首孝悌，次见闻，知某数，识某文。
一而十，十而百，百而千，千而万。
三才者，天地人，三光者，日月星。
三纲者，君臣义，父子亲，夫妇顺。

此部分内容主要介绍了儿童所要知道的伦理道德和生活中的一些名物常识。继而提出“三纲者，君臣义，父子亲，夫妇顺”的规范内容，将“君权、父权、夫权”确立为人们的行为法则。再如《论语·为政》中：

“殷因于夏礼，所损益可知也”何晏集解：“马融曰：所因，谓三纲五常也。”

《孟子·滕文公上》中：

“使契为司徒，教以人伦：父子有亲，君臣有义，夫妇有别，长幼有序，朋友有信。”

《礼记·礼运》中：

“何谓人义？父慈、子孝、兄良、弟悌、夫义、妇听、长惠、幼顺、君仁、臣忠，十者谓之人义。”

这些内容多从父严子孝出发，继而提出夫妻间、兄弟间的伦理规范，概括出“三纲五常”的封建伦理道德观念。而农业社会之所以重视“三纲五常”，其最终目的也是为维护封建统治秩序服务。因此，钱穆在圈点此处时曾说过：“他们太看重现实政治，容易使他们偏向社会上层而忽视了社会下层；常偏向于大群体制而忽视了小我自由。”[②]

---

① 方环非. 论儒家的“仁学”思想与中国古代德育教育基本框架. 上海理工大学学报（社会科学版），2001（1）：31.

② 钱穆. 中国文化史导论. 上海：商务印书馆，2003：775.

2）血缘宗族、宗法制度

中国是一个具有几千年文明史的农业大国，传统农业的生产关系、社会及与之相适应的伦理道德规范贯穿了农业社会始终。同时，自给自足的农耕经济模式和重农抑商的封建思想滋养着以血缘宗族、群体意识为中心的宗法制度，这种宗法制度重视血缘、强调宗族，成为维护封建统治的社会基础。如《三字经》中：

丝与竹，乃八音，高曾祖，父而身。
身而子，子而孙，自子孙，至玄曾。
乃九族，人之伦，父子恩，夫妇从。
兄则友，弟则恭，长幼序，友与朋。
君则敬，臣则忠，此十义，人所同。

上面用非常简洁的文字概括了宗法血缘、君臣思想。当然，三纲、五常、九族、十义等封建伦理道德有其积极意义，可以培养人的道德修养、规约人的行为，但这些“父子恩，夫妇从，兄则友，弟则恭，长幼序，友与朋，君则敬，臣则忠”的内容更倾向引导人们对宗法血缘的依附和服从，在宗法制度下血缘宗族的利益成为个人的全部利益，“君则敬，臣则忠”早已否定了个人的价值和权利。再如《论语·颜渊》中：

齐景公问政于孔子。孔子对曰：“君君，臣臣，父父，子子。”公曰：“善哉！信如君不君，臣不臣，父不父，子不子，虽有粟。吾得而食诸？”

“君君，臣臣”已经完全是超越血缘的纯粹政治关系，血缘宗族、宗法制度已成为维护社会统治的基础。而这些国学教育内容将最终导致中国文化重宗法、轻个性的观念。

（2）在个体与群体的关系方面：重集体、轻个体

农业社会强调个人在宗法血缘关系及“家”“国”同构网络中的既定位置，这种位置是先定的，具有永恒的普遍性，因此，“尚义去利”“先义后利”的原则至上。[①]“义”作为“三纲五常”中的“五常”之一，便成为处理个体与群体关系的基本道德原则。而在个体与群体的关系方面，群体利益已不再是全体劳动人民的利益，指代的是统治阶级的利益，所以，在个体与群体的关系方面多数是将个体利益和群体利益对立起来，忽视个体利益的存在，割裂义与利、公与私的联系和统一，最终将对方推向绝对对立。因此，在阶级社会里，统治阶级虽然在伦理道德规范上

① 吴康宁. 教育社会学. 北京：人民教育出版社，1998：94.

强调群体利益，但仍以为统治阶级服务为目的。具体表现如下。

1）孝悌为先、重义轻利

“孝”作为中国农业社会最核心的道德观念和最基本的道德规范，强调的是个体对家庭的责任和义务。如孔子说，“孝悌也者，其为仁之本与”“父慈而教，子孝而箴，兄爱而友，弟敬而顺，夫和而义，妻柔而正，姑慈而从，妇听而婉”“见父之执，不谓之进，不敢进；不谓之退，不敢退；不问，不敢对，此孝子之行也”“夫为人子者，出必告，反必面，所游必有常”（《礼记·曲礼》）均表现为晚辈对长辈的尊敬与服从。因此，“孝悌为先”不但维护着家庭的秩序，成为家庭伦理的道德标准，而且仍在扩大中，由孝而忠地维护着整个社会秩序。国学教育的内容中对“孝”做出了详尽描述，但总的倾向是对个体利益的否定。《论语》一书中提到“义”字24次，例如：“见利思义”（《论语·宪问篇》），“君子喻于义，小人喻于利”（《论语·里仁篇》），“见得思义”（《论语·季氏篇》），“义然后取”（《论语·宪问篇》）等。《孟子》一书中使用“义”字更是达到了108次。如“亦有仁义而已矣”“舍生取义”“惟义所在”等。然而，“孝悌为先”终究表现为晚辈对长辈的绝对服从，如《论语·学而》中：

有子曰：“其为人也孝悌而好犯上者，鲜矣。不好犯上而好作乱者，未之有也。君子务本，本立而道生。孝悌也者，其为仁之本与？”

中子曰：弟子入则孝，出则悌，谨而信，泛爱众而亲仁，行有余力，则以学文。

“其为人也孝悌而好犯上者，鲜矣。不好犯上而好作乱者，未之有也”只规定了“义”而忽视了“利”。所以，在农业社会“重义轻利”“以义制利”成为很普遍的价值取向。

2）齐家为本、群体意识

“家”在中国农业社会占据着极为关键的“本位”地位，它不但是担负着政治、经济、文化等诸多社会功能的庞大的氏族组织，还是一个涵盖最基本道德关系的伦理实体，并成为社会价值观念的最初源泉。因此，处于农业社会的中国以家庭为本位，家庭成员乃是血统关系和天然义务。

《大学》中“身修而后家齐，家齐而后国治，国治而后天下平”，即所谓的“修身、齐家、治国、平天下”。“齐家”即整治之意，其含义为加强道德修养，进而治理好自己的家庭，而治理好自己的家庭，最终国家也能安宁太平。因此，把“齐家”看成是“修身”和“治国、平天下”

的中间环节，或称之为第二台阶。[①]而在以宗法血缘、等级制度为基础，一家一户为生产单位的农业社会，由修身而齐家、治国、平天下，仍属于统治阶级依序所需要走完的道路，普通百姓则只能走到“齐家”这一步。所以，“齐家为本”“群体意识”之序仍是统治阶级作为教化的一种手段，最终使被统治阶级遵循、服从统治阶级的意志。因此，农业社会家庭作为一个社会组织，独占家庭的政治、经济、文化大权，家庭成员并无独立与自由。[②]过分地强调“齐家为本”“群体意识”不利于社会和个人发展。

（3）在人与人的关系方面：重等级、轻平等

在人与人的关系上，国学教育内容多强调长幼有序、尊卑贵贱有别的伦理道德规范。要求人们“各安其位，约之以礼”，而“礼”乃先定之物，既存之物、不可受变更之物。因此，这种伦理道德规范被加以制度化，以至于成为一种具有法律效应的外在的强制力量。于是，人们“思不出其位”“非礼勿言，非礼勿动”“非礼勿视，非礼勿听”（《论语・颜渊》），形成了重等级、轻平等的思想观念。

1）尊卑贵贱、内向保守

农业社会，“纲常为要”的思想支配着整个社会生活。“三纲”皆取于阴阳之道，如“君、父、夫”体现了天的“阳”面，“臣、子、妻”体现了天的“阴”面；“阳”永远处于主宰、尊贵的地位，“阴”永远处于服从、卑贱的地位。[③]孔子说：“贵贱不衍，所谓度也。”《左传》中写道：“贵贱无序，何以为国？”《周易程氏传》中写道：“夫上下之分明，然后民志友定，民志定，然后可以言治，民志不定，天下不可得治也。”《千字文》中：

墨悲丝染，诗赞羔羊，景行维贤，克念作圣。

德建名立，形端表正，空谷传声，虚堂习听。

祸因恶积，福缘善庆，尺璧非宝，寸阴是竞。

资父事君，曰严与敬，孝当竭力，忠则尽命。

乐殊贵贱，礼别尊卑，上和下睦，夫唱妇随。

外受傅训，入奉母仪，诸姑伯叔，犹子比儿。

① 赵春福．儒家伦理与现代化的冲突、契合．中国传统文化研究，1997：1.

② 唐凯麟，曹刚．重释传统——儒家思想的现代价值评估．上海：华东师范大学出版社，2000：207.

③ 石潇纯．和谐女性主义与性别关系的重构．湖南人文科技学院学报，2007（1）：42.

孔怀兄弟，同气连枝，交友投分，切磨箴规。

仁慈隐恻，造次弗离，节义廉退，颠沛匪亏。

可以看出“资父事君，曰严与敬，孝当竭力，忠则尽命”“乐殊贵贱，礼别尊卑，上和下睦，夫唱妇随”“仁慈隐恻，造次弗离，节义廉退，颠沛匪亏”都是在强调尊卑贵贱有别，反映出自然经济的人身依附关系，突出了“尊卑有序、贵贱不衍”①的原则。这种上下贵贱、尊卑有序的等级观念与现代社会的平等原则及个性的发展是不相容的，同样具有重等级、轻个性的消极影响。

2）各安其位、以礼相约

《易传·序卦》云：“有天地然后有万物，有万物然后有男女。有男女然后有夫妇，有夫妇然后有父子。有父子然后有君臣，有君臣然后有上下。有上下然后礼仪有所措。”②国学内容中将安人、安百姓规定为修己之归宿，突出群体倾向，相对于“安人”而言，修己仍处于从属地位，其内容主要不是培养独特的个性而是使自我符合社会的普遍规范。正所谓“君者，仪也，民者，景也，仪正而景正”（《荀子·君道》）。“君者，民之心也；民者，君之体也。心之所好，体必安知；君之所好，民必从之。”（《春秋繁露·为人者天》）因此，个人没有任何主动性，只知服从统治、遵循、顺从即可。如《论语·宪问》中：

子路问君子。子曰：修己以敬。曰：如斯而已乎。曰：修己以安人。曰：如斯而已乎。曰：修己以安百姓。

《论语·为政》中：

孟懿子问孝。子曰：“无违。”樊迟御，子告之曰：“孟孙问孝于我，我对曰：‘无违’。”樊迟曰：“何谓也？”子曰：“生，事之以礼；死，葬之以礼，祭之以礼。”

《礼记·祭统》中：

“凡治人之道，莫急于礼；礼有五经，莫重于祭。”

《孟子·离娄上》中：

“仁之实，事亲是也。义之实，从兄是也。智之实，知斯二者弗去是也。礼之实，节文斯二者是也。”

《礼记·礼器》中：

---

① 赵春福．儒家伦理与现代化的冲突、契合．中国传统文化研究，1997（1）：31.

② 高亨：周易大传今注．济南：齐鲁书社，2009：567.

“礼也者，犹体也。体不备，君子谓之不成人。”

漫长的农业社会，伦理道德与政治等同起来，“三纲五常”支配着整个社会的生活。不可否认“仁、义、礼、智、信”有其积极的教化意义，但“各安其位，约之以礼”“非礼勿视，非礼勿听”的最终目的仍是教化人们服从、遵循统治阶级的意志，规约着人们个性的发展。

二、国学教育课程内容的选择

对国学教育的内容处理，首先是一个继承与扬弃的问题。一方面，在汹涌的商品大潮下，人的异化比较严重，国学中的“温、良、恭、俭、让”显然对今天的精神现实在某种程度上仍具有一定的实际意义，“礼以节外，乐以和内”的思想仍然对我们有很大启示。另一方面，我们也必须勇敢地承认，国学中是存在糟粕的，那些腐朽、落后，甚至反动的毒素在国学中（尤其在文学作品中）时有所见。而简单地复制古代国学或者企图恢复传统教育的一统天下，是没有出路的。因此，唯一可供选择的方向，就是将目前我国所开展的国学教育与现代教育接轨，使之融入现代教育的体系之中，国学教育才能健康地存在和发展下去。因此，在国学教育课程内容的甄别与遴选上，必须符合现行教育体制，积极寻找与现代教育的契合点。

1. 选取与现代教育价值取向相符合的国学教育内容

（1）现代教育价值取向的特征

教育是一种价值创造的活动，同时又是一种价值选择的活动，教育价值取向是教育主体在教育活动中根据自身需求进行教育选择时所表现出来的一种价值倾向性。[①] 其在整个教育活动中具有重要的作用，通过影响教育目的的确立、教育方法的选择、教育内容的取舍，对整个教育活动进行定向和调控。

每一次的社会更迭都要求其社会形态下的教育做出与自身社会相符的反应。故而，不同社会形态需要不同的教育，与此同时教育的价值取向也处于不断变化之中。现代社会对教育的价值取向影响最大、争论最多的就是个人本位论和社会本位论对教育目的的划分。

“个人本位论”主张教育目的应当从受教育者的本性出发，而不是从

① 张贺领．我国高等教育领域教育价值取向的变革．河南教育学院学报（哲学社会科学版），2001（1）：24.

社会出发；教育的目的在于把受教育者培养成人，充分发展其个性，增进受教育者的个人价值；个人价值高于社会价值，社会只有在有助于个人的发展时才有价值，评价教育的价值也应当以其对个人发展所起的作用来衡量。① 相反，“社会本位论”主张教育目的要根据社会需要来确定，个人只是教育加工的原料，个人的发展必须服从社会需要；教育的目的在于把受教育者培养成符合社会准则的公民，使其社会化，保证社会生活的稳定与延续；社会价值永远高于个人价值，个人的存在与发展需要依赖并从属于社会。②

个人本位论和社会本位论陷入了教育实践中“非此即彼”的两难境界。从教育目的的逻辑起点上看，教育活动必然存在着个人价值与社会价值的冲突与选择，这也是教育主体在选择教育目的时所面临的最根本的价值冲突。③ 当然，从内在价值取向上来看，二者都是要培养有理性的人，都受启蒙运动思想的感染，推崇真正幸福的人是有理性、自由的人。因此，这两派在本质上是一致的，而从个人本位论和社会本位论的外在价值取向上看，二者则完全相对。个人本位论倾向于从受教育者的本性出发，而社会本位论则主张从社会的需要来确定教育。事实上，随着社会对个体自主性的日益重视，二者的界限已经日益模糊。教育关注个体主动发展不仅是个人自我完善的要求，更是社会发展进步的需要。因此，教育目的的外在性价值取向正逐渐失去它的意义，而其内在性价值取向则越来越受到人们的关注，并在教育目的组织建构过程中，形成现代社会新的价值取向判断。笔者认为其至少应包含以下三个维度。

1）民族性取向

“一个没有民族性的民族，就等于一个没有灵魂的肉体，它只能屈从于衰败的规律，只能在另一些保存着自己的独特性的肉体之中消亡。”④所谓民族，主要指历史上形成的具有共同血脉关系、共同心理情感的人群共同体。⑤

一个民族要屹立于世界之林，就必须具有且保持自己的民族性，而要保持民族性，其途径就是通过教育来继承和发扬其民族特色。在教育

① 谢朝霞．教育奴役与驾驭的博弈．宜春学院学报，2005（5）：15.
② 陈佑清．教育目的论．武汉：湖北教育出版社，1994：68.
③ 廖湘阳．教育发展战略的分析框架价值期待的冲突与整合．教育理论与实践，2005（9）：14.
④ 郑文彬．乌申斯基教育文选．北京：人民教育出版社，1991：85.
⑤ 张友国．亚文化、民族认同与民族分离主义．西南大学学报，2007（7）：181.

活动中，任何价值取向都有其特定的民族情怀和民族性格，所以，我们在理解和体验教育取向时，也应从特定的民族背景及民族归宿出发。当然，本书所指的“民族性”不再是那种隔绝的、封闭的、固守的、停滞的状态，而是将“民族性”放在全球化这一社会背景中去审视其内涵。“民族性是传承的、发展的，是以全球化的思考方式来从民族性中寻找新的思想资源，是一种从全球各种文化的互动中考察疆域问题的思维方式。”①一个民族的发展必定以其独有的民族特色和民族情怀为根基，而这些是需要通过具有民族特色的教育来继承和发展的。与此同时，民族情怀的继承和发展又会为教育民族化的发展提供新契机，这种相互依存的良性促进正是教育价值取向中民族取向的真正归宿。

2）时代性取向

时代性是指教育随着时间的推移而不断变化发展，即随着社会的发展，教育表现出与其社会存在相符的时代特征，反映在教育价值的取向上就要求其具有时代性取向。历史证明：“教育理论的发展与时代有内在的、直接的、多方面和多层次的关联。在一定意义上，教育理论属于‘时代学’之列。”②合理的教育价值取向需要与时俱进，一定要充分体现出其特定的社会历史条件下的合规律性与合目的性的统一，即通常意义上所说的客观与主观的统一。

教育必须与时代相对应，教育价值取向必然反映着时代的特征。不同时代的教育价值取向不论以何种方式表征，都是客观存在的。例如，在农业社会，科技可有可无，土地才是最重要的生产资料，人们享有父辈、代际间的重复，人们的主观能动性、创造性不高。所以，教育成为政治的附庸，只要保证人们不作乱犯上，顺从、遵循即可。蒸汽机的发明改变了人们的生活方式，体力被机器所代替，生产离开了土地，因此，科学、技术纳入了人们的生活。人们开始求新、求变、求发展，需要通过教育来调适社会对教育需求的不均衡，调适社会发展中观念、思考上的不均衡，等等。所以，教育的价值取向则转向对文化知识的传承及对人个性的培养。步入知识经济社会，科学、技术成为支撑其社会形态的主要力量，无形的资本影响着人们的社会生活。由此可见，不同的时代，其社会形态必然规约着不同的教育价值取向。当然，教育价值取向既是

① 袁利平．试论教育目的的价值取向：一种另类的视角．理论经纬，2006（3）：21.
② 叶澜．世纪初中国教育理论发展的断想．桂林：广西师范大学出版社，2002：139.

时代的产物，便存在其合理性与适合性，但从社会变迁的角度，也必然有一定的历史局限性。

3）文化性价值取向

“文化是人类在处理人和世界关系中所采取的精神活动与实践活动的方式及其所创造出来的物质和精神成果的总和，是活动方式与活动成果的辩证统一。”① “人与动物的本质差别，以及人类社会与动物社会的本质差别就在于‘文化’。社会现象说到底是文化现象，社会也无非是文化的总体。而所谓教育，就其本质来说，它是人类文化的一种传承手段。”②因此，从某种意义上来讲，文化则为教育对社会生活和经济的作用点及作用方式。教育通过对传统的传承来建构个体存在及沟通的认同背景。

“教育发生的前提在于文化认同，在于人类对自己生命和生命创造的认同。”③现代社会教育价值的文化性取向就在于帮助和引导人们建构真正的精神世界，造就人的精神和社会文明的合理、平衡与健全。因此“教育对于意义世界建构的效力及其合理性，就成为教育目的价值取向的文化性的内在表征，成为衡量教育是否‘渎职’和‘失职’的价值依据”④。

格外需要说明的是现代社会的教育价值取向是民族性、时代性、文化性三种价值取向的客观统一，分别发挥着不可替代的作用。

（2）选取符合现代教育价值取向的国学教育内容

世界上任何文化都不是只有精华或只有糟粕，而精华与糟粕也并非泾渭分明。不假思索地对传统文化“取其精华、去其糟粕”固然可以理解，但难免流于武断、陷于纷争。教育价值取向是历史的、具体的、发展的。现代社会教育价值取向面对自己的国情，与现代社会相应而生，但同时也与历史上其他类型的教育价值取向相联系，它根植于历史，要在自己的传统中获得营养，不能与传统相隔绝。如农业社会中“己所不欲，勿施于人”的“仁学”内核；“和而不同”的深刻哲理；“天人合一”、整体发展的宇宙观；自强不息、厚德载物的做人之道，都有其现实意义，完全可以通过现代化的再创造，提炼、转化，将其合理因素渗透到今天的社会生活中，进而作为价值去指导重建人的意义世界。因此，国学的教育内容需要融入现代教育价值观，以现代教育价值取向为指导，

① 张岱年，程宜山．中国文化与文化争论．北京：中国人民大学出版社，2000：7.
② 胡德海．教育学原理．兰州：甘肃教育出版社，1998：192.
③ 朱小蔓．教育的问题与挑战：思想的回应．南京：南京师范大学出版社，2000：7.
④ 袁利平．试论教育目的的价值取向：一种另类的视角．理论经纬，2006（3）：22.

甄别与现代社会教育价值取向相契合之处，推动国学教育的发展。

1）契合点一：关注生命，完善人格。考察中华传统文化和学术，可以发现一个基本特点，那就是对人的生命的终极关怀。中国先哲认为："在宇宙万物的发生和发展过程中，人在自然界中具有崇高地位。人的存在，生命的存在具有他物不可拟和取代的普遍意义和价值。"[①]而无论是孔子的"性善论"，还是荀子的"人恶，其善者伪也"，都是以人作为中心加以认知的。而这种关注人本性的精神在许多国学教育内容中都有所体现，并在此基础上进一步展开。如：《三字经》中的"人之初，性本善。性相近，习相远"；《弟子规》中的"凡人，皆须爱，天同覆、地同载"……

因此，对人性的终极关怀成为国学教育内容一个基本特点。这种关怀，一方面表现为对人的价值的肯定及对人主体性的关注，并在此基础上探究修养身心的途径和方法。"天地之大德曰生"等都是对此极好的写照。另一方面对人的生命的终极关怀则表现为人的实现和完成的过程，就是一个人格不断完善、道德不断提升的过程，就是自我价值不断体现的过程。在中华传统典籍中，"静以修身，俭以养德""达则兼济天下，穷则独善其身"一类的论述比比皆是。我们从现代教育的观点看，对人的终极关怀始终是教育的一个重大母题。在基础教育阶段，让学生通过对国学的初步了解，认识自己，认识生命的价值和尊严，认识自我实现的途径和作用，对学生未来的发展会起到巨大作用。

2）契合点二：强调博爱，追求和谐。关注自身，并不是狭隘的利己主义，与完善自我的过程永相伴随的是"天人合一"，是悲天悯人，是平等和博爱。孔子说"泛爱众"，墨子讲"兼爱"，孟子讲"老吾老以及人之老，幼吾幼以及人之幼"，都是在强调一种博爱和关心的精神。可以说，上述二者就是国学在人的问题上的辩证法。中华传统文化注重的是"天道"与"人道"的和谐，人们只有对自然的敬畏与宽容之情，而并无无惧与征服之意。曾经的我们在为人类改造、征服自然的伟大力量而欢欣鼓舞，但如今已真正认识到，人不是自然的征服者，人就是自然。所以说，国学不是僵死的文化遗产，而是一种伟大的智慧。现代教育需要学生认识自己，提升自己的生命意识和尊严感，但也应该加强学生的博爱教育，关怀教育，感恩教育。在基础教育阶段，让学生亲近国学，这

① 钟江华．古代蒙学的传统文化精神．云南教育（继续教育版），2005（10）：36.

对于学生未来的生命成长至关重要。

3）契合点三：知行合一，努力践行。国学的另一个重要特点就是强调实践，强调在实现个体价值的同时实现社会价值。孔子说："君子欲讷于言，而敏于行"，表示的是对行动本身的关注。《弟子规》专列"余力学文"章，里面对"行"的重要性给予了充分评价，"不力行，但学文，长浮华，成何人"。而在"士"的精神当中，"先天下之忧而忧，后天下之乐而乐""位卑未敢忘忧国""以天下为己任"的济世情怀更是表露无遗，令人感佩。通过学习国学，培养学生的家国意识，形成初步的社会角色意识，并引导学生在实践中感知世界，协调人际，自我定向，完成从"自然人"到"社会人"的逐步转变，也是现代教育的一个重要内容。

4）契合点四：乐观开拓，不断进取。与西方的"罪感文化"不同，中华文化很少有原罪意识，而更多地表现出乐观、豁达的胸襟和平和从容的气质。"尽人事，知天命""发愤忘食，乐以忘忧，不知老之将至云耳""不以物喜，不以己悲"等，都是对此极佳的佐证。不仅如此，国学还给我们展示了中国人性格当中开拓进取的意识和面对苦难的刚健之气，"天行健，君子以自强不息""生生之谓易""直挂云帆济沧海"等就表明了这种意识。而孟子的"故天将降大任于斯人也，必先苦其心志……"一段，就更像中国人面对人生磨难的战斗檄文。在社会飞速发展的今天，通过国学教育，在青少年的心中植入进取的意志和平和的心态，是否更有利于他们在将来面对人生的各种挑战呢？而这，应该成为今天教育改革必须重点研究的课题。

总之，国学不是一个空洞的名词，它有丰富的内涵。国学教育作为古老而全新的教育理念，应该把人的生命放进去，卸下附加给它挽救民族、重振社会的神圣救赎使命，把传统的柔性光芒投照到个体心灵上，在中华传统文化精髓的熏陶下，在潜移默化中培育德行完美、素质全面的一代新人，这应当成为我们研究和实践国学教育过程中一个不可动摇的基点。

2. 安排与中小学生认知规律相适合的教育内容

随着学科的细化和教育学、心理学等学科的发展，在教学过程中更倾向强调根据教育对象的年龄特征及认知规律来安排教育内容。不同年龄的学生有不同的心理发展特征，这种特征对于不同阶段学生的学习能力有很大影响。因此，根据中小学阶段的学生特点，选取符合其认知规律的教育内容也尤为重要。那么如何选取符合中小学生认知规律的国学教育内容？下面，我们先来看看中小学阶段学生的认知规律。

（1）小学阶段学生的认知规律

从认知心理学的角度来看，小学阶段学生的思维特点主要以形象思维为主，如良好的记忆能力和模仿能力。但这一时期的学生，尤其是小学一、二年级的学生，抽象思维能力较弱，对抽象的道理不易理解。如清代陆世仪所说："凡人有记性，有悟性，自十五以前，物欲未染，知识未开，则多记性，少悟性，自十五以后，知识即开，物欲未染，则多悟性，少记性。故人凡有所当读书，皆当自十五以前使之熟读，不但'四书''五经'，即使天文、地理、史学、算学之类，皆有歌诀，皆须熟读，若年稍长，不惟不肯读书，必不能诵读矣。"①

所以，在小学阶段，尤其是小学低年级时期，课程安排不多，除了语文、数学等核心类的课程外，其他课程的课时安排则相对较少，以适应其身心的成长规律。因此，国学教育应针对其"物欲未染"之时的特点，根据其年龄及心理发展的规律安排国学教育的内容。特别是针对低年级学生以机械记忆为主、理解力有限的特点，适当选取浅显易懂、篇幅短小的内容。

（2）中学阶段学生的认知规律

中学阶段学生的认知特点是：抽象逻辑思维虽然开始占优势，可是在很大程度上还属于经验型，他们的逻辑思维还需要感性经验的直接支持。② 由于中学阶段学生理解力逐步提升，自觉性明显提高，相对于小学阶段，中学阶段开设了许多学科课程。而强烈的求知欲及相对较好的理解能力也为初中阶段的国学教育提供了良好时机。在中学阶段，学生的思维能力较小学阶段有了明显提高，对抽象概念的理解也不存在困难。因此，可以选取篇幅较长的文章加以诵读或背诵，同时可要求其掌握一定的诵读技巧，将机械的背诵与有意识的理解相结合，从而上升到以理性认识去学习国学。

3. 安排适合中小学生认知规律的国学教育内容

（1）小学阶段国学教育内容的选取

小学阶段的认知特点决定了其国学教育内容的选择。针对小学阶段

① 陆世仪．陆桴亭先生遗书．思辨录辑要前集．卷一，小学类．北京：中华书局，1985.
② 朱智贤．儿童心理学．北京：人民教育出版社，2003：495.

记忆力强，思维能力较弱的特点，可将国学教育的重点放在识字教育、语言积累方面。如在《全日制义务教育语文保留标准（2001 实验稿）》（以下简称“新课程标准”）中所规定的认识 2500 个常用汉字的标准，而在读、写、听、说等方面仅做一般性要求。

小学阶段学生处于语言积累的初级阶段，较弱的理解力是其基本特征之一，但应趋利避害，尽可能地开发、挖掘他们的记忆能力，激发学生们诵读经典文本的热情。如小学阶段国学教育的内容可以选取趣味性强、语言浅近、篇幅短小、读来朗朗上口的文言韵文，也为他们进入初中学习奠定基础。对于小学阶段国学教育内容的统筹安排，在质的规定上可表现为应掌握基本的语音知识以便达到疏通字音、读准字词的目的，尤其是读好多音字和轻声、儿化音等，在理解的基础上尝试有感情地诵读或熟读成诵。所以《三字经》《千字文》《百家姓》从识字教育的角度，其部分内容是适宜小学低年级学习的。在量的规定上则表现为国学教育内容字数的逐渐变化。如由最初的《千字文》《三字经》等以三到五个字的短小韵文，逐渐过渡到以五言至七言为主的古诗文，再递增到“数百句典范的名言佳句，数十段典范的诗词和文章”的教学目标。初步认识一批文言常用词语，积淀文言语感，并形成语言学习、知识扩充和美德熏陶三位一体的教学格局。

这一阶段的侧重点在于诵读和积累大量的语言材料。有一点必须说明，我们主张的积累不是孤立的词语积累，也不是国学基础知识的积累，而是成套语言的积累。包含的主要环节依次是：诵读文言韵语；诵读介乎韵语和散句之间的语料（如对联、格言等）；诵读非经典的文言章句，类似于古代《日记故事》那类课本编者专为儿童撰写的文言小段；诵读经典的文言章句，即成篇的文言经典文章。不妨把编选内容从“三百千”之类的古代韵语知识读物拓展延伸到如《论语》《老子》《孟子》等其他一些文言典籍，内容上去粗存精，剔除封建思想的糟粕，保留传统文化的精华，形式上尽量选择三言、四言之类短小精练的语句，按一定的主题加以重新整合，并根据学生的接受能力循序渐进教授，合理搭配，让学生熟读、背诵这些精选的文言韵语，学生“口诵心惟”之，其中的“隐性价值”何止是知识的学习、文化的传承，其德、智、美等方面都会得到长足发展。

通过诵读大量韵语读物，学生逐渐形成了一些文言习惯，已经初步具备了进行文言阅读的基础。这个时候，针对学生爱听故事的特点，让他们接触一些非韵语的散文故事，更易提高他们阅读文言文的兴趣，为以后过渡到阅读内容复杂、词句错综的文章打好基础。散文故事已经用散体，不再用韵语，但内容很简单，篇幅很短，类似于古代《日记故事》《书言故事》专为孩童撰写的文言小段，一则只讲一个小故事，大部分在百字以内，难度较小。如《日记故事》中提到的"磨杵成针"的故事："李白少读书，未成，弃去。道逢一老妪磨铁杵，白问：'将欲何用？'曰：'欲作针。'白感其言，遂还卒业。"[①]全篇不到40字，语言浅显，内容生动。很多孩子听过白话文的"磨杵成针"的故事，则对文言文版理解起来难度不大。古代蒙养教材大量选取历史故事、典型人物、民间传说、流行趣事，这些趣味盎然的内容，极易引发儿童爱读、乐读的积极性。

（2）初中阶段国学教育内容的选取

初中学生年龄大多在12～15岁，根据古人的说法，15岁之前"多记性，少悟性"，这个年龄段正处在转折期，针对中学生逻辑思维较好、感知较精确、理解能力增强、观察较细微全面的特点，可将国学教育的重点逐步由识字过渡到理解上。这一阶段的侧重点在于积淀文言语感，适宜地、渐进地渗透文学审美意识、文化传承意识。包含的主要内容有：诵读文言经典语料，积累典范正宗的文言章句，积淀文言语感；浏览足够多的有趣味的文言作品；有计划地识记和分辨足够多的文言常用词语；了解、理解相关简明有用的文言、文学和文化常识。

同时，中学阶段对抽象概念理解能力的提升对国学教育内容选取的影响除了在篇幅、容量上可以有所增加，对其内容的难度也可有适当调整。同是国学教育文本，小学阶段注重《千字文》等音韵的朗朗上口，倾向于内容浅显的如《百家姓》等教育内容，目的是让学生对国学有一个感性的、整体的认识，以培养其感悟能力。而中学阶段，则可相对关注那些难度偏大、篇幅较长、内容更复杂一些的教育内容，如《礼记》等，并在诵读的基础上对其内涵做以理解及辨析，以满足中学阶段学生的认知和发展规律。因此，针对中学阶段学生的认知规律，中学阶段对国学教育内容的统筹安排，在质的规定上应兼顾感性和理性的共同培养，可以涉猎较小学阶段难度有所增加的国学内容，但对许多国学内容的具

① 张志公．传统语文教育初探（附蒙学书目稿）．上海：上海教育出版社，1962：90.

体内涵仍要有所取舍。如“五行相生”、《易经》中的“一阴一阳之谓道”等内容，均涉及中国古代哲学的基本内涵，对于中学阶段的学生也可不做深入理解的要求，只需诵读即可。而在量的规定上则可由篇幅短小、容量不多的韵文转向容量较大、篇幅较长的教育内容，同时也可要求低限度地背诵部分符合现代教育价值取向的文章。

诚如前面所述，青少年国学教育的内容不仅局限于经典诵读，主要目的在于让学生触摸民族的传统文化，感受传统文化，认识这些经典里蕴藏的丰富、优秀的文化宝藏，因此涉猎面要广，侧重横向了解而不注重单一、纵向的学习。国学教育内容的广泛性决定了它对于学生教育价值的多样性，以及个性发展的多元化。关于对国学教育内容的广义理解，在接下来的“青少年国学教育内心的建构维度”再做具体分析。

三、青少年国学教育内容的建构维度

青少年国学教育的目的，概括说，就是让他们能够更多地了解、学习和传承中华民族的优秀传统文化，并通过了解和学习中华民族的优秀传统文化，进一步提升他们自身的综合素质，以更好地丰富素质教育的内涵。因此，国学教育是一种外延非常宽泛的教育实践活动。国学教育的这一特点给学校进行具体落实带来一定困难。为了将国学教育落到实处，学校有必要将国学教育具体化，途径之一就是从不同维度建构相对具体且易操作的国学教育内容。具体来说，学校的国学教育可以以国学为载体，从以下几个方面着手。

1. 诚信教育

诚信不仅是中华民族的传统美德，是社会主义精神文明的重要组成部分，也是学校道德教育的基本内容。中小学阶段是学生道德观念形成的重要阶段，是人生观、价值观形成的初步阶段，也是进行诚信教育的大好时机。“信”在我国可谓源远流长，春秋时期著名政治家管仲曾将“诚”与“信”连用，《管子·枢言》中明确指出：“先王贵诚信。诚信者，天下之结也。”他认为诚信是集结人心，使天下人团结一致的保证。老子在《道德经》中曾指出“轻诺必寡信”。庄子也说“不信则不任，不任则不利”“真者，精诚之至也”。在孔子思想中“仁”是处于“德”的核心地位，但在孔子看来，离开了“信”就无所谓“德”，也谈不上“仁”“行”“政”，他认为“信”是一种普适的存在，并贯穿于全部社会生活。“信”是“仁”的外在表征，“信”是“行”的基本前提，“信”是“政”的重要手段。[①]孔子的“信”在《论语》中多处可见：例如，“人而无信，不知其可也。大车无輗（ní），小车无軏（yuè），其何以行之哉？”“老者安之，朋友信之，少者怀之”“道千乘之国，敬事而信，节用而爱人，使民以时”[②]。以上论述讲到个人无信则无立，一个国家和民族也要对自己的百姓讲信，否则，有失掉民心的危险。孟子认为“诚者，天之道也；思诚者，人之道也。至诚而不动者，未之有也；不诚，未有能动者也”[③]。战国末期，荀子也曾将“诚”与“信”连用，他说，“诚信生神，夸诞生惑”，并发挥了孟子“诚”的思想，开始以“诚”涉政，把“诚”从做人之道扩展为治世之道。在儒家经典《礼记·大学》中，“诚意”作为“八条目”之一，成为连接“格物”“致知”与“正心”“修身”“齐家”“治国”“平天下”的重要环节，成为道德内养与外成的关节点，具有多种社会功能。后来，韩非子说，人之间的交往要讲“信”，“忠信”是礼的根本；君主治国也必须取信于人，《韩非子·外储说左上》中说“小信成则大信立，故明主积于信；赏罚不信，则禁令不行”。同样墨子在《修身》中也说过，“志不强者智不达，言不信者行不果”。其他各家及后来各个朝代的学者对诚信也有或多或少的记载。

可以这样说，诚信如爱情一样是一个永恒的话题，永远保鲜。原因就在于，对个人而言，诚信是成就中小学生道德人格，造就其善良人伦不可或缺的重要条件；它也是中小学生在未来社会生活中立身处世的基石。有人毫不夸张地说，诚信是人们的万能通行证。此外，诚信对一个团体、组织及一个民族的发展也有着举足轻重的影响。诚信如此重要，但中小学生诚信现状令人担忧，非诚信现象在学生中间大肆蔓延，比如：作假（当然包括很多种形式）、说谎、不信任社会、认知与行为不一致，以及没有责任心、不讲信用、抄袭作业、考试作弊等现象在校园时有发生。所以，诚信教育应该成为传统文化教育中一项很重要的内容，充分运用我国传统文化中的诚信资源，利用各种教育渠道，全方位传播诚信知识，传递诚信价值；通过促进儿童道德思维的成熟，帮助儿童建立良

① 李保强．孔子的“信”伦理思想与当代德育环境建设．教育研究，2001（9）：72-75.

② 李里．论语讲义．桂林：广西师范大学出版社，2007：47.

③ 刘琦，韩维志，程艳杰．四书详解．长春：吉林文史出版社，2004：271.

好的诚信观；通过积极营造诚信道德氛围，为儿童诚信观的发展提供助推器。[①]

2. 文明礼仪教育

《荀子·修身》说过："人无礼则不生，事无礼则不成，国家无礼则不宁。"孔子说过："不学诗，无以言；不学礼，无以立。"《管子》开篇的《牧民》中开宗明义，提出了著名的"四维"说。其曰："礼义廉耻，国之四维，四维不张，国乃灭亡。"在社会生活和人际交往中，礼仪是用于沟通思想、交流感情、表达意愿、促进了解的一种有效形式，是人际交往中不可缺少的润滑剂和纽带。对个人来讲，礼仪是一个人思想文化素质、道德素养和交际能力的外在表现，在人们交往与合作日渐频繁、密切的当今时代，礼仪是否周全，不仅显示其修养、素质和形象，而且直接影响到事业的成功与否。因此，礼仪不仅是一个人内在精神、深层道德品质的重要体现，更是一个人在社会交往和社会生活中获取成功的基石；对社会来讲，礼仪是精神文明建设的重要组成部分，是一个社会文明程度、道德风尚和生活习惯的反映。

礼仪无论对个人还是对一个民族都具有重要意义，文明礼仪教育成为教育的必然要求。英国著名哲学家约翰·洛克曾说过："礼貌是儿童与青年所应该特别小心地养成习惯的第一件大事。"所以，在性格形成关键时期的中小学教育阶段，礼仪教育更是必然中的必然。礼仪教育不是一般的礼貌教育，而是一种道德修养，目的是培养健全人格。礼仪教育对素有"礼仪之邦"称誉的中华民族来说，既是一个古老的教育问题，也是赋予时代新特点的审美教育课题。中小学时期既是性格发展的雏形时期，又是学习做人的奠基期，中小学时期成功的礼仪教育，将会提高整个德育系统工程的质量。

"礼仪"一词很早就被作为典章制度和道德教化来使用了。春秋战国之后，制约整个社会生活的已不是礼的外在仪节，而是经过浓缩的反映礼之实质内容的一系列范畴，如仁义、忠孝等，它们不仅构成了传统伦理学的核心，也构成了我国古代文化的价值观。

中国古代有三部著名的礼典，即《周礼》《仪礼》《礼记》，它们是有关各种礼制的百科全书。其中《周礼》侧重于政治制度，《礼记》主要是

① 王东．诚信观培养：诚信教育的有效途径．教育科学，2008（2）：84-85.

对礼的各个细节做出符合统治阶级利益需要的解释，《仪礼》则记载行为规范。这三部书涵盖了中国古代“礼仪”的基本内容。[①] 显然，礼仪的范围在我国古代要比现今广泛得多，它不仅包括各种约束言行的规范，也涵盖了一系列政治制度，而本书所讲的礼仪教育仅指行为规范。

我国很多传统文化经典著作内含礼仪资源，除了《仪礼》，还有《增广贤文》《幼学琼林》《千字文》《小儿语》《三字经》《管子》《弟子规》《道德经》等，这些经典名著可以作为礼仪教育的鲜活教材。当然，在选择这些经典读物作为礼仪教育教材时，需要我们用辩证的思维、发展的眼光有所扬弃。

3. 仁爱教育

仁爱教育的实质是一种情感教育，所以实施仁爱教育应该从情感教育入手，培养中小学生的情感，培养其对父母、师长、手足、朋友、邻里、祖国的感情，以及对生命、环境、地球的感情。心理学研究表明，儿童的发展以情感为先，未成年人的仁爱教育首先是一种情感交流，没有心灵的关怀，就没有儿童的成长。因此，要引导中小学生从感受爱到产生爱，从关心父母、亲人到关心教师、长辈，从关心朋友、同伴到关心同类群体，从关心家庭、班级到关心学校、社会，从关心祖国到关心全球。可以说，使每个中小学生都具有一颗滚烫的爱心是公民道德建设的基本要求。它不仅是未成年人亲社会人格建构的基础，也是美善人性养成的生态源泉。

孟子讲过，“人皆有不忍人之心”“恻隐之心，仁之端也”（《孟子·公孙丑》），其内涵就是强调人的爱心是品德形成的前提。“床前小儿女，人间第一情”，培养中小学生的各种情感应该首先从培养他们对父母、兄弟姐妹的感情入手。先秦儒家讲求孝道，孔子认为，为人也孝弟……孝弟也者，其为仁之本与；弟子入则孝……泛爱众而亲仁；不违，不忧，敬父母，和颜悦色；父母在，不远游，游必有方；事父母要劳而无怨。[②] 历来被认为儒家孝道集大成者的曾子，从深度和广度上全面继承和发展了孔子的孝道理论。后来，孟子进一步发展了孔、曾的孝的思想和理论。孔子、曾子、孟子等作为先秦儒家代表人物，孝的思想和理论可谓原典儒家孝道。《礼记·礼运》说：“父慈、子孝、兄良、弟悌、夫义、妇听、

① 顾希佳．礼仪与中国文化．北京：人民出版社，2001：14.
② 李里．论语讲义．桂林：广西师范大学出版社，2007：16.

长惠、幼顺、君仁、臣忠，十者谓之人义。"《大学·释止于至善》说："为人子，止于孝；为人父，止于慈；与国人交，止于信。"《左传》多次提到"父慈子孝、兄爱弟敬（或兄友弟恭）"。"仁"是孔子学说的核心范畴，是最高的德性，体现人生的最高价值，但"仁"又是建立在"孝"的基础上。"仁者，人也，亲亲为大。"①

亲情是一切感情的基础，试想一个对自己的父母、兄弟姐妹都没有感情的人，很难想象他对朋友、邻里会有什么感情可言，更不要谈祖国之爱、民族大义了。当一个人对父母、兄弟姐妹有了仁爱之情后，他就会尊敬父母，尊重兄弟姐妹，也会与他们和谐相处。正如孟子所讲，"老吾老，以及人之老，幼吾幼，以及人之幼"。这样，我们与师长、朋友之间的感情也会自然生成，并日益深厚。有了对父母、亲人、朋友的爱，自然对家、家乡产生感情，那么对集体的爱、祖国的爱也会水到渠成。

4. 感恩教育

感恩教育就是运用一定的教育方法与手段，引导学生逐渐养成感恩之心，并通过一定的教育，使"感恩"成为受教育者不自觉的思维意识和行为习惯，并作为个人个性品质的组成成分之一而持久存在，使学生对亲人、他人、社会、自然常怀感激之心和致谢之情，使受教育者不仅能识恩、知恩、感恩，而且能报恩和施恩的人文教育。它是一种以情动情的情感教育，是一种以德报德的道德教育，更是一种以人性唤起人性的人性教育。感恩教育的关键是唤起学生感恩这一基本道德情感，让他们理解父母、教师、朋友的给予和关爱，只有理解才懂得感激、感恩，并将感恩提升到更高的境界，感恩社会，感恩祖国，感恩大自然。

"感恩"在我国可谓是源远流长，国人向来推崇"投之以桃，报之以李"和"滴水之恩，当涌泉相报"之理；唾弃"忘恩负义""恩将仇报"之行为。在我们的传统文化里记载了数不尽的感恩故事，诸如"望云思亲""上书救父""彩衣养亲""哭竹生笋""打虎救父""笼负母归""鹿乳奉亲""羊羔跪乳""乌鸦反哺""一饭千金""士为知己者死""伯牙摔琴绝弦"；以及表现感恩的诗歌，如"谁言寸草心，报得三春晖""落其实者思其树，饮其流者怀其源""吃水不忘挖井人""一粥一饭当思来之不易，半丝半缕恒念物力维艰"等。这些感恩故事、诗歌和成语诠释了

① 刘琦，韩维志，程艳杰．四书详解．长春：吉林文史出版社，2004：466.

自古以来国民的感恩情怀，也是我们进行感恩教育的源泉。

中华民族是最懂得感恩的民族，心存感激、知恩图报是中华民族的传统美德，它不仅是一种情感，更是一种处世哲学、人生境界。然而，当下感恩意识的缺失已是普遍现象，家庭对子女娇惯、溺爱，而学校又片面追求学业成绩，忽视感恩教育。这样的溺爱与教育，导致学生以自我为中心，不关心他人，不懂感激，不懂感谢，不愿感动，缺少感恩之心。通过感恩教育，引导学生逐步形成良好的个性和健全的人格，让他们感念父母之恩、祖国之恩、自然之恩、社会之恩，把感恩之情化为强烈的责任感，用我们"刚健有为、自强不息"的永无止境的奋斗精神激励学生树立远大目标，明确高远志向，并切实付诸实际行动，使他们成为关心他人、服务社会、忠于祖国的道德高尚的有用之才。

5. 和谐教育

和谐教育是从满足社会发展需要和学生身心发展需要的统一现实出发，调控教育中诸教育要素的关系，使教育的节奏符合学生发展的节律，进而使"教"与"学"产生谐振效应，促进学生基本素质获得全面、和谐、充分发展的教育。[①]我国和谐思想源远流长。《国语·郑语》里有"和实生物，同则不继"。《尚书》说："克明俊德，以亲九族；九族既睦，平章百姓；百姓昭明，协和万邦，黎民于变时雍。"《中庸》也讲："喜怒哀乐之未发，谓之中；发而皆中节，谓之和；中也者，天下之大本也；和也者，天下之达道也；致中和，天地位焉，万物育焉。"以上思想及《周易》的"阴阳五行"和《道德经》的"天人合一"等表达的都是和谐思想。

2500多年前，孔子提出"礼之用，和为贵"的和谐教育主张，集中体现在他的"六艺"教育实践中，他提倡通过礼、乐、射、御、书、数的教学来完成和谐人格的培养。[②]荀子主张用知识、才智、品质来全面、完美地培养"成人"。[③]明代王守仁认为和谐教育思想乃是"先王立教之微意"，是我国自古以来兴教育之根本目的。近代王国维强调，教育之根本目的就是要培养身心两方面均获得和谐发展的"完全人物"。康有为则

① 邢真．和谐教育．上海教育科研，1999（8）：18.

② 王炳照，阎国华，田正平等．中国教育思想通史（第1卷、第6卷）．长沙：湖南教育出版社，1994：141，279.

③ 单中惠．西方教育思想史．太原：山西人民出版社，1995：22.

第一次明确提出了学生要在德、智、体几方面协调发展的教育思想。①

“和谐教育”作为一种教育理想，应该成为教育的一贯追求。我们在进行中小学优秀传统文化教育的过程中应以我国和谐思想为理论依据，整合学校系统中诸要素和各层次的关系，优化中小学生发展的各种条件，打造学校独特的精神生活和整体教育环境（学生在学校学习面对两个直接环境：一是学校的物化环境；二是学校的人文环境，包括师生关系、学生之间的关系对人的发展的影响、学校教育工作者的能动性）。学校同时与家庭、社会建立和谐的教育关系，最终建造学生个体生命和谐发展的理想乐园，建立和谐的师生关系，进而造就学生和谐的人格。

6. 生命教育

近年来，越来越多的学者认为教育应当尊重生命、关爱生命。关注生命，已经成为当前国内外教育理论探索和教育实践改革的一种重要趋势。目前，我们对生命教育的理解，已经跳出工具层面，深入到生命本体的层面，致力于生命全面、统一、整体的发展。生命教育已走向全人教育②。生命教育试图通过个体身心或知情意行的平衡发展，达成与他人、自然、宇宙建立一种相互尊重和负责任的和谐关系。台湾学者比较恰切地确定了生命教育的三大目标：①正面积极的人生观——肯定、欣赏、尊重、关怀与服务生命；②安身立命的价值观——良知、真善美、道德价值、终极信仰的建立；③调和个体的知情意行——人格统整、情绪管理、自我实现与超越。③

考察中华传统文化和学术，可以发现一个基本特点，那就是对人的生命的终极关怀。另外，中华传统文人很看重个体的生存品味与品质，很重视人文的熏陶和修养。孔子讲：“志于道，据于德，依于仁，游于艺。”（《论语·述而》）孔子又说：“兴于《诗》，立于礼，成于乐。”（《论语·泰伯》）优游、涵养、陶冶于礼乐教化之中，通过《诗》教、《书》教、礼教、乐教来培养社会精英，提升民间品位，是传统知识分子的重要任务。孔子有“知其不可而为之”的品格，有“文王既没，文不在兹乎”的担当意识，以“天命在我”“天生德于予”的自觉，一身系斯文传

① 王炳照，阎国华，田正平等．中国教育思想通史（第1卷、第6卷）．长沙：湖南教育出版社，1994：279-292.

② 冯建军．生命教育与生命统整．教育理论与实践，2009（8）：8-11.

③ 吴庶深，黄丽花．生命教育概论：实用的教学方案．台北：学富文化事业有限公司，2001：20.

续的使命，同时，也有“吾与点也”之叹。其实子路、冉求、公西华三人从事军政外交的志向，孔子并非不认同，相反，他总是鼓励弟子有外王事功之实践与建树，但是在当时的语境中，孔子独独默许曾点的优游涵咏：“暮春者，春服既成，冠者五六人，童子六七人，浴乎沂，风乎舞雩，咏而归。”（《论语·先进》）没有这种生活意境的人是读不懂“吾与点也”章的。曾点在这场对话中表现了胸次悠然，直与天地万物上下同流的意境，其志趣的特出、独到，使夫子叹息而深许之。可见个体生存的意义世界，与人之身心的涵养有很大关系。人有别于禽兽，自不待言。不唯如此，人不仅仅是语言、逻辑的动物，不仅仅是社会政治的动物，尤其是具有宗教性、道德性和美感的动物，这就需要涵养。要养气、养心、养性、养情、养才。靠什么养？古代是靠人文的“六艺”之学，靠“四书”“五经”。

7. 文化常识教育

中华文化源远流长，内容丰富而独特，渗透在日常生活的每一个领域。文物、建筑、饮食、服饰、绘画、文学、舞蹈、书法、医疗养生等都是文化不可缺少的部分。给学生们讲中华传统文化，如果只限于观念文化（哲学理论），而没有具体的文化成果（就是上面提到的建筑、饮食、服饰等的介绍和解剖），那既不能全面地介绍中华传统文化，也不能唤起学生们的兴趣。无论在哪个时代，文化知识的积累都是必要的。所谓“操千曲而后晓声，观千剑而后识器”。广泛诵读中华传统经典，不但能积累广博的人文知识，还能开阔视野，从而内化为自身的信息储备。这里，笔者列举三种具有代表性的文化知识。

山水文化代表着人与自然的关系，古人喜欢登山临水，就在于高山的雄伟气势能激发人的远大志向，而水流之处，又能引出内心的种种情感。因此“平明登日观，举手开云关。精神四飞扬，如出天地间”（李白《游泰山》组诗六首），“祝融万丈拔地起，欲见不见轻烟里”（韩愈《祝融峰》），“君不见黄河之水天上来，奔流到海不复回”（李白《将进酒》），“星垂平野阔，月涌大江流”（杜甫《旅夜书怀》）……就是古人借诗句抒情于山水，言志于山水。

动植物文化代表人与社会的关系，常常带有深刻寓意，是古人对生活的寄托，对未来的期盼。喜鹊是兆喜的吉祥鸟；比目鱼代表夫妻相守相伴，永不分离；柳枝寓意对友人的不舍和留恋；而兰花、兰草则常被借作赞美之意。当读到这类经典作品时，学生们也可了解到其中所传达的文化意义。

传统节日文化代表着人与人的关系，与我们现在的生活依然息息相关。中国的各种传统节日都有独具特色的来源和丰富的内涵，春节是新一年的开始，进行各种活动是为了期望来年顺顺利利，有个好兆头。正月十五元宵节，因为是新年的第一个月圆夜，因此历代有观灯、猜灯谜、祭门户、迎蚕神的风俗习惯。清明节不光是一个节日，也是二十四节气之一，时值初春，万物开始繁盛，这一天人们要插柳、踏青、荡秋千、蹴鞠、放风筝。端午节又称端阳、端节，赛龙舟、驱鬼、包粽子是最具中国特色的传统习俗。中秋节因赏月、拜月、吃月饼象征着团圆、完满。

8. 国艺教育

对于国学教育的内容，一些学者强调读“四书”“五经”，诵经、读经，另外一些学者则强调国文教育，诵读唐诗、宋词和古文，还有的偏重讲中国历史。可以说目前的国学教育大致不出文、史、哲三科，基本上是在文字上面打转，比较单调和枯燥，不容易让人们产生更加直观、感性的体悟。从现代教育理论来看，儿童早期的教育应注重感性之启发与发展，故而音乐、美术等艺术性、感官性的教育形式比较符合孩子的需要。

事实上，琴棋书画（古琴、围棋、书法、国画）被誉为中国古代四大艺术，它们本身就是国学的重要组成部分，也是古代文人墨客（包括一些名门闺秀）修身所必须掌握的技能。古琴是中国最古老的弹拨乐器之一，其在孔子时期就已盛行，至今有3000年以上的历史。古琴曲大多有很深的历史渊源，并融入了诸多国学与哲学思想，通过欣赏或弹奏乐曲，儿童能更深层次地受到中国文化的熏陶。围棋大约起源于公元前6世纪，最早的可靠记载见于春秋时期的《左传》，战国时期的弈秋是见于史籍的第一位棋手。下围棋称“对弈”，棋子分黑白两色，规则简单而变化无穷，鲜明地体现出中国文化思想精髓。书法是中国的国粹，是具有中国特色的艺术门类，与中国文化有着紧密关系。中国书法汇聚多种文化信息，是中国文化的符号。正如蒋彝所说：“在中国，书法是最普及的艺术。它是民族性的爱好，一种每个中国人从童年时就培养起来的、共同的审美天性。"[①]作为艺术审美对象的书法，能够给人以愉悦；而作为文化的书法，我们可以通过它来反观中国文化，感受中国文化。因此，学校可以挖掘中国书法的独特艺术魅力和文化意蕴，促使中小学生了解中国文化，在他们心中播下民族文化的种子。中国画即国画，主要是用毛笔、软笔或手指，用国画颜色和墨在帛或宣纸上作画的一种中国传统的绘画形式，体现着华夏文明的民族精神，是我国一大历史瑰宝。国画讲究意境与内涵，讲究表现真、善、美，一方面能够承载传统文化精神；另一方面可以培养儿童气质。

另外，还有如二胡、琵琶、葫芦丝、古筝、唢呐等民族乐器，相声、戏曲、杂技、变脸、剪纸等传统民间曲艺，这些富于民族特色的艺术内容，都可作为国学课程资源加以开发利用。也可开设国艺欣赏课程，让孩子接触并认识我国艺术的魅力；开展第二课堂、设置兴趣小组，让孩子在掌握某种艺术技能的同时，在艺术的熏陶中修养身心、开发智力、发展思维。

① 季伏昆. 中国书论辑要. 南京：江苏美术出版社，2000：34.

第五章　青少年国学教育的教材建设

要使国学教育课程内容对学生发展产生积极效应，就必须有好的内容组织，这就像只有用线把一粒粒珍珠串起来才成为晶莹璀璨的项链。作为课程内容教材化的产品，教材是“应该教什么”的形象代言人。[①] 教材在教育教学中发挥着极其重要的作用：教材是构成教学内容规定性的制约因素之一，是生成和扩展教学内容的重要基础。在学校国学教育中，教材的作用从某种意义上是不可替代的，因为它为不系统的国学教育提供了一个相对系统的教学依据，对教师的“教”和学生的“学”提供强有力的指导。从具体操作层面看，一是教师可以根据需要对教材进行取舍，重新安排。二是教师可以更为科学合理地规划学习教材的顺序，使教材的使用有更加鲜明的层次性和实用性。三是教师可以以教材为跳板，把教科书以外的材料引入教学。这就要求教育工作者，根据学校的实际情况编写教材，使学校国学教育更有计划、有组织，更有系统性。为此，国学教育的教材建设是国学教育课程建设的应有之义。

第一节　国学教材建设现状

随着中小学国学教育的推行，国学教育进学校、进课堂已成为大势所趋，不少中小学校把开设国学课视为实施国学教育的主要途径。前面我们已经分析过，在现有的学校教育体制下，单一学科的课程组织模式不失为学校实施国学教育的一条有效途径。但最关键的问题是国学课教什么，拿什么来教。俗话说，“巧妇难为无米之炊”，开了这门课就必然

---

① 林富明．“用教材教”的基础是“教教材”——谈语文教学内容的规定性．语文建设，2007（11）：26.

需要教材。但由于教材的编写模式、课时的安排、教学目标的设定、教学效果的检验等问题还没有定论，所以目前并没有全国统一的国学教材。根据前面的调查和访谈结果，目前使用了国学教材的学校，教材的来源主要有三种：首先是地方行政部门指定的统一教材，如山东省的地方课程教材《传统文化》，共 8 册，供全省中小学校 1 ~ 8 年级选用；其次是校本教材，一些学校根据自身的教学需求、师资水平和地方文化特色编写校本教材，如安徽省涡阳县根据其老子故里的地方文化，将《道德经》作为校本教材安排到教学中；最后，一些优秀的国学读物被用作教材使用，如浙江少年儿童出版社的“国学启蒙教程”系列中的《弟子规》《三字经》被北京、广西、浙江、重庆等省（自治区、直辖市）的一些小学采用。

总体来看，目前学校使用的国学教材质量参差不齐，大部分国学教材与国学辅助读物并没有太大区别，只是国学教材中一般有课时安排，相较一般读物，有的教材还会增加一些课后练习等内容辅助学生学习和掌握。国学教材在内容及编排上存在随意性，缺乏严谨性，甚至有的根本没有考虑到学生年龄和理解能力的差异。这种零散化、随意化的国学教育，难以收到理想的效果。要想加强学校国学教育，增进中小学的国学教育课程意识，满足国学教师的教学需求，开发国学教育教材，是当下重要且急迫的事情。

全国政协委员何伟在全国政治协商会议上提交了一份关于在中小学统一国学教材的提案，提案指出：“目前的国学教育还存在很大的问题，最大的问题就是教材不统一。采用的教材五花八门，而且不一定适合学生使用。”[①] 因此教育主管部门应本着弘扬民族优秀文化、提高青少年文化素质和思想道德素质的目的，通过试点的形式，编制统一的国学教材，在实践中使国学教育课本系统化、通俗化、基础化，然后再根据实际情况，全面推广国学课程。

这正如现在很多人提议应该把传统文化经典教育正式纳入国民教育体系一样，增减一门课程是比较复杂的过程，课程建设的各个方面都需要教育管理部门的认可和一系列工作。因此，目前学校开设的国学课要正式纳入国民教育体系，由国家统一制定标准，规范要求，统一教材，

① 何伟 . 关于在中小学统一国学教材的提案［EB/OL］.http：//lnsjb.lnd.com.cn/htm/2011-03/04/content_1742296.htm. 2011-03-04.

列入学校课程表，统一考试，一时还是难以实现。

虽然如此，国学教材的建设工作并不是可为不可为之事。事实上，“国学”已成为区本教材、校本教材的重要选题，在各地中小学或直接选用或自行编写的校本国学教材正在打开一个新的市场空间。而且，随着《教育部、国家语言文字工作委员会关于在学校开展“中华诵·经典诵读行动”试点工作的通知》的发布，国学读物在学校教育上正朝着课时化、制度化的方向发展，在社会教育上朝着专业化、系统化的方向发展，教材也随之发生巨大变化，不再是简单地选编、注译、配光盘，而是从诵读到吟唱，从读到写，从接收经典知识到讲解经典内涵都在发生变化，编排形式也不再是整本经典外加注音和译文，而是精心设计板块，补充相应内容，或配以精美插图，或穿插美文故事，接通中西，融贯古今，启迪思维，学以致用。统观学校正在使用的各大出版社出版发行的国学教育教材，无论是教材内容还是呈现形式都较以往有了很大改观。

第二节　现有国学教材类型

国学内涵的丰富性决定了国学教育价值的多元性，教材编写者的价值取向会在内容选择及编排形式上流露出来。因此，本书对国学教材类型的划分主要依据教材中所体现的价值取向的不同而进行的简单划分，并非严格意义上的分类。

一、经典诵读型

诵读是中小学阶段学习国学的重要方法。在诵读中，民族精神的血脉代代流淌，民族文化的精髓代代传承。诵读，可以全面提高学生的语文素养，为他们未来的发展打好基础。诵读不但可以培养学生的理解力、记忆力和想象力，而且可以在学生的心中不断反刍、发酵，潜移默化地开发他们的智慧，促成健全人格的养成。

根据这样的理念，有些国学教材侧重经典诵读的价值，为了方便教师指导诵读，通常的做法是把最有代表性的经、史、子、集等国学经典，还有《三字经》《弟子规》《百家姓》等古代蒙学精品，或整篇编印，或分节处理，把字体放大、注上拼音，加上必要的注释、译文，还有的插进相关故事，并配以彩图，以便少年儿童诵读和理解。

这类教材大多以全文注音呈现为主，编排形式较单一，但也不乏新颖独特的设计。

以《“中华诵·经典诵读行动”通读教材建设系列》为例，这套丛书由华中师范大学北京研究院张新彦研究员主持编纂。课程采用音、画、文三位一体的形态，文字精美，手绘图栩栩如生，以图解文，图文并茂，辅之以朗诵艺术家的配乐诵读，生动形象。

在教材内容的设计上，分为古典诗词和国学经典诵读两部分，两者是感性与理性的有效融合。古典诗词是中国古代文学高度发达的结晶，语言优美生动，而国学经典中包括很多蒙学经典，是古代学生刚入学时接触的启蒙读物，蕴含深刻的思想。

在教材内容编排的顺序上，注意依据不同年级学生的理解能力，遵循由浅入深的教育方法，每个年级的学习重点不同。如小学四年级，重点学习五言、七言律诗，初中一年级则开始接触宋词。

在教材内容的呈现形式上，古典诗词以专题的形式出现，如四年级上册第一单元，是以“秋词”为专题，集纳《秋思》《秋词》《秋日》三首描写秋天的古诗。国学经典诵读部分则每单元选取一篇蒙学经典，如《三字经》《增广贤文》等，与一般的国学经典诵读类读物相比，体现出了一定的课程意识。

二、行为规范型

教育家朱熹提出，人在15岁以前，主要应就其日常生活接触到的“知之浅而行之小者”和“眼前事”进行教育训导。所教之事，“如事君、事父、事兄、处友等，只教他依此规矩去做”（“四书”）。在我国传统家训和蒙学读物中更是对那些未“冠”子弟、学童的行为习惯规定得具体详尽，具有极强的可操作性。如《弟子规》在学童刚开蒙识字时，就以生活起居、侍奉长辈、言谈举止、待人接物这些最基本的道德行为准则要求他们，从养成人人皆知、人人可行的日常习惯做起，逐渐凝成品质，收到积土成山、积善成德之效。如“长者立、幼勿坐。长者坐、命乃坐”看起来好像有些刻板，但的确是文明社会最基本的行为准则。还有像“尊长前，声要低。问起对，视勿移”等，这些《弟子规》中的规矩，仍然是现在求职面试、礼仪培训中的重要内容。目前，很多学校尤其是小学，非常重视以国学为载体对学生进行日常生活行为规范训练，从小培养学生良好的行为规范。

《〈弟子规〉新解》[①]作为具有代表性的行为规范类国学教材，是北京市第一本国学地方教材，已通过北京市中小学地方教材审定委员会审查，经由东城区 19 所小学试点，在全市小学推广。

这套教材主要供小学三年级学生使用，课程在一年之内学完，共 8 课、18 节。其中，第一课“总叙”和第七课“亲仁”各一节。每课每节的题目都用原文表示，如第二课“入则孝”中第一节的题目是“父母呼应勿缓”。

教材并未对原文内容进行删节，而是在其中渗入了现代价值观念、审美情趣、思维方式和行为规范，用编者的话说：“希望学生在理解的前提下学习，并养成良好的道德习惯、道德规范。”

除原文、译文外，《〈弟子规〉新解》中增加了明理、链接、导行和活动平台四个板块的新内容。例如“亲有疾，药先尝”一节中，除直接解释原文含义外，还教学生如何从现代人的角度去理解。文中这样写道：“从子女有了生命那天起，父母就对子女百般呵护，衣、食、住、行都照顾得无微不至。当父母有病时，子女亲切问候，细心照顾，这就是对父母养育之恩的回报”，而不是强调“给父母喂药前要自己先尝冷热”。在链接板块，用毛主席参加张思德追悼会的故事提示学生学会用适当方式怀念已故的、对社会有贡献的人。在导行和活动平台两个板块中，以原文为基础，引导学生将领会的内容延伸并运用到实际生活中，如“妈妈病了，我能为她做点什么”等。

三、美德熏陶型

国学教育的意义，不仅是让《论语》《大学》《中庸》等国学经典著作重新为人们所熟悉，更大的意义在于重拾国学内在的瑰丽。教化人们在面对物质诱惑时，能从国学中汲取那份坦然与淡定，更多地追求精神上的满足和个人人生价值的实现；使人们在面对市场条件下功利主义驱使时，能表现得更平静与淡泊，能树立高尚的功名观念。历史已经证明，

① 《〈弟子规〉新解》编委会 .《〈弟子规〉新解》. 北京：北京出版社，2009.

国学中是蕴涵这种教化的力量的，特别是儒家思想，它对于人们道德的教化、社会的调节具有独到的效用，儒学将“仁爱”作为高尚的道德诉求，从自我的道德修炼到参与社会、国家事务的道德义务，从独善其身到兼善天下，更多地促使人们追求内在的道德境界。中小学生正处于思想道德与价值观念成形的关键时期，可塑性很强，此时强调国学教育，可以通过对古代中国文化精髓的认识启发心智，在潜移默化中塑造人格，教会学生如何做人，如何安身立命。

依据这样的国学教育理念编排国学教材，主要做法就是以中华传统美德或义理为主线，提炼国学精髓，将国学经典作品主要是儒家经典按一定的结构框架加以精心编排，让学生通过学习，受到中华传统美德的熏陶，从而提高文化素养，培育人文精神。

如济南大明湖路小学开发的启蒙教育实验读本——《国学（1～6年级）》，主要以儒学为核心内容。编写者以“四书”“五经”的经典章句构建起了教材的核心内容，以课文部分（必读内容）和阅读部分（选读内容）构造教材的主体框架。课文部分是必读内容，分为仁、礼、德、信、伦五个单元，这一框架结构参考了章人英教授所著的《论语五连环》一书。仁、礼是行为规范的基本要素，仁是行为规范的核心，礼是行为规范的外壳，以人为本，以礼为用；德、信、伦都与行为规范紧密相扣，德是自我修养的规范，信是社会交往的规范，伦是家庭伦常的规范。这一部分内容以“四五”“五经”为主，选编了《论语》《孟子》《礼记》《左传》《中庸》《诗经》《周易》《荀子》《后汉书》《山海经》《淮南子》《世说新语》《西京杂记》的部分内容及名篇佳作。

阅读部分是选读内容，学生可以根据自身的需要和兴趣有选择地阅读。这些浅显的古文可以使学生逐步扩大阅读量、提高阅读古文的能力，对古文有兴趣，具备一定能力的孩子可以在课外自选书目阅读。这一部分内容趣味性、思想性并重，以短小精悍、浅显易懂、富于哲理、意味深长的民间故事、寓言、神话传说、成语故事为主，选自《列子》《墨子》《孟子》《吕氏春秋》《战国策》《韩非子》《晏子春秋》《东坡志林》《俞楼杂纂》《归田录》《绎史》《太平御览》《太平广记》。

由仁、礼、德、信、伦五个单元组成的课文部分，既是学生初识儒家文化的简明读本，也是学生感受儒家先贤思想、道德、行为、规范的经典教材。而思想性与趣味性交相辉映的阅读部分，可以使学生情趣盎然的同时拥有“腹有诗书气自华”的气质。如此的教学内容与课程安排，能够让学生在人生的奠基阶段，初步内化儒家文化的宏旨要义。而对中国优秀传统文化的内在传承，又可以使学生在“润物细无声”中外化为良好道德、丰富学识和文明行为。

由中华书局出版的一套《中华诵·经典义理教程》①，首次探索以主题教育的形式将中华义理之学纳入教育。编者参照《全日制义务教育语文课程标准（2011 年版）》精选近千句国学经典文献义理名句，汇聚五百则古今中外的故事及寓言，伴以当今社会案例分析，辅以课前故事预习、课后反省心得、课外集体活动，分别以仁、义、礼、智、信、忠、孝、廉、毅、和十大义理为主题，成书十册，供中小学和各级各类学校开展国学经典教育使用。书中以现代的视角对传统十大义理做了阐释。

《仁》培养爱心、良知、道德观念，使学生养成心性良善、自尊自爱、爱亲人、爱民众、爱天地万物的品性。

《义》培养正义感、法治精神和公民素质，使学生养成公平正直、见义勇为、以义制欲、以义制利的品格。

《礼》培养学生践行道德行为规范与文明行为规范的习惯，使学生养成谦虚谨慎、遵纪守礼、尊老爱幼、仪容端庄的品格。

《智》培养学生的求实精神、实践精神与创新精神，使学生养成尊师重道、善于学习、仁智统一、知行合一的品格。

《信》培养学生的真诚心、诚信观、慎独观，使学生养成待人真诚、做事认真、诚实守信、言行一致的品格。

《忠》培养学生的忠诚精神、奉献精神、爱国精神、敬业精神，使学生养成忠于祖国、忠于正道、敬业奉献的品格。

《孝》培养学生正确的孝道观，使学生养成孝敬父母、遵循正道、自尊自爱、真诚孝亲、为亲解忧、忠孝一体的品格。

《廉》培养学生正确的消费观和良好的生活习惯，使学生养成节制欲望、朴素节俭、廉洁奉公、知耻改过的品格。

《毅》培养学生自主、独立、奋斗、探索的精神，使学生养成自尊自信、勤劳勇敢、自强不息、艰苦奋斗的品格。

《和》培养学生和谐、包容、适中、合作的精神，使学生养成心性平和、团结友爱、兼容并包、和谐相处的品格。

① 陈杰思，毛勇．中华诵·经典义理教程．北京：中华书局，2012.

四、文化普及型

中华民族具有悠久的历史和灿烂的文化。全球化时代，中华文化的传承已成为全世界共同关心的课题。但目前我们对中华文化的研究还主要停留在学术层面，对广大青少年的文化普及仍有很多拓展空间。此时，国学便可体现其功用。因为国学是中华民族传统文化的载体，国学教育应当成为青少年文化普及的重要途径之一。

拿古代蒙学内容来说，结合识文认字，多层次、多角度地向儿童传授社会文化知识，包括礼仪典章、道德规范、民俗风情、历史沿革、人物故事、生活常识等各个方面。因此我们对中小学生进行国学教育，不能一味强调背诵经典，还应多注意结合国学经典内容，拓展文化知识内容，让学生掌握一定的基本文化知识。把古人生活的多个层次和多个侧面展示出来，让学生感悟中华民族多元的文化传统，使他们增进对优秀中华文化的认识、认同，加强民族归属感和自豪感。

如北京大学出版社出版的《中华文化承传》①，参照《全日制义务教育语文课程标准》（实验稿）相关文献，从博大精深的中华文化中选取适合中小学生心智发展水平的相关内容。

全套教材共分 3 册，每册 8 个单元，每单元 8 ～ 10 篇文章，24 个单元共 222 篇文章。每篇文章经过精心编排，内容深入浅出，知识与趣味并重。此教材带领学生透过神话故事、民间传说、社会习俗、传统节日、河山风貌、名胜古迹、礼仪情操、工艺服饰、饮食文化、康乐文娱、文学作家、名篇佳作、伦理道德、经济贸易、交通传讯、科学技术、艺术欣赏、人文教化、语言文字、修辞语类、治乱兴衰、历史人物、学术思想、宗教人生等 24 个单元，全面而系统地认识中华文化。更难得的是，这些篇章除了传授文化知识外，还以探究性的问题启发学生进行文化反思。诗词韵文、警语名句贯穿全书，运用“知识小品文”这类体裁，透过轻松活泼的叙述笔调介绍文化知识，图文并茂，知行结合，接近学生生活，在生活中体现优秀的中华文化。

五、语言积累型

目前我国的小学语文教材中文言文比重较少，除了有限的几首古诗

① 施仲谋 . 中华文化承传（上册）. 北京：北京大学出版社，2006.

与文言教学有关，其他多属白话文教学内容。小学期间学生没有接受足够的文言启蒙教育，且没有形成初步的文言语感，导致多数学生升入中学后学习文言文时，普遍认为内容晦涩难懂。

国学教育的内容多为文言文，以其作为中小学国学教育的教材，是值得开发利用来弥补小学语文在文言启蒙教学方面的不足的。国学教育多采用诵读形式，学生可以通过诵读披文入情，表情达意，读出感情之美，进而理解作者的思想美，感受文本的语言美。这种阅读训练对学生阅读能力的培养完全是潜移默化的。因此，将国学教育内容加以开发利用，不但可以使学生丰富自己的个人情感，更快地提高语感素质，而且也可通过诵读培养学生的语感，使文本内容入于眼、出于口、闻于耳、记于心，并通过对文中涉及的语音、文字、词语等细细品味与琢磨，弥补中小学在文言文启蒙教育方面的不足。

2010 年浙江大学出版社出版的“小学生古文入门”系列丛书，共 7 册，分为《读课文学古文》《读神话学古文》《读寓言学古文》《读典故学古文》《读对联学古文（4 ～ 6 年级）》。所选的课文、神话、寓言、典故多出自《史记》《汉书》《左传》《后汉书》《吕氏春秋》《战国策》《淮南子》《列子》《庄子》《山海经》等国学经典作品，均为文言文，但短小且通俗易懂。如《读寓言学古文》，共选取 21 篇，分别是：毛遂自荐、四面楚歌、按图索骥、七步成诗、江郎才尽、凿壁偷光、高山流水、胸有成竹、指鹿为马、投笔从戎、暗度陈仓、多多益善、千金买骨、兵不厌诈、入木三分、约法三章、一字千金、一鼓作气、纸上谈兵、闻鸡起舞、退避三舍。

每册教材设“古文试读”“词义检索”“古事今说”“阅读导航”“能力操练”等栏目，其中《读课文学古文》，因为所选课文均出自小学语文课本，所以增加了“课文回顾”栏目，古今对照，设置梯度，降低难度，也能激发孩子学习古文的兴趣。

这些栏目的设置借鉴现行语文教材的设计，围绕提高孩子的语文能力特别是古文阅读能力来设计编排。“阅读导航”包括文章出处、作者介绍或文中主要人物介绍，还有相关背景和知识介绍，帮助学生理解选文内容。“能力操练”一栏有古文字、词、句的理解，也有联系学生实际理解选文内容的思考探究。

六、原典组元型

除上述类型的国学教材外，还有一类比较注重选文的原典性，原典就是经典中的经典。其主张国学教材要选取公认的国学经典作品，尽量全文展现，还原国学经典原貌。不过这类教材与市场上多数“原文加译文”那种单一编排的大众国学读物不同，不仅增加了其他板块，而且针对经典原文本身，按不同的主题分成相应单元，根据教与学的实际需要加以精心编排。

目前，这类编撰比较完善的国学教材为数不多，其中以育灵童小学国学经典教材[①]为集大成之作，突出体现了“原典组元”的编排特色。

这套教材之所以被命名为“国学经典教材”，主要表现在它选文的经典性。全套教材 12 册，出自蒙学经典、四书、经、史、子、集各部，具体为《弟子规》《三字经》《千字文》《笠翁对韵》《论语》《大学》《中庸》《孟子》《老子》《庄子》《史记》《资治通鉴》及历代散文选。教材根据少年儿童的认知规律、年龄特征和心理特点，循序渐进地将国学经典教育分为三个学段：蒙学阶段（小学一、二年级），四书阶段（小学三、四年级），经、史、子、集阶段（小学五、六年级）。教材的文字主要根据《十三经注疏》《四部丛刊》《全唐诗》等权威版本精校而成，同时吸收了学术界已有定论的部分校勘成果，体现出尊重经典原貌的特征。

这套教材的“组元”特色表现在，全套教材以传统的儒家和道家典籍为骨干，涵盖经、史、子、集和蒙学读物，形成一个大文化系统。一册教材围绕一部经典展开，每一课的模块都是围绕经典原文设计，形成一个小文化系统。如五年级上册的《老子》，全册教材在把握《老子》思想精髓的基础上，根据学生的年龄特征，按主题分为道与自然，道与规律，道与天下，道与人生四个单元，再按主题选择《老子》的部分篇目组成一课，四课组成一个单元。各个单元相互独立，又连成整体。

每一课当中，根据经典原文内容设置了多个模块，如神奇汉字、日积月累、诗歌赏读、思考与练习等，这几大模块彼此关联，彼此印证，融会贯通，形成了一个有机的课文主体。

---

① 育灵童国学研究院 . 国学 . 北京：北京师范大学出版社，2010.

第三节 国学教育教材建设的原则

本书探讨的国学教育的教材建设，不同于一般意义上国学读物的编撰，既然进入了学校教育领域，它的编制就不可任意为之，需要有所依据。

首先，我们应该对学校国学教育的目的有明确定位：让学生诵读经典，熟记名句，学习掌握必要的传统文化和技艺，提高中文修养和审美能力，明确中国传统的道德精神，在辩证学习、批判继承的基础上将传统文化和精神烙印在心灵深处，熔铸于日常行为之中。也就是说要将国学教育放在更高的地位，它是通识教育，是博雅教育，是人文教育，是青少年素质教育的重要组成部分。

此外，我们还应明确国学课程的定位，这个问题关系到其在教学中的重要性与普及面。根据国学的内涵与特性，以及青少年国学教育的目的和意义，学校专门开设的国学课程应该定位为建立学生大文化视野的通识课程，它应该是一门跨学科的综合课程，而不是语文课程的补充，也不是思想品德教育的辅助教材。

基于以上两点认识，我们认为国学教育教材也应该有合理定位：不仅是让学生认识文化典籍，而且是要使其内容内化为学生的文化基因。既然称之为“教材”，就应该为教学的实际需要服务，既要满足学生学习的需要，也要适合教师教学的需要，即国学教材要“教学化”。所谓“教学化”，就是“包括人们重申的心理化，也包括贴近教学实际的要求、形成具体而有效的教学设计。教材内容和编排的理想境界，是形成可供选择的教学设计”①。

据此，我们认为国学教育的教材建设应遵循以下几条原则。

一、传统性与现代性相结合的原则

教育内容的甄选是当今中小学开展国学教育涉及的重要问题。如何在具有浓重历史传统色彩、浩如烟海的传统学术文化典籍中甄选出既契合当今时代发展趋势，又能满足中小学生实际发展需要的教育内容，殊非易事。这也是造成围绕此问题产生众多争议的根本原因。

① 王荣生．语文科课程论基础．上海：上海教育出版社，2003：299.

考量目前学校选编国学教材，其主导思想主要是立足经典，立足于根源性的文化智慧，让学生从更深层次对中华传统文化的丰富性有所体认，但在传统文化现实性的转化方面做得还不够。传统文化要继承，但学生要用现代化的表达方式传达思想。

在这方面，我们不妨借鉴一些成功经验。例如，2008 年，在我国台湾地区已使用了 40 年之久，并随教学过程屡加修改完善的一套国学教育教材——《国学基本教材》在大陆出版。厦门松柏中学率先使用了这套教材，并取得了良好的教育效果。“这套《国学基本教材》，内容为“四书”的现代阐释……这套教材的可贵之处，是注重与现代社会生活经验的结合，每一篇原典后的‘析论’部分都十分注意培养学生生活经验与伦理意识。从每单元后面的‘问题与讨论’我们就可看出，比如在《论语》‘言行’篇后，讨论问题是‘现代社会讲究自我推销’，这和孔子要求的‘讷言敏行’是否矛盾？而在《孟子》‘存理克欲’篇后，问题是‘孟子主张养心寡欲，但发展经济必须刺激消费，如何在寡欲和消费之间取得平衡呢？’这些问题都会促使学生在反省现代社会时获得生活的智慧。”[①]

可见，这套国学教材在如何促成中华传统学术文化精华的“古为今用”与“古今会通”，即找寻传统性与现代性相结合方面下了很大功夫，既延续了中国传统学术文化的“旧生命”，又在时代变革中开启了“新生机”。这种编撰思路不可不谓构思巧妙、耐人寻味，而其教育效果之理想也是可以预见的。

总之，我们在甄选中小学国学教育的内容时，不应一味陷溺于传统学术文化的汪洋大海中，漫无目的或浮于表面地搜寻与堆砌素材，而应从现实社会的实际需要出发，在保留传统学术文化原貌的基础上，对其加以适度地加工与创新，做到“发皇古义，涵养新知”。教材编写时要着眼于现代语境的审视和比较文化的视野，强调内容的可读性、现实性，以及多元文化的比较思考。这样才能使传统学术文化中精华的部分在全新的时代背景下不断焕发活力，使其走进学生的生活世界，成为他们完善生命的一份有机养料，并融化在他们鲜活生动的人生历程中，不断增强其在现实生活中活学活用中华传统学术文化智慧的能力，使其真正成为既能有效继承中国传统学术文化精华又能适应时代发展变革的“与时俱进的中国人”。

① 叶匡政．叶匡政访谈：国学教育传递的是一种价值观．社会科学报，2008-04-24.

二、科学性与趣味性相结合的原则

以符合科学规律为标准开发的国学课程，不但能保证我国优秀的传统文化知识代代传承，还能在传授知识的同时培养学生的探究能力和科学精神，使国学发扬光大。以科学规律为标准，一方面表现为，对国学经典的选择和学习“要坚持正确的历史观点和科学态度”；另一方面表现为，其内容选择及编排形式也要考虑到孩子的接受能力，与教育规律相适应，符合教学的逻辑原理。内容选择除了考虑国学经典本身的价值之外，还要考虑选择能够符合学生的发展需求和关键期的认知特点，这样选出的内容才适合学生学习。并要以学生喜闻乐见的形式进行编排设计，赋予静态的课程内容以鲜活的时代气息，改变学生被动接受“文化遗产”的窘境。

在这方面，《育灵童小学国学经典教材》做得很出色。这套教材是育灵童国学研究院历经10年的探索和耕耘，汇集了北京各高校的国学专家、教育专家，以及广大一线特级教师的力量精心打造研发，堪称国内第一套规范化、系统性的小学国学经典教材。

同时，趣味性也是这套教材的特色，主要表现在：全套教材在语言表述上力求妙趣横生，避免面面俱到的平铺直叙和“辞条式”的单调罗列。教材以故事为先导，突出趣味性，避免空话套话，力图把静化为动，把笼统化作具体，营造各种生动活泼的学习情境。而且育灵童国学研究院还运用多媒体技术，为广大一线教师开发了一套“育灵童国学课堂”电子备课系统，营造了一个集动画、游戏、图画、声音、文字于一体的学习环境，营设了一系列新颖独特的“教学情景”，如“《弟子规》夏令营”“《三字经》快车”“《论语》智慧园”等，每种情景中又分别设置了快乐诵读、神奇汉字、博文多识、动画剧场和游戏空间等学习模块。这种令人耳目一新的国学经典阐释方式突破了以往国学经典教育中缺乏趣味性的瓶颈，使学习过程变得形象、生动、活泼、有趣。改变了认为古典就是刻板，古典就是枯燥，古典就是死记硬背的错误观念，体现了“寓教于乐、启智于趣”的教学思想。

三、基础性与系统性相结合的原则

中小学教育具备基础教育的最基本特征——基础性。中小学教育的基础性集中表现在其地位、目标、内容和作用四个方面。就地位来讲，中小学教育是整个教育体系的基础部分。从目标来看，中小学教育的主要目标是促进个体的一般发展，为个体接受高一级的教育或走向社会打好基础，这个“基础”主要包括身体、知识、能力、品德、审美、心理健康等方面的基本素养和发展的可能性，为其后续的学习和发展奠定一个坚实的基础。中小学国学教育首先是学校教育和基础教育，然后才是国学教育。

前文已讲过，国学内容多、范围广，国学教育是一种外延非常宽泛的教育实践活动。这就要求我们在对中小学生进行国学教育时，选择比较基础的部分，关注国学的基本方面和基本精神，耳濡目染式地引导中小学生认识国学，增加对国学的兴趣，为将来更深入地学习打基础。因此，涉猎面要广，侧重横向了解而非单一的纵向学习。

为此，国学教育必须精编教材，从横向上精选重点，通过去粗取精，选择最能反映传统学问、先贤智慧和中华精神，最有利于学生成长、有养分的、相对易懂的以国学为载体的文学、文艺、文化类知识和道德修养方面的内容；从纵向上根据学生的年龄特点和理解能力建构起一定的教育梯度，按照从低年级到高年级由浅入深的原则进行编撰，让不同年龄段的学生接受与他们理解能力基本相称的国学教育。以此达到既健全又系统，既重点突出又循序渐进的教学目标，从而有效地发挥基础教育阶段国学教育的基础功能。

四、知识性与体验性相结合的原则

新时代的国学教育必须满足新课程改革和教学改革的需求。长期以来，国学教材大多因循选文、文选、释义集注的传统，采用讲解、阅读、记诵，缺乏应有的讨论、质疑、批判，这种过分强调知识性教学、忽视实践的做法必须改变。而在学习方式上过分强调所谓“寒窗苦读”，传递“万般皆下品，唯有读书高”“劳心者治人”的知识价值观，也必然脱离时代及学习者个人的发展实际，最终造成知行脱离，难以有效实现培育中华优秀文化民族特性的目的。新时代的国学课程须将国学学习与青少年价值观学习和人格行为培养相结合；以“学习、修身、践行”为目的，以青少年成长发展所需要的基本能力与品质为主题，选择组织国学内容；用便于学习者参与体验的方式组织教学活动，强调躬身实践、知行合一，注意学生生活经验的积累，从而把所学知识内化为自己的思想和行为准则。

学习国学，要注意将知识“内化为学生自己的人格结构”，即将本来是意识层面的东西内化为潜意识、下意识，把知识变为习惯，变为本能。因此，国学教材的编撰要改变传统单一的文选型设计模式，而要有意识地渗透“与时代融合”的课程意识，通过增加一些模块或专栏，搭建与生活链接的平台，结合学生的生活体验，引导他们自主探究，感悟国学的魅力。只有这样，新时代的国学教育才能焕发生命的活力。下面是一个国学教育如何倡导身体力行的课程设计。

课文：《论语论孝选》①

主题：躬行孝悌

学习单设计：

（1）先说明自己是怎样对待父母的（实情）

（2）这一个月来自己的变化（言语、行为、态度）

（3）因为自己的变化，家庭气氛的变化（思考）

（4）因为躬行孝悌这件事，让我体悟到……（感受）

（5）反省自己的言行

（6）认真观察熟悉又陌生的父母

（7）站在父母的立场去思考父母所做的事

（8）实践孝悌不是一个月的事，是终身的事

同样，我们再以台湾正中书局出版的《中国文化基本教材》为例。为了便于学生接受，这套教材的编者将“四书”的内容重新进行编排、分类。如《论语》一书分为“德行类”“言语类”“政事类”“文学类”四大类。而在每一类下面，编者又分出若干小标题。如“德行类”下面分“论道德”“论仁爱”“论修养”等。“论修养”下面又分出“论好恶”“论刚毅”等。以“论刚毅”为例，编者选了《论语》中的两句话，“子曰：‘三军可夺帅也，匹夫不可夺志也。’”“子曰：‘岁寒，然后知松柏之后凋也。’”等，每句话后面都有“章旨”“注释”“析论”三个栏目，分别对原文加以说明、解释和阐发。最别出心裁的是每“论”结束后设有“问题与讨论”栏目。如“论刚毅”的“问题与讨论”是这样拟的：

1）既然说“匹夫不可夺志也”，那么，如果一个人在志向执行上有困难，是否仍然要不顾一切地坚持下去呢？

① 叶国政．叶国政访谈：国学教育传递的是一种价值观．社会科学报，2008-04-24.

2）试举出历史上三位够担当得起“岁寒，然后知松柏之后凋也”的人物。[①]

显然，编者在启发学生汲取传统文化中的价值观和精神营养的同时，又因势利导地将它与现代社会生活结合起来，引导学生进一步思索在社会和人生中可能面对的各种复杂境遇，懂得如何去看待理想与现实之间的矛盾，把握坚持与变通之间的关系，而不是一味地生吞活剥。这种强调知行统一、学以致用的意识和做法并不会使学生见而生厌、望而却步，相反，这种做法拉近了与现实生活的距离，国学知识本身的价值才得以在现时代中幻化出无穷的魅力。

第四节　国学教材编排体例探索

基于前面对国学教育课程建设的理性认识，在对现有各类国学教材建设经验总结的基础上，取长补短，优势互补，针对国学课程的特征，我们提出三种较为合理的编排模式：通识式、主题式和模块式。

一、通识式

国学，是中国特有的文化和学术的总称，包括文学、历史、哲学、地理、政治、军事、经济、科技、数学、书画、音乐、医学、星相、预测、谋略、建筑等众多内容。国学融汇了华夏五千年灿烂文化的精华，是每一个炎黄子孙从小就应该认真学习的一门大学问。在当今时代，国学教育不再是少数精英阶层和高等教育者的专利，而是每个学生必须接受的基本教育，从小就得开始扎根。

如前面所述，目前在中小学开设的国学课程，课程性质应当定位为通识课程、综合课程，那么专门课程的教材建设就应当在大文化观的视野下，以跨学科的思维方式进行构建。它既要体现通过经典诵读对语言的积淀，又要包含文化常识的认知、优秀文化的承传，还要融入传统美德的熏陶、民族精神的陶冶。舍其一都不能准确反映国学教育的全貌，也不能充分体现出国学教育的价值所在。因此，我们提出“通识式”的编排体例，力求在教材中反映国学内容的丰富性，为学生呈现中华传统

① 李鎏，叶匡正．国学基本教材·论语卷．北京：新华出版社，2008：92.

文化的“大餐”，使他们从小认识中华传统文化的发展历程，了解中国古代的文化艺术、科学发明及思想智慧，吸收国学精华，开启智慧之门，涵养道德之根，完善人格教育。

当然，“通识式”国学教材的编制不是经典文选的大杂烩，也不是文化知识的大拼盘，要依据国学教材建设的四大原则，汲取华夏五千年文明的精髓，遵循学生的认知习惯和理解能力，循序渐进地进行。在此，我们介绍两套国学教材，具体看看它们是如何体现通识教育的思想的。

一套是由人民教育出版社于2011年秋季推出的《中国传统文化教育全国中小学实验教材》[①]，此套读本共18册，覆盖学前教育阶段和基础教育阶段1～9年级。

首先，此套图书明确提出了传统文化教育的教学目标是“完美人格教育”，即希望青少年通过系统的传统文化教育，具备“良好行为规范，高雅审美情趣，质朴道德操守，深邃哲学思想”。编者认为，传统经典传承应与高雅艺术研修并重，中小学传统文化教育应与青少年道德教育相结合，特别强调其培养目标是建立青少年的民族认同感和人生核心价值观。

其次，在教程内容编排方面，强调传统文化思想与民俗文化艺术修养两条红线并行发展：既选取了《弟子规》《三字经》《千字文》《声律启蒙》《中国古典诗词欣赏（诗卷与词卷）》，以及《论语》《孟子》《孙子兵法》《大学》《中庸》《道德经》《古文观止》等经典读物，又在每册书中加入了“民俗文化与艺术”教学模块。此模块内容分别有中国传统历法与节日、中医与儿童保健、中国茶文化、中国年画欣赏、中国京剧脸谱艺术欣赏、中国传统音乐欣赏、中国传统书法艺术欣赏、中国传统绘画艺术欣赏、中国古典建筑美学欣赏、中国玉文化欣赏、中国瓷器文化欣赏、中国明清家具欣赏、中国传统曲艺欣赏等青少年喜闻乐见的传统文化常识，让学习者在接受古老的优秀传统思想导引的同时，接受博大的中华文化与艺术的双重熏陶。其课程结构可总结为“儒学养正，兵学相佑，道法自然，文化浸润”，以达到“滋养其文化内涵，培育其民族认同，引导其审美情趣，指导其和谐人生”的目的。

再次，教程在每课内容中增加了汉字字体识读模块，每节课介绍一个汉字的演变过程，并附“说文解字”相关词条，这是在我国中小学校本文化读本中首次出现汉字艺术欣赏和繁体字识读的专项内容。

① 中国国学文化艺术中心．中国传统文化教育全国中小学实验教材．北京：人民教育出版社，2011.

另一套是《中国传统文化课本》①，这套国学课本由优秀的一线教育工作者，在长期国学教育实践的基础上，根据当今青少年的心理特点、认知模式和接受水平精心编撰而成的。这套教材摒弃了成人化的注释经典、校对古籍的做法，采用与授课制相结合的教材编写方法，选取经典佳句作为课程内容，采取“撮其精要、整合再现”的方式组织教材，依照重点内容详解与整体诵读相结合的思路，遵循学生的认知习惯和理解能力，循序渐进地进行国学启蒙教育。所选内容突出思想性、知识性、生动性和趣味性，各册内容有所侧重。

全书共 6 册，每册 6 个单元，分别为“古代神话单元”“蒙学经典单元”“经史子集单元”“古代科技单元”“国粹初览单元”“自主选择单元”。课程编排及各个板块的设计均充分考虑学生的认知能力。教材紧紧围绕新课程理念，各单元都设计了丰富的学习板块，各册自主选择单元重点，梳理学生应知应会的古代文化经典，同时在附录中呈现必背古诗词。简要目录如表 5-1 所示。

表 5-1 《中国传统文化课本》第 1 ～ 6 册简要目录

第一册	
前言	《弟子规》全文解读
古代神话单元	蒙学经典读物推介——《童蒙养正》
第一课　盘古开天地	经史子集单元
第二课　女娲补天	第十三课　《论语》精选佳句（一）
蒙学经典单元	第十四课　《论语》精选佳句（二）
第三课　《弟子规》精选佳句（一）	古代科技单元
第四课　《弟子规》精选佳句（二）	第十五课　造纸术
第五课　《弟子规》精选佳句（三）	第十六课　指南针
第六课　《弟子规》精选佳句（四）	国粹初览单元
第七课　《弟子规》精选佳句（五）	第十七课　中国象棋
第八课　《弟子规》精选佳句（六）	第十八课　中国功夫
第九课　《弟子规》精选佳句（七）	第十九课　中国传统医学
第十课　《弟子规》精选佳句（八）	第二十课　中药
第十一课　《弟子规》精选佳句（九）	自主选择单元　成语
第十二课　《弟子规》精选佳句（十）	附录　小学生必背古诗词（一）

① 武文革，师艳阁 . 中国传统文化课本：国学 . 北京：北京大学出版社，2011.

续表

第二册	第三册
前言	前言
古代神话单元	古代神话单元
第一课　伏羲画卦	第一课　黄帝战蚩尤
第二课　神农种五谷	第二课　夸父追日
蒙学经典单元	蒙学经典单元
第三课　《三字经》精选佳句（一）	第三课　《声律启蒙》精选佳句（一）
第四课　《三字经》精选佳句（二）	第四课　《声律启蒙》精选佳句（二）
第五课　《三字经》精选佳句（三）	第五课　《声律启蒙》精选佳句（三）
第六课　《三字经》精选佳句（四）	第六课　《声律启蒙》精选佳句（四）
第七课　《三字经》精选佳句（五）	第七课　《声律启蒙》精选佳句（五）
第八课　《三字经》精选佳句（六）	第八课　《声律启蒙》精选佳句（六）
第九课　《三字经》精选佳句（七）	第九课　《声律启蒙》精选佳句（七）
第十课　《三字经》精选佳句（八）	第十课　《声律启蒙》精选佳句（八）
《三字经》简析	《声律启蒙》全文及词语注释
蒙学经典读物推介——《幼学琼林》	蒙学经典读物推介——《笠翁对韵》
经史子集单元	经史子集单元
第十一课　《论语》精选佳句（三）	第十一课　《老子》精选佳句（一）
第十二课　《周易》精选佳句（一）	第十二课　《论语》精选佳句（四）
第十三课　《礼记》精选佳句（一）	第十三课　《孟子》精选佳句（一）
第十四课　《中庸》精选佳句（一）	第十四课　唐诗精读
古代科技单元	古代科技单元
第十五课　活字印刷	第十五课　割圆术计算圆周率
第十六课　火药	第十六课　珠算
国粹初览单元	国粹初览单元
第十七课　中国画	第十七课　中国民俗节日
第十八课　中国书法	第十八课　中国饮食文化
第十九课　中国古文字	第十九课　中国茶文化
第二十课　中国古代文学	第二十课　中国民间手工艺
自主选择单元　谚语	自主选择单元　对联
附录　小学生必背古诗词（二）	附录　小学生必背古诗词（三）

续表

第四册	第五册
前言	前言
古代神话单元	古代神话单元
第一课　尧舜禅让	第一课　嫦娥奔月
第二课　鲧禹治水	第二课　精卫填海
蒙学经典单元	蒙学经典单元
第三课　初识《百家姓》	第三课　《三字经》精选佳句（九）
第四课　《千字文》精选佳句（一）	第四课　《三字经》精选佳句（十）
第五课　《千字文》精选佳句（二）	蒙学经典读物推介——《五字鉴》
第六课　《千字文》精选佳句（三）	经史子集单元
第七课　《增广贤文》精选佳句	第五课　《诗经》精选佳句（一）
《百家姓》全文	第六课　《楚辞》精选佳句（一）
《千字文》全文	第七课　《尚书》精选佳句（一）
《增广贤文》精选佳句	第八课　《尚书》精选佳句（二）
蒙学经典读物推介——《龙文鞭影》	第九课　《尚书》精选佳句（三）
经史子集单元	第十课　《左传》精选佳句（一）
第八课　《论语》精选佳句（五）	第十一课　《左传》精选佳句（二）
第九课　《论语》精选佳句（六）	第十二课　《史记》精选佳句（一）
第十课　《孟子》精选佳句（二）	第十三课　《论语》精选佳句（七）
第十一课　《中庸》精选佳句（二）	第十四课　元曲精读
第十二课　《老子》精选佳句（二）	古代科技单元
第十三课　《礼记》精选佳句（二）	第十五课　古代排灌机械——龙骨水车
第十四课　宋词精读	第十六课　古代建筑工具——锯
古代科技单元	国粹初览单元
第十五课　青铜冶铸	第十七课　古代规章典制
第十六课　古代纺织、印染技术	第十八课　古代谋略
国粹初览单元	第十九课　儒释道思想
第十七课　中国戏曲	第二十课　世代传承的民族精神
第十八课　中国古代舞蹈	自主选择单元　《论语》经典摘句
第十九课　中国传统音乐	附录　小学生必背古诗词（五）
第二十课　中国古代体育	
自主选择单元　古诗词名句集萃	
附录　小学生必背古诗词（四）	

续表

第六册	
前言	第十一课　《荀子》精选佳句
古代神话单元	第十二课　《韩非子》精选佳句
第一课　燧人取火	第十三课　《孙子兵法》精选佳句
第二课　仓颉造字	第十四课　汉赋精读
蒙学经典单元	古代科技单元
第三课　《三字经》精选佳句（十一）	第十五课　中国古老的计时仪器——漏壶
第四课　《三字经》精选佳句（十二）	第十六课　中国的历法——农历
蒙学经典读物推介——《菜根谭》	国粹初览单元
经史子集单元	第十七课　中国古代建筑奇迹
第五课　《论语》精选佳句（八）	第十八课　中国古代园林艺术
第六课　《孟子》精选佳句（三）	第十九课　中国古代雕塑艺术
第七课　《大学》精选佳句	第二十课　中国古代文化遗存
第八课　《孝经》精选佳句	自主选择单元　古代格言警句
第九课　《周易》精选佳句（二）	附录　小学生必背古诗词（六）
第十课　《老子》精选佳句（三）	

不难看出，这两套教材在内容选择及编排上都注意把国学经典诵读与文化知识普及很好地结合起来，为“通识式”国学教材编撰体例的探索提供了很好的范例。

二、主题式

国学，作为古代文化经典，我们应该传承其中的文化精髓，我们所要弘扬的国学，主要是指精神层面的东西，尤其是中华民族的传统精神，国学教育重在精神和价值层面。

当前学校国学教育存在两个问题：一是无选择性，表现为要求学生整本诵读而没有去芜存菁；二是无整合性，表现为一些“国学人士”主张以“四书”“五经”为主体内容开展读经运动，一味苦读、死读，忽视学生的年龄层次、认知特点和学习兴趣。

针对以上问题，我们提出“主题式”国学教材的编写体例，改变“文选加注释”的呈现方式，尝试“主题先行，文选支撑”的教材结构，意在打破原先以知识逻辑体系框限人和知识单元而导致的“见学不见人”的弊端，让学生通过主题学习，增强文化底蕴，培养人文精神。

这里的“主题”，是指根据教材编写宗旨和对国学教育的理解，遵循学生学习的一般规律，根据学生的年龄层次和认知特点确立若干既能丰富学生知识、提升学生人文素养，又能体现中华传统文化精髓的学习主题，在确定主题和选择作品时，我们要考虑两点：一是这个主题在中华传统文化中是否有代表性，对中小学生是否有课程价值；二是这样的主题在文化经典中是否有相应的文本，是否适合中小学生阅读。

这种“主题式”编排模式主要是受到新课程语文教材“主题单元”板块式编排方式的启示。

以上海教育出版社组织编写的《国家课程标准高中语文实验课本（试编本）》的文言文单元编排为例，中华传统文化的主题是从春秋战国到明清时期的文化经典中选择了20余篇（段）传统文章，组成五个各有主题的文化单元，如表5-2所示[①]。

表5-2 《国家课程标准高中语文实验课本（试编本）》文言文单元编排

文化主题	主题内容	选文篇目
智慧源头 思想星空	先秦诸子的思想、观点、学术，以孔孟、庄子选文为主	1. 季氏将伐颛臾 2. 庄暴见孟子 3. 庄子寓言一组 4. 荀子、韩非子和墨子各一组
英雄背影 战争风云	中国传统英雄的精神（如诚信、侠义、机谋、忠勇等），战争风云，以史传散文为主	1. 宫之奇谏假道 2. 荆轲刺秦王 3. 鸿门宴 4. 赤壁之战
淑世情怀 治国方略	士大夫的入世情怀，政治的、社会的、经世济民的见识和智慧，选杂文体	1. 邹忌讽齐王纳谏 2. 过秦论 3. 种树郭橐驼传 4.《指南录》后序
文人性情 名士雅趣	文人名士的审美情趣、处世方式，以及世界观和价值观，选儒道释结合的、修身的、自我完善的山水小品或者赋体文章	1. 兰亭集序 2. 赤壁赋 3. 秋声赋 4. 西湖七月半
人间亲情 传统人伦	人际关系的真情告白，宗法社会的传统伦理，选杂文体	1. 陈情表 2. 祭十二郎文 3. 与微子书 4. 项脊轩志

有学者曾提出围绕“立志之道”“修身之道”“为师之道”“父母之道”“为学之道”“成事之道”“善待资源之道”“合群之道”等设置国学

① 王荣升，郑桂华. 语文教材建设新探 · 试教交流（第一辑）. 上海：上海教育出版社，2008：46.

教材的主体框架，再选择经典篇目，按学龄段孩子的接受程度（或篇、或段、或句）组成主题单元。其实这就是“主题式”编排方式的一种体现。

还有前面我们提到的“美德熏陶型”国学教材，以中华传统美德或义理为主线，提炼国学精髓，精选国学经典作品按一定的结构框架精心编排，就是这种思路。

不过，编写这样的国学教材，遴选主题甚为关键。究竟什么样的主题既能完整体现中华文化的精髓，又能满足青少年的认知特点和发展需要，是要仔细考量、潜心研究、多番考证实验的。这是个系统工程，需要文化领域、国学研究领域、教育领域等社会各领域联合行动，集合国学专家、教育专家、课程专家、心理学专家，以及广大教师携手合作完成。这正是有人大代表提议国家要组织力量统一制定中小学国学教材的良苦用心所在。

三、模块式

目前，随着学校国学教育的深入开展，国学教育逐渐受到各省（自治区、直辖市）政府部门的重视，国学课程建设也成为地方课程开发的重要工作之一。国学教材的主要来源已从各学校自主开发校本教材或自由选择书目，逐步向教育主管部门组织专业人士编写教材，学校根据实际情况选择转移。

地方行政部门的重视和参与为中小学国学教育获得可持续性健康发展提供了有力保障，同时也使国学课程建设向规范化、科学化迈出了一大步。为给广大中小学开设国学课提供强有力的支持，并为各学校开发校本课程留有足够的余地，同时考虑到各办学单位需要实施的国家课程任务已经很重，我们认为不宜在国家课程之外再硬性添加省一级的地方课程。因此，由地、市教育主管部门专门组织编写的国学教育教材，在结构框架、内容选择、形式呈现等方面一定要考虑使用者不同的需求情况，这套教材更多的是为各学校开设国学课提供丰富的自选内容，各学校可根据自己的需要，独立自主地从中选择，可以选择其中的一个或几个方面，也可以选择某一方面的部分内容，还可以对各方面内容进行自由组合。也就是说国学教育教材应当以课程模块的形式呈现给学校，供他们自主选择。我们设想的国学模块，大体轮廓如下。

模块不是教材，不是教学参考书，不是辅导读物，而是为学校开设国学课提供的丰盛的“自助餐”。各学校可根据自己的需要，独立自主地从中选择，可以从中选择一个或几个模块，可以选择模块的部分内容，可以对模块自行“拼装”。模块采取松散的结构式，而不采用撰写学术专著和编写教材那样的章节式结构和阐述式方法。在大思路明晰的情况下，设置若干“筐”，每个筐里装有多种素材，并提供使用这些素材的思路和方法。

国学模块基本架构的初步设想是，在若干大的模块之下再分为三个小的模块。

1）荟萃原著。包括《三字经》《百家姓》《千字文》《论语》《诗经》《孟子》《春秋》《左传》《大学》《中庸》《荀子》《礼记》及其他古诗文与现代诗文，从中节选适合各学段学生易于接受的名句、句段、名篇，配之以画面和通俗的解释，以故事、动画、音乐等多种形式呈现。

2）参考资料。包括原著涉及的有关背景材料及拓宽教师国学知识面所需要的有关资料。这类模块实际上是一个小资料库，学校开发国学课程及教师提高国学素质均可以从中找到必要的依据。这样做也可省去教师因工作重压、手头资料有限而花费大量时间和精力查找资料的麻烦。

3）探究提示。包括可供选择的探究题目、探究方法、探究策略等，为学校上国学课提供思路、途径、方法等方面的指导。

第六章　青少年国学教育的课程实施

课程实施是学校和教师将某项课程计划付诸实践的具体过程，是课程建设的重要环节。在很大程度上，课程实施影响着甚至决定着课程的实际效能。有研究表明，“学习结果的35%的差异可归因于实施过程的差异，就是说，不同学校或班级的学生即使运用了同一方案，其成绩的差异也有可能达到35%，这是由实施过程的差异所导致的”①。这里的“实施过程的差异”，按照美国课程论学者古德莱德（John Goodlad，1920—　）的分析，通常表现在学校管理层面、教师教学层面和学生体验层面。

基于此，我们对国学教育课程实施的认识从学校、教师、学生三个层面分析，学校层面主要谈谈实施国学教育的有效途径，教师层面从国学教育对教师的选择及培育方面来分析，学生层面则从有利于学生体验的教学策略和评价方式来分析。

第一节　学校国学教育的实施途径

学校实施国学教育，并不是简单地增设一门国学课程，或者搞几次轰轰烈烈的活动。国学课程的实施应当坚持全面性、整体性、实效性的原则，注意协调发展、总体规划，时间安排、教学组织上要通盘考虑、科学运作。既要上好国学课，又要注意其他学科课程的渗透，同时与学校德育活动、团队活动、社会实践活动等各项常规教育教学活动有机结合，通过多渠道形成教育合力，使国学教育成为学校生活的一部分。针对前面所讲的国学教育课程实施的三条原则，我们再来结合案例具体分析国学教育实施的有效途径。

① 张华．课程与教学论．上海：上海教育出版社，2000：335.

一、以国学课为主体的各学科渗透

学校实施国学教育，目的在于弘扬优秀传统文化，培养学生健全人格，不是应景、时尚的点缀，而是素质教育的基本任务之一。为了使学校国学教育真正落到实处，在目前的状况下，中小学校根据国家课程改革的指导方向，结合学校自身的特点与条件，以校本课程的方式开设单一国学课程，是国学教育的主要实施渠道。对于单一国学课程的价值、课程设计原则及教材建设前面我们已有论述，这里不再赘述。从“大课程”的视角分析，立足学校课程管理，要确保国学教育的质量，单靠开设一门国学课是难以实现的，必须处理好国学教育与学科教学、学校发展的关系。笔者认为，国学教育是对学科教学和学校德育的“弥补”而不是“填充”，是对学科教育和学生德育的“加强”而不是“增加”，是对学生发展和学校内涵的发展，是“化人”而不是“赶时髦”、搞花架子。必须将国学教育渗透到中小学各课程的课堂教学中，从教育理念、内容取舍、教学方法等方面做出相应变革，把培养学生的国学素养作为各课程教学的一个基本组成部分。

在突出国学专门课程在国学教育中主体地位的同时，其他学科也必须依据各自的特点，主动配合、积极渗透。发展心理学家提出的多元智能理论指出，人的智能是多元化的，主要由语言智能、数学逻辑智能、音乐智能等八项组成，并且每个人都拥有不同的智能优势组合。我们开展国学教育同样不能局限在某一学科课堂内，应具备跨学科学习的广博视野，将其他学科的特征与国学教育有机结合，全面培养学生的人文素养。

如历史课程中有对古代名马、古代钱币、历史人物的介绍；社会课程包含中国古代民俗文化、古桥建筑的知识；音乐课程中有中国戏剧、古典舞蹈、民族服装；体育课程中有中国武术；美术课程中有国画、陶艺、刺绣等；数学课程中也渗透了中国古代朴素的数学思维，如《九章算术》的内容在数学教材中就有所体现。这些国学教育资源在各学科教学中都是潜隐性的，需要发掘、统整，并在学科教学中有机渗透。例如，将国学内容变成歌谣、短剧整合到音乐课堂中；将经典诵读有机地整合到语文课堂中；将赛龙舟、舞狮子等传统艺术活动有机地融入体育课堂；将古老的面具、脸谱与现代化装舞会结合融入美术课堂……只要我们确立自觉的国学课程资源开发意识，国学教育在各学科中的渗透就能形成教育合力，从而保证国学教育的效果事半功倍。下面我们选取两门与国学教育关联度较高的课程——语文和历史来做些具体分析。

1. 语文学科与国学教育

（1）语文教学与国学教育的联系

1）教学目标——渗透国学教育的规定性

《全日制义务教育语文课程标准（实验稿）》第一部分“前言”的“课程性质与地位”中指出：“语文课程应致力于学生语文素养的形成与发展。语文素养是学生学好其他课程的基础，也是学生全面发展和终身发展的基础。”“工具性与人文性的统一，是语文课程的基本特点。”《全日制普通高级中学语文教学大纲（供试验用）》指出：“高中语文课程应进一步提高学生的语文素养，使学生具有较强的语文应用能力和一定的审美能力，形成良好的思想道德素质和科学文化素质，为终身学习和有个性的发展奠定基础。”由此可见，“语文素养”和“全面提高语文素养”已成为基础教育中语文教育的核心概念和基本教育思想。“语文素养”的提出，意味着对语文教学目的、功能认识上的改变，在重视“实用”之外还重视“增强底蕴、提高修养的工夫”。“素养本位”就是“人本位”“人生本位”，这样的语文教育，是“为人生”“为人的发展”。知识经济时代的语文教学，就应该是为了提高人的生命质量，使人活得有意义、有风采。

《全日制义务教育语文课程标准（实验稿）》指出：“要培养学生热爱祖国语言文字的情感，认识中华文化的丰富博大，吸收民族文化智慧。”在分段目标中提出：“7～9年级学生要诵读古代诗词，有意识地在积累、感悟和运用中提高自己的欣赏品味和审美情趣。”“阅读浅易文言文，能借助注释和工具书理解基本内容。背诵优秀诗文80篇。”并且为7～9年级推荐了《生于忧患，死于安乐》《出师表》《桃花源记》等50篇适于背诵的优秀古诗文。

《全日制普通高级中学语文教学大纲（供试验用）》还特意指出语文“也是最重要的文化载体”，赋予了语文教学进行人文素质教育的任务，深刻地揭示了语文的文化内涵，为语文教学提供了博大精深、熏陶灵魂的文化基础。谈到国学，“就形式而言，国学是中华文明的主要载体”，“就内涵而言，国学是中华民族精神的集中体现”。如果说，中国人民大学设立国学院是一种国学的“精英意识”，那么重振国学就应该是一种大众行为，更应从语文基础知识、学习母语和热爱母语抓起。

由此我们认为，作为负载着丰厚人文素养的中华传统文化应是基础语文教育开展的主要背景和主要资源。语文教育应该是文化教育、历史教育、经典教育、生命教育，而不是匠人教育。在基础教育中，语文教学要责无旁贷地承担起人文素质教育的责任，担当起接续国学的重任。这是实现素质教育目标的内在需要，更是语文教育本质要求的内在规定。

2）教学内容——丰富而可贵的国学教育资源

新的课程标准明确了传统文化在语文课程中的重要地位，而以国学为主要载体的传统文化在语文教科书中也得到了应有的体现。笔者曾以现行的人教版《义务教育课程标准实验教科书》为例，对小学语文中的国学做过一个粗略的统计，包括：古诗词及古诗词中的名句；成语故事、神话、寓言、民间传说、历史人物故事等；文言文、古典名著或名著改编；经典作品中的名言、名言警句、对联、谜语、谚语、俗语、歇后语、蒙学、节气等；名胜古迹、民俗节日、文化艺术等（统计既来自教材中的课文部分，又包括课文部分以外的“语文园地”和高年级的“回顾・拓展”部分，利用“六书”，特别是象形、形声、会意等构字规律以指导学生识字等相关内容本文未予涉及）。

从粗略的统计中可以看出，国学内容占据了一定比重，以课文部分为例，1～6 年级的 12 本教材中，包括选读部分在内，共有课文 421 篇，国学内容 40 篇，国学占课文总量的 9%。此外，更有大量国学内容遍布在课文后的“语文园地”或“回顾・拓展”中。再有，国学内容分布面较广，除古典诗词与经典名著外，还涉及神话传说、民间故事、历史人物、风俗节日、谚语成语、书画建筑等内容。这些国学内容分布于课文及课文后的知识部分，它们以不同的方式展示了中华文化的璀璨，以及中华文明的优秀精神风貌。

初中语文教材中也有近 50 篇古诗文课文，60 篇课外背诵古诗词，与国学相关的综合性学习 9 项，教材附录中有关内容包括硬笔书法、书法欣赏、对联知识、中国戏剧等。

不论是经典名著、人物故事，抑或建筑绘画、谚语民俗，小学语文中所遴选的优秀国学内容，都是学生了解传统文化的重要窗口。通过这个窗口，学生可以了解祖国的文房四宝、篆刻印章、山水国画、唐诗宋词、四大名著、三十六计、孙子兵法、中医中药、象棋围棋、中秋月饼、端午粽子、道德风俗、饮食文化、婚丧嫁娶、秦砖汉瓦、戏剧、武术、宫灯、剪纸、风筝、织绣、瓷器、唐装等传统文化。

可以说，语文教育本身就属于国学教育的主要范畴之一，从语言文字角度看，语文课本完全就是国学。语文课本是国学教育的典型文本，是渗入青少年心灵深处、激活其生命潜质的最佳养料，为国学教育提供了丰富而珍贵的教育资源。

（2）语文学科渗透国学教育的方式

1）行文结合，拓展语言积累

有些学生语文功底薄弱，连基本的遣词造句都成问题，作文也写不好。现在虽然推行了国学教育，有的学校甚至另编了单独的国学教材，但学生学得吃力，效果不理想。由于国学的很多经典作品都是用文言写成的，首先语言这一关，很多学生就过不了。因此，开展国学教育，必须教育学生热爱祖国的语言文字，热爱中国的文学，必须要求他们首先把语文学好。在语文教学中，完全可以借开展国学教育的契机，努力提高学生对语文的学习兴趣，通过“美读、美思、美写”等方式，把语文教学搞好，把学生的中文功底打扎实。

例如,《义务教育课程标准实验教科书·语文（第四册）》中有一则寓言故事——《守株待兔》。

古时候有个种田人，一天，他在田地里干活，忽然看见一只野兔从树林里蹿出来。不知怎么搞的，兔子一头撞在田边的树桩上，死了。

种田人急忙跑过去，没花一点儿力气，白捡了一只又肥又大的野兔。他乐滋滋地走回家去，心里想：“要是每天能捡到一只野兔，那该多好啊。”

从此他丢下了锄头，整天坐在树桩旁等着，看看有没有野兔再跑过来撞死在树桩上。日子一天天过去，再也没有野兔来过，他的田里已经长满了野草，庄稼也全完了。

语文教材中的这则寓言用白话文写成，通俗易懂，富含哲理，在引导学生理解寓意的基础上，把国学引入了语文课堂。

“宋人有耕者。田中有株。兔走触株，折颈而死。因释其耒而守株，冀复得兔。兔不可复得，而身为宋国笑。”（《韩非子·五蠹》）

古文一共39个字，短小精悍，言简意赅。学生借助白话文理解古文，几分钟时间就可背诵。像这样，在语文教学中让学生古今文对照来学习课文，把语文教学与国学教育有机结合起来，不仅丰富了学生的古汉语常识，而且领会了古文逻辑紧密、寓意深刻的语言特点，使学生受到传统文化的陶冶。

小学语文教材中类似的课文很多，如《将相和》《晏子使楚》《田忌赛马》《掩耳盗铃》《惊弓之鸟》《自相矛盾》《画蛇添足》《画龙点睛》《曾子杀彘》《曹冲称象》《囊萤夜读》《揠苗助长》《坐井观天》《狐假虎威》《南辕北辙》《女娲补天》《嫦娥奔月》《夸父逐日》《盘古开天地》等，这些神话故事、成语故事、寓言故事、历史故事生动有趣，浅显易懂，是训练学生进行古文阅读和积累的极好材料。

古今对照学习课文，不但可以丰富学生的古文常识，扩大古文阅读量，而且随着国学课程的深入开展，古文简练、精致、丰富、深邃的特点将逐渐被学生所接受、所喜爱，学生对国学的感情也将日益笃深。学生学习国学突破了语言的障碍，便能早日自如地阅读，且更能较为深入地理解，从而全面提高学生的语文素养。

2）思想贯通，提高内化能力

在语文学科中渗透国学教育，不仅是内容上的联系，形式上的嫁接，更重要的意义在于道德情感的升华，思想方法的迁移。经受了传统文化道德的洗礼，沐浴着圣贤的光芒，带着善与美的情感及智慧的思维去感悟语文、思考语文，语文教学就会步入别有洞天的美好境界。这样一来，国学不仅辅助了语文教学，并且成为语文教学的思想支撑。

例如，《桃花新木》是《义务教育课程标准实验教科书·语文（第十册）》的一篇课文，作者是台湾著名作家林清玄。这篇课文内容简单，却蕴涵深刻的哲理，是培养学生正确人生观的好材料。课文讲：种树人采用不定期地给树苗浇水，让树苗自己寻找水源的育苗方法，说明在艰苦的环境中，经受生活的考验，克服依赖性，对人的成长具有重要意义。对于生长在优裕环境中，人生阅历还很少的孩子来说，领悟课文思想无疑是个难题。那么在教学中，教师就可以引导学生思考有关内容，注意国学学习的迁移与运用。有的学生引用《孟子》“天将降大任于斯人也，必先苦其心志，劳其筋骨，饿其体肤……”说明一个人要承担重任，完成大事业，必须经受艰难困苦的考验，他才能有强壮的体魄、坚强的意志。有的学生联系古代圣贤的艰难成功之路，列举“忧愤放逐而作《离骚》的屈原”“忍受宫刑发奋著《史记》的司马迁”“头悬梁锥刺股的孙敬、苏秦”“颠沛流离不忘国难的诗圣杜甫”，说明艰苦环境对人的成长的意义。

学校进行国学教育不仅是对学生进行国学启蒙，也是为学生文化奠基。把语文教学根植于国学这一传统文化的土壤，引导学生注意国学学习的迁移与运用，感悟国学精髓，体会国学学习对自身道德、思想的影响，也是国学教育的深远意义所在。

3）活动引领，强化国学践行

《全日制义务教育语文课程标准（实验稿）》指出“语文综合性学习主要体现为语文知识的综合运用、听说读写能力的整体发展、语文课程和其他课程的沟通”“提倡跨领域学习，与其他课程相结合”。因此，我们在语文教学中融入国学教育，不应仅仅局限于语文课堂上，还应注重与活动的有机整合，通过语文综合性学习活动，全面培养学生的人文素养。如设计“话中秋”的综合性学习活动，课前让学生搜集我国各地各族人民过中秋的一些习俗，有关月亮和中秋的传说、故事、诗歌等，上课时进行“讲中秋的传说、演中秋的习俗、畅想明天的明月”等活动。这些活动不仅能提高学生搜集信息的能力，而且能使学生了解我国传统的民俗文化。

（3）语文学科渗透国学教育教案示例——钓鱼的启示[①]

一、教材分析

《钓鱼的启示》是人教版《语文》（五年级上册）中的一篇精讲课文，属于“生活的启示”这一专题。文章以第一人称的口吻，按照事情发展顺序追溯了34年前，鲈鱼捕捞开放日的前一个傍晚，“我”和父亲去钓鱼，好不容易钓到了一条又大又漂亮的鲈鱼，父亲却因离捕捞鲈鱼开放的时间还差两个小时让“我”把鲈鱼放回湖里，使“我”获得终生的启示，从而说明一个人只有从小受到严格的教育，才会获得道德实践的勇气和力量。

二、教学目标

1）掌握本课的生字词。

2）能有感情地朗读课文。

3）抓住关键词语，理解课文内容。

4）学习通过细节和心理活动描写叙事的表达方法。

5）懂得“道德判断也许很简单，实践起来却很难”的启示。

---

① 李兰铎．让孩子国学起步语文腾飞．武汉：湖北教育出版社，2010：109-115.

三、教学重难点

理解含义深刻的句子，体会人物的心理变化，感悟生活的启示。

四、教学过程

1. 激发兴趣，导入新课

题目是文章的眼睛，通过题目我们往往能推想出文章大致写了什么，甚至知道文章是怎样写的。你读读题目，看你能读懂些什么？

学生通过审题，把握课文由两部分构成：第一部分是"钓鱼"（1～9自然段）；第二部分是"启示"（10～11自然段）。

师生谈话交流：你钓过鱼吗？心情怎样？看看文中的"我"在钓鱼过程中心情发生了怎样的变化？

2. 全文初探，整体感知

教师请两位同学读课文，提出听读的要求：注意课文中描写"我"心情的句子。

课件出示描写"我"心情的句子：

啊，这样大的鱼！我还从来没有见过，还是条鲈鱼。我和父亲得意地欣赏着这条漂亮的大鲈鱼，看着鱼鳃在银色的月光下轻轻翕动着。

"爸爸！为什么？"我急切地问道。

"可是不会钓到这么大的鱼了。"我大声争辩着，竟然哭出了声。

我又抬头看了一下四周，到处都是静悄悄的，皎洁的月光下看不见其他任何人的影子，我再次把乞求的目光投向了父亲。

我慢慢地把鱼钩从大鲈鱼的嘴唇上取下来，依依不舍地把它放回到湖里去。

提出要求：读一读，看看"我"的心情发生了怎样的变化？

得意—急切—难过—依依不舍

3. 理解内容，重点探究

重点探究两部分，一部分是钓鱼，另一部分是启示。

第一部分"钓鱼"，沿着"我"的心情变化这条主线设计教学。

（1）出示问题

为什么钓到鲈鱼"我"的心情那么得意？

为什么父亲要"我"放鲈鱼"我"的心情那么急切？那么难过？最后放鲈鱼又是那么依依不舍？

（2）理解文本

理解为什么钓到鲈鱼“我”的心情那么得意？

“得意”是什么意思？（本义。）

在文中指什么？（文中义，具体环境中恰当含义。）

用什么语气读？（教师渲染情境，指导朗读。）

作者为什么极力渲染钓到鲈鱼的得意心情？（领会表达作用。）

理解为什么父亲要“我”放鲈鱼“我”的心情那么急切？那么难过？最后放鲈鱼又是那么依依不舍？

（3）学生交流，教师适时点拨

父子争论的焦点是什么——放与留。

设置情境：父子俩一起钓上这条大鲈鱼，一个想留，一个说放，如果是你，你愿意放吗？是啊，作者都急哭了，你来帮他劝劝这位父亲，说服这位父亲。师生情境对话。

为什么父亲坚决要“我”放掉鲈鱼呢？出示第 4 自然段：

父亲划着了一根火柴，看了看手表，这时是晚上 10 点，距离开放捕捞鲈鱼的时间还有两个小时。父亲盯着鲈鱼看了好一会儿，然后把目光转向了我：“孩子，你得把它放回湖里去。”

学生阐述放鱼的理由，教师进一步引导：刚才你们谈的是父亲的想法，可是父亲放鱼的想法书上只字未提，你是从哪儿读出来的？（指导学生抓住关键词“盯着”“好一会儿”。）

鼓励学生：你们的眼睛很敏锐，能很快地发现这些关键性的词语，好，就让我们透过这些词语去揣摩人物的内心。

怎么样“盯着”？你来表演一下。“盯着”是目光集中，眼睛不动。父亲在想些什么？

父亲想了好一会儿，经过了激烈的思想斗争，最后拿定主意，他这样对孩子说（读“父亲”的话）。

你觉得你读出了什么？

同学们你们听出了什么？

为什么“得”这个字要特别突出？

“得”是什么意思？那么父亲的话是什么意思？你体会着父亲的想法再读这一句。

请同学们评价这对父子。儿子想留下鲈鱼，那他留下了什么？丢掉了什么？父亲虽然放掉了大鲈鱼，但他留下了什么？

是呀，一个人有没有道德，就看他独处的时候干些什么。

出示课件：

道也者，不可须臾也，可离非道也。是故君子戒慎乎其所不睹，恐惧乎其所不闻。莫见乎隐，莫显乎微，故君子慎其独也。

——《礼记·中庸》

意思是说："道"是不可以片刻离开的，如果可以离开，那就不是"道"了。所以，品德高尚的人在没有人看见的地方也是谨慎的，在没有人听见的地方也是有所戒惧的。越是隐蔽的地方越是明显，越是细微的地方越是显著。所以，品德高尚的人在一人独处的时候也是谨慎的。

（4）感悟启示

教师以叙述的形式介绍作者34年后的成就。同时课件出示第10自然段：

转眼间三十四年过去了。当年那个沮丧的孩子，已是一位著名的建筑设计师了。我再没有钓到过像三十四年前那个夜晚钓到的那样大的鱼。但是，在人生的旅途中，我却不止一次地遇到了与那条鲈鱼相似的诱惑人的"鱼"。当我一次次地面临道德抉择的时候，就会想起父亲曾告诫我的话：道德只是个简单的是与非的问题，实践起来却很难。一个人要是从小受到像把钓到的大鲈鱼放回湖中这样严格的教育的话，就会获得道德实践的勇气和力量。

读这一段，自己设疑，你有什么问题？

1）但是，在人生的旅途中，我却不止一次地遇到了与那条鲈鱼相似的诱惑人的"鱼"。

这句话中，为什么前一个鱼不加引号，而后一个鱼却加引号？

教师引导学生思考：两个"鱼"分别指什么？对作者来说，与那条鲈鱼相似的诱惑人的"鱼"指什么？生活中，你有没有遇到过这样的"鱼"？

2）道德只是个简单的是与非的问题，但是实践起来却很难。

"是"指的是什么？文中指什么？"非"指的是什么？文中又指什么？教师根据学生提出的问题指导理解。

3）要是人们从小受到像把钓到的大鲈鱼放回湖中这样严格的教育的话，就会获得道德实践的勇气和力量。

教师引导：作者之所以由一个沮丧的孩子，成长为一位著名的建筑设计师，得益于什么？

最后带着深深的感激和怀念，师生共同朗读最后两个自然段。

（“启示”这部分内容是本课重点、难点之所在，同时蕴涵几处含义深刻、较为抽象的语句，故此环节层层深入的设计，就是为了化繁为简，化难为易，使学生达到理解和情感的共鸣。另外让学生联系生活实际解读文本，走入文本，感悟启示。）

最后教师总结：生活是一本无字的书！善读的人就会从中得到启示，让我们再来重温古人的教诲，师生齐读：

道也者，不可须臾也，可离非道也。是故君子戒慎乎其所不睹，恐惧乎其所不闻。莫见乎隐，莫显乎微，故君子慎其独也。

2.历史学科与国学教育

（1）历史学科与国学教育的联系

国学教育可以培养学生形成正确的世界观、人生观和价值观，历史教学的主要目的与此不谋而合，也是致力于培养学生的人生观和爱国情怀。中华文明通过国学来展现并让后人传承，可谓博大精深，而现在的历史教学更是包含了这一特点。国学教育可以很好地与历史课结合起来。例如“百家争鸣”一课，儒家所倡导的“仁”“民本”的思想，道家所主张的“人与自然”的和谐，法家所提出的“法治”等都体现了我国古代思想家的智慧。可见，国学可以更好地促进历史学习，同时历史教学的广泛性为渗透国学教育提供了广阔空间。

（2）历史学科渗透国学教育的方式

1）利用课堂教学渗透国学教育

课堂是学习的重要基地，是师生交流的渠道、师生互动的平台。可以结合现代化的教学设备和手段在历史课的课堂教学中引导学生感悟历史内涵，品味历史经典，借此提升他们的国学素养。如在讲解“商鞅变法与秦统一六国”这部分内容时，教师可以请学生说一说在变法图强、政策稳定、重用人才上体现了哪些国学经典内容。这种历史与国学相联系的教学方法要求教师在课下拓展自己的文化视野，在课堂上运用娴熟的教育艺术，有效调动各种资源，营造出生动活泼的课堂氛围。弘扬爱国情感，启迪古典智慧的种种方式方法都可以活跃地运用，做到把课堂变成一个感悟人生哲理、体会时代兴衰的平台，使课堂教学成为传播国学教育、弘扬传统文明的根据地。

2）利用形式多样的活动渗透国学教育

历史课程系统性强，时空差异大。教师可充分利用这一特点，通过组织新颖多样的课外活动达到传播与发扬国学的目的。例如，开设一些《认识孔子》《我谈论语》之类的专题讲座，让学生了解、拓展国学知识，激发他们学习国学的兴趣；还可以组织一些国学知识竞赛，开展一些改编活动，如《创建现代版三字经》《改编千字文》等。教师要引导学生在探究国学与相互交流中领悟国学精华，培养民族自豪感。此外，还可通过组织国学研究兴趣小组，开设国学研究课题，建立相关网站等方式培养学生的自我动手能力和创造力。

3）国学经典诵读与历史课程相结合

中华传统经典是历史的产物，与历史有着天然的不解之缘。一部经典作品往往会留下时代的痕迹，是那一段历史的缩影。诵读国学经典，我们总离不开对历史背景的介绍，只有用历史的眼光才能读懂文字所传达的情感和力量。因此，经典诵读类的国学课不妨与历史课结合起来，打通彼此间的界限，拓展学生的思维与视野。例如讲到先秦散文时，结合这一时期春秋争霸、诸侯鼎立的历史背景，以及百花齐放、百家争鸣的文学特征，先为学生上一堂历史课，创设学习情境，再进入作品诵读指导，这样就不会显得陌生。在讲东晋散文时，要让学生明白当时产生大量山水田园诗文的原因，是东晋时期政治斗争激烈，社会矛盾突出，暗杀等事件时有发生，士大夫们由此而崇尚老庄思想，主张过一种清静无为的生活，这种思想倾向反映在文学创作上就是大量田园诗文的产生。明白了这一点，学生再诵读东晋散文就会有更加深刻的理解。

（3）历史学科渗透国学教育教案示例——春秋战国的纷争[①]

人教版《历史》（七年级上册）第 2 单元“国家的产生和社会的变革”· 第 6 课

一、教学目标

1）简要了解周王室衰败的原因。

2）了解齐桓公率先称霸的条件及其历史意义。

3）了解秦国异军突起并后来居上的原因及其历史意义。

4）理解争霸的过程也是一种民族融合和历史进步的表现。

5）了解齐桓公、秦孝公、管仲、商鞅、重耳、勾践等历史人物的事

① 义务教育课程标准实验教科书中国历史 · 七年级上册 . 人民教育出版社，2006：30.

迹，培养学生树立“有志者事竟成”的自信心。

二、教学过程

1. 导入——幽王烽火戏诸侯

2. 新课分享

（1）课堂准备

学生快速阅读（3分钟），并用最简单的话或词概括春秋战国时期的社会特点。（老师在黑板注明关键词。）

学生概括：“国家”“改革”“战争”“动荡”“争夺”……

教师：（询问：能否再简单些，用一个字？）“乱”（板书大写的“乱”字，学生表示认同。）

（2）展开讨论

围绕“乱”字展开话题并设问，请学生再次思考并进行小组讨论。

1）为什么会“乱”？

2）怎么“乱”的？

3）天下大“乱”带来的结果是什么？

①要求学生根据第一章所提供的“分封制”与“宗法制”史料，分析周王朝衰败的必然性。（小组讨论。）

乱世出英雄（板书）

师总括：

“春秋五霸”——齐桓公、宋襄公、晋文公、秦穆公、楚庄王。

“战国七雄”——秦、楚、齐、燕、赵、魏、韩。

②同学们知道哪些相关的经典故事？

学生答：退避三舍、秦晋之好、问鼎中原、卧薪尝胆、纸上谈兵、围魏救赵等。

③讲述各典故由来，认识古代历史人物，初步感受他们的胸襟、气魄及谋略。

④课本剧展示，回归历史：卫鞅力劝秦孝公纳其主张，实行变法。

情景剧尽量还原历史，语言模仿古人腔调。表演完后，课件出示：

“前世不同教，何古之法？帝王不相复，何礼之循？”“治世不一道，便国不法古，故汤武不循礼而王，夏殷不易礼而亡。反古者不可非，而循礼者不足多。”

——节选自《史记·商君列传》

⑤齐桓公率先称霸。

a：条件

良好的地理位置——地处东方，盛产鱼盐，经济富庶

锐意进取，实行改革——管仲改革，国力逐渐强盛

战略战术——“尊王”“攘夷”，整合力量，树立威信

b：结果

齐桓公吹响了争霸号角，诸侯之间互相兼并，诸侯国数量急剧减少，最后出现了“春秋五霸”的局面。

设问：如何理解争霸也是民族融合与进步的过程？（小组讨论。）

⑥秦国后来者居上——商鞅变法，秦称雄于世，并完成大一统。

a：秦为何成为“后来者”？

地处西北，国力弱小

受中原各大国轻视，被拒于诸侯盟会大门之外

b：厚积薄发——商鞅变法及其影响

鼓励垦荒，承认土地私有

奖励军功，按军功大小授爵与田宅

编制户口，严刑峻法，实行连坐

建立县制，国君直接任免官吏

乱之终结——秦灭六国，一统天下

3. 总结

春秋战国时期，秦国通过兼并战争，最终消灭分裂并最终实现统一。当今社会，和平是永恒的主题。构建和谐社会人人有责，大家也应该从身边的小事做起，为家庭、学校及社会做一些力所能及的事。

4. 训练与评价

课后思考：以春秋战国为例，说明改革是实现社会进步的重要条件。

二、以少先队活动和综合实践活动为渠道的延伸深化

不论是国学教育目标当中提出的“文化素养”“潜能开发”，还是“民族意识”“人格培养”，都不可能只通过“传授”达到一种新的成长水平。只有通过活动这一载体，让学生作为主体在活动当中获得切实具体的体验，才能更好地内化认知，感受情绪，改善行为，从而促进他们身心的和谐发展。

1. 少先队、团队活动与国学教育

（1）少先队、团队国学教育的优势

在少先队、团队工作和活动中开展国学教育，具有以下明显优势。

1）内容选择具有自主性

少先队、团队工作的实践性、民主性、社会化等特点，使少先队、团队活动内容选择具有完全的自主性。这就为我们的国学教育活动提供了充分的内容选择权，有利于克服国学教育在学科课程渗透中不可避免地产生相对独立、片断化的缺陷，使国学教育更具有针对性、系统性。

2）充裕的时间保证

在学校开展较为系统的国学教育，其中一个制约因素就是时间上难以保证。学校和教师若不统筹安排，就会与现行学科的教学任务产生冲突。而整个中小学阶段用于少先队、团队活动的时间较为充裕，每学年可以保证约有 10 课时可用于组织以国学教育为主题的活动。这就确保了我们在各学科课程积极渗透、主动配合的前提下，努力延伸深化，确保国学教育的有效性。

3）多领域的教育空间

少先队、团队的阵地建设、活动设置和雏鹰行动等全方位、多领域的教育平台，为我们在少先队、团队工作和整个中小学开展国学教育提供了极其广阔的教育空间。拿少先队阵地建设与国学教育的相关性为例，分析如表 6-1 所示。

表 6-1　少先队阵地建设与国学教育的相关性

少先队阵地建设分类	与国学教育的联系
队室	有联系
鼓乐队	有联系
队角	有联系
少先队板报	有联系
红领巾广播	联系密切
红领巾电视台	有联系
小画廊	有联系
雏鹰假日小队之家	联系密切
学生记者站	有联系
队报和队刊	联系密切

（2）少先队开展国学教育的一般途径

应以阵地建设为依托，积极开展国学教育。少先队阵地内容很多，几乎都适合开展国学教育。少先队要充分利用这些阵地，把国学教育延伸至校园的每个角落，在整个校园内营造传统文化的氛围。

1）队室。可以张贴古代名人画像，经典文学作品、字画等。

2）队角。用文字、图片、实物介绍国学知识和文化常识。充分利用学校的现有场地，巧妙地、创造性地建设“国学诵读角”“古诗词乐园”等。

3）少先队板报、队报、队刊。可以开辟如“文化小常识”“古代名人语录”“古诗词赏析”等栏目，在节庆日、纪念日出专刊、特刊。

4）红领巾广播和红领巾电视台。开辟专门的栏目，如“每日一诵”，播放民乐、古乐，还可举办国学讲座，开展各项比赛。

5）小画廊。张贴名家国画或学生自己的绘画，开展国学手抄报展评。

6）雏鹰假日小队之家。组织学生制订与国学教育相关的活动计划、活动方案，及时交流雏鹰假日小队之家的活动成果。

7）学生记者站。组织小记者积极投稿，报道学校及社区、本地区有关国学教育活动的情况。

（3）主题性、系列性、经常性的主题活动

1）主题性。主题活动是开展国学教育最常见、最主要的形式，即围绕一个明确的主题集中进行国学教育。如：开展中华传统美德教育系列（“忠、孝、雅、诚”主题教育活动）；充分利用国学经典中传统文化美德资源进行德行教育；在低年级以《三字经》《弟子规》为蓝本，创编一些以古典文化为内容的游戏或活动，将学习与课间活动、生活联系起来。

2）系列性。系列性活动是在一个较长的时间内，围绕一个主题，把相互联系的多种活动按顺序组合、串联起来，分阶段、分步骤地展开。比如开展国学素养综合系列教育活动，举办国学论坛、国学经典诵读大赛、国学主题征文活动、国学辩论赛、国学知识大奖赛等，让全体师生在一系列活动中全方位地感受到国学芬芳，提高综合素养。

3）经常性。以国学教育为主题的活动，不能流于形式或蜻蜓点水，必须经常化、持久化，只有这样才能提高教育的有效性。例如结合一年中的节日开展“我们的节日”中华传统节日教育系列。我国有许多具有悠久历史的传统节日，如清明节、端午节、中秋节、重阳节等，这些节日流传下来诸多我们耳熟能详的诗词歌赋，同时也提供了教育学生的经典范例。如端午节组织“中华魂，爱国情”迎端午经典诗文诵读会，中秋佳节组织“巴山月、中华情”国艺会演活动，各种形式的活动能让学生充分了解各大传统节日的来历、风俗等相关知识，激发学生学习传统文化的兴趣。还可以不定期举办书法、楹联、民乐、民族建筑、中国结的文化内涵与编织技法等民族技艺的鉴赏讲座。

这些形式多样、内容丰富的活动，赋予国学以时代精神和活力，使国学教育形象化，不但使学生感受到中华文化的博大精深，还可增强他们传承民族文化、提高道德素养的自觉性。

2. 综合实践活动与国学教育

新一轮课程改革加强课程的综合性，小学以综合课程为主，初中将分科与综合相结合，高中以分科为主。从小学到高中设置综合活动课并作为必修课。综合实践活动课程，是新一轮课程改革的一大亮点，主要是指以学生的兴趣和直接经验为基础，以学生学习生活和社会生活密切相关的各类现实性、综合性、实践性问题为内容，以研究性学习为主导的学习方式，培养学生的创新精神、实践能力及体现对知识的综合运用为主要目标的一类新型课程。①

中华传统文化源流久远，积淀深厚，具有无穷潜力。因此，在国学教育中，不能总是抱残守缺，必须有所创新和发展，任何泥古不化的态度都是消极而无益的。国学教育的目标不是复古，不是培养只会埋在故纸堆里的腐儒，而是要培养具有批判和创新意识，具有中国情怀和世界眼光的一代新人。

因此，课程的跨学科性质及研究性学习方式，在帮助学生正确理解和领会国学精髓、批判地继承文化传统、做到知行统一、指导实践等方面有很大的促进作用。它的设置为中小学国学教育的顺利实施和健康发展提供了稳定而可靠的课程支持。

在综合实践活动课程中开展国学教育，我们完全可以引导学生充分发挥其主体地位，让学生自己发现问题，提出问题，寻找解决问题的方法，最终解决问题。具体可以运用以下几种策略。

（1）生活化，经验出发

课程设计、教学设计回归生活世界，向真实的生活情境转化，是开设综合实践活动课程的现实基础。当代学习理论表明，只有当学习发生在有意义的背景中，即与学习者的生活世界发生密切联系时，才是有效

① 中央教育科学研究所研究性学习课题组．综合实践活动（资源包）．教师指导用书（第一册）．北京：教育科学出版社，2002：1.

的。综合实践活动的课程性质客观上决定了这类课程在确定课程内容时必须真正回归学生的生活世界，从学生真实的生活世界中选取具有一定综合性、实践性、现实性的问题、事件和现象来设计课程内容。

因此，在综合实践活动中实施国学教育，必须从学生的生活中选取活动内容，以学生的直接经验作为认识的起点。这是在本课程中渗透国学教育的可靠基石。

我们可以结合社区教育资源，在学生中开展有关传统项目的研究。如“中华饮食文化研究”“节日民俗文化研究”“地域文化研究”等，让学生从与自己生活密切相关的事物中，体味中华传统文化的魅力。

（2）兴趣化，生成主题

综合实践活动课程与学科课程的最大区别，在于课程没有预设较为严密、系统的学科知识体系来让学生学习。它关注的是学生的学习兴趣，在学习兴趣的基础上，通过师生的交互，生成学习活动的主题。

教育者要“经常而细心地观察儿童的兴趣”。在综合实践活动中实施国学教育，我们必须始终遵循这一条规律。活动内容的取舍，活动过程形式的采用，活动之后延伸的程度等，都要尽量考虑大多数学生的兴趣。只有这样，我们的教学活动才会成为学生自主体验、自主实践、自主发展、自我内化的学习活动。例如，小学生对游戏比较感兴趣，教师便可组织学生开展有关“民间传统游戏”的相关研究与活动，学生开展调查，教师通过讲解各种传统游戏在古书上的记载与介绍，拓宽研究内容，引导学生了解丰富多彩的中华民俗文化，激发学生学习国学的兴趣；中学生大多对大众传媒很感兴趣，便可引导学生开展诸如“大众媒体的文言积淀探索”“流行歌曲的文言积淀探索”“金庸武侠小说的文言积淀探索”“古装电视剧文言积淀探索”等活动，认识到传统文化（国学）已然融入现代生活当中，成为现代生活不可分割的一部分。

（3）系统化，探究学习

系统化是活动课程作为一种独立课程形态必须具备的性质。在学科课程中，由于课程体系和教学时间的制约、渗透始终处于随机、从属的状态，难以对国学要素或国学某一项具体内容进行系统的教育研究。综合实践活动课程的开设，使以跨学科为特征的国学教育有了另一个课程依托。学校和教师可以从容地组织学生对某一个国学主题进行系统化的深入教育和研究，通过一个个主题的系列化教育实践，使学生对国学精髓的领悟延伸、深化，最终实现国学教育的目的。

三、以校园文化建设为平台的潜移默化

1. 校园物质文化建设

古人曰“蓬生麻中，不扶而直；白沙在涅，与之俱黑”，讲的就是环境对人具有潜移默化的作用。的确，良好的校园环境可以陶冶师生的情操、塑造美好的心灵，成为师生成长和发展的圣地、养育人文精神的大课堂。对学生进行国学教育，通过校园的环境建设营造浓厚的国学文化氛围，是一条必要的途径。

由于校园物质文化由碎片构成，“碎片”是环境文化的元件。因此学校的一草一木、一人一物、一举一动都应当成为“校园文化环境”的名片、展台和符号。下面从建筑文化、墙面文化、教室文化、学校传播设施文化来谈如何通过校园环境文化建设营造国学文化氛围。

（1）建筑文化

校园建筑文化包括学校建筑物及其命名、校门造型设计、大型壁画、绿化景点及校园雕塑等。若学校现有的校园设施蕴涵国学教育的独特资源，就应发掘出来加以利用。如济南市大明湖路小学内有一处古建筑，由于年久失修，现已被封闭，但原先的宏伟气势仍依稀可见，它就是历史上有名的“府学文庙”，简称文庙。文庙始建于北宋熙宁年间，明洪武二年重建，是展现孔子及其弟子儒家文化的大型古建筑，在规模上仅次于曲阜的孔庙。这座建筑被大明湖路小学开发并成了得天独厚的国学课程的学养资源。如果没有此类古建筑，那么学校的校园物质文化建设就应该以传统文化为主线，全员参与，精心构思，整体打造。北京市西城区三义里小学是一所普通小学，建校时间不长，没有百年老校的悠久历史，没有古建筑群作依托，没有丰富的国学教育资源。学校在现有环境的基础上，在校园物质文化的建设中精心设计，突出了国学元素：古琴造型、青花瓷造型的大门，供师生每天瞻仰的“孔子雕像”，以“名苑”命名的茶文化博物馆，学生举行典礼的“中华文化园”等。再如深圳市风光小学，在校园中修建了一条长一百多米的“文化科技长廊”，精选了古往今来在我国文化、科技方面具有重大贡献、重大影响的人物和事件，以浮雕的形式形象地展现出来，正可谓“上下五千年，浓缩百米中”。

有的学校从细节入手，精心设计，使校园处处散发出浓郁的中国古代传统文化的气息。各班级、各办公室、各功能室的名称悄然发生着变化。如重庆市培新小学把校长办公室取名“至诚斋”，图书室取名“涵泳轩”，意指“读书切戒在慌忙，涵泳功夫兴味长”；实验室取名“齐焉厅”，意指“见贤思齐焉，见不贤而内自省也”；五年级三班取名“荟萃馆”，意指“群英荟萃”。学校铃声也由单调的声音变成琵琶、古筝等经典音乐，栏杆、橱窗，甚至垃圾桶、洗手间都烙上传统文化的印迹。让人一走进校园，就会被浓郁的国学氛围所感染。

（2）墙面文化

墙面文化主要表现在厅堂、走廊、围墙、教室墙壁上的设计与挂图：墙上悬挂的古代名人画像、名家诗画作品能够激发学生热爱先辈的感情；墙上悬挂的学生优秀书画作品，既能鼓励学生的特长发展，又能增添校园的艺术感染力；墙上点缀的警句格言，使学生产生积极向上的力量；校园墙壁上随处可见的人性化标语提示，无声地陶冶学生的品格情操。墙面上的格言、警句应该用手写体，用或规整或清秀或遒劲或洒脱的字体书写，或者用诗文配以精美的中国画，然后裱于玻璃框作为挂图。这类名言名句选一句话即可，并注明作者和出处，目的在于利用学生课间休息的时间，让中华传统经典时时进入脑海，从一点一滴开始积累。

（3）教室文化

教室文化主要表现在教室里的每一面墙壁、每一个角落都彰显文化色彩。具有丰富文化氛围的教室能让每面墙壁都会说话，每一个角落都会传情启智。班级的班训、班规可以用一句古文来代替，如“书山有路勤为径，学海无涯苦作舟”；教室的墙壁上可以张贴名言名句，一来美化教室，二来补充日常诵读内容。可在教室内部设施的布置中增加中华传统美德系列、梅兰竹菊系列、经典诗词系列、名人名言系列等，让有限的教室空间生发无限的教育资源。在洋溢着人性光辉的教室文化里，学生时时都能感受到人文的抚慰、艺术的熏陶和圣贤的召唤。

（4）学校传播设施文化

学校传播设施文化主要包括学校标志设计，以及黑板报、标语牌、橱窗、广播、电视、网络等设置。它们如一只无形的手递来的“名片”，不仅能展示学校的文化形象，也是学校与外界传递文化信息的重要窗口。橱窗板报是很直接的“文化”，是学校文化内涵的外显，更是传承优秀传统文化的可鉴之途。我们可以设立“中国文化遗产”“中华传统节日”“华夏民族风情”等固定宣传栏，张贴具有代表性的经典名篇，入选的篇目篇幅应该短小，或是做一个节选，让学生能够快速吸收。至于张贴的内容，可以尽量扩充其范围，文学、历史、教育、天文、地理、美术、音乐、建筑、民风民俗……只要能对学生起到正确的引导和提示便都有其价值。并且，名篇名句应该经常更换，从而保持学习的持续性，避免长时间学习同样的文字内容所带来的疲惫感。

黑板报是学生交流、学习的好地方，可在每期的黑板报中设置一个区域固定为经典诵读的版块，如“诗歌园”“古文苑”“格言栏”等，由学生们自行选择内容，起到相互交流的作用。另外也可配合教师和学校的教学安排，专门设计一期中华传统经典诵读专题板报，把同学们对经典作品的学习心得，总结出的好的诵读方法、诵读的成效等板书上去，把经典诵读的过程和反馈结果联系在一起。在校园环境的建设上，可以注入中华传统经典的元素。有条件的学校还可精选古诗词、儒家经典、格言警句等，每天在电子屏幕上滚动播放，让学生在进出校门的短短一两分钟里接受国学熏陶。

校园广播是中小学生的好朋友，校园广播站大多由学生在教师的指导下自行组织和广播。如果说建设校园环境是为了从视觉上刺激中学生对经典的学习，那么校园有声语言的利用就是从听觉的角度帮助学生走进经典。利用校园广播这一有声语言，在学生每天午休时、下午打扫卫生时播放中华传统经典诗文。在闲暇时间播放的诗文最好是通俗易懂的，这样能引发学生对古诗文的兴趣。播放的形式可以选择优秀朗诵者的示范带，也可以让教师或是学生现场配乐朗诵。除了对诗文的朗诵，还可以利用校园广播播放以经典诗文为词谱曲而成的流行歌曲。例如流行歌手王菲所演唱的《明月几时有》《幽兰操》就是根据苏轼的《水调歌头·明月几时有》和韩愈的《幽兰操》原文谱曲而成。用流行歌曲的方式亲近中华传统经典，不但能激发中学生的兴趣，还能有效地达到背诵的目的，因为会唱了自然也就能读能背了。

总之，我们要尽可能地将校园装点得诗意融融，韵味浓浓。让校园内每一块板壁说话、每一个景点益智、每一个空间出彩，使校园在中华经典文化的浸润中散发出淡雅的书香，使学生在充满诗意的氛围中栖息徜徉，让他们在耳濡目染中获得国学的滋养和熏陶。

2. 学校精神文化的营造

学校文化建设不仅是林立的高楼、优美的校园环境，以及漂亮的标语和口号，更主要的是它的精神文化。笔者认为，营造“书香校园”是建设学校精神文化的重要途径，也是青少年国学教育的重要途径。

书香校园的营造主要通过营造浓郁的阅读氛围、整合丰富的阅读资源、开展丰富多彩的读书活动，促使学校师生共同阅读。学校精神文化的营造主要有以下两种策略。

（1）环境营造

理想的校园环境是自然景观与人文景观交相辉映的绚丽时空。她宛如一幅画，浓淡相宜，神韵生动；她宛如一首诗，意境深远，回味无穷；她给人一种外在的力，能熏陶人、引领人的发展。苏霍姆林斯基说：“一所学校也可能缺少很多东西，可能在许多方面都很简陋贫乏，但只要有书，有能为我们经常敞开世界之窗的书，那么，这就足以称得上是学校了。”①

“营造书香校园”的学校一般建有若干个阅读广场或开放性的阅读空间，以及每所教室中设置的“读书角”。有所学校是这样描述自己的阅读广场的：根据教学楼的空间布局特点，学校以二楼中间的圆弧为依托，打制了一组呈半圆状造型的大方别致、色彩亮丽的书架，并精心装饰成一个美丽怡人的读书场所——青藤书吧。书吧的顶棚，婆娑的绿叶错落垂挂，与白色墙壁上“才知源海文始为，腹有诗书气自华”“凝墨华藤色常青，染节香翠意盈目”的诗句相映成趣。在通向书吧的楼梯墙壁上，“读书是人类进步的阶梯”十个字，依势呈阶梯状上升排列，旨在让大师的思想和智慧时时激励、影响学生。在楼道内分设了四个小书吧，“相约好书，放飞梦想”“沐浴书香，让心灵快乐飞翔”“书籍是开启智慧的钥匙”等富有激励性的标语点缀其间。

还有一所学校是这样描述自己的读书角的：走进任何一间教室，都能觅见一方“读书角”，一张不太大的桌子，一块素雅整洁的台布，衬着一排排整齐的书架。架子上的书都是由各班学生自发带来的，并且被排放成他们喜好的造型。孩子们为这片小天地自创了不同的主题：“品书屋”“翠微居”“书海拾贝”“开卷有益”“漫步书林”等，学校从而成为随处可以读书的知识的海洋，学校应该是学生永远的精神家园。

① 苏霍姆林斯基．苏霍姆林斯基选集（第四卷）．李汀，王义高，祖晶译．北京：教育科学出版社，2001：67.

（2）活动推进

所谓“活动推进”策略，就是通过开展一系列读书活动来推进书香校园建设。一个行动在其开展之初，热热闹闹的气氛是非常有必要的，它对“书香校园”建设能起到推波助澜的作用。

学校可以全方位推广“班级读书会”“教师读书会”“亲子共读”“社区读书会”等丰富多彩的阅读方式，以期真正实现以书香校园带动书香家庭、书香社区，从而普及与推广国学。

“营造书香校园”中与国学教育相关的活动类型主要有动手类、动口类、动脑类、互动类和综合类。

1）动手类

这类活动以学生动手制作为主要特征，如自制书签、配画配诗等。当然，动手的同时也伴随着动脑。

自制书签。这个活动适合小学中低年级，旨在通过学生自制书签，培养亲近书籍、热爱读书的习惯。学生可以使用卡纸制作成长方形、圆形、动物形等各种形状，在上面画上图画，写上一句与读书有关的名言。此类活动一方面培养了学生的动手能力；另一方面让学生学习一些读书名言，懂得读书的意义，培养学生读书的习惯。

配画配诗。这个活动是让学生为诵读的经典配画，或者为看到的图画配诗。前者是在阅读经典的基础上为经典配画。阅读经典本身是一种读书活动。读后配画，则培养学生的想象能力和动手能力。后者为图画配诗，同样需要学生有丰富的想象力，同时需要有一定的文字表达能力，它更多的是培养学生的写作能力。配画配诗，可以培养学生的阅读兴趣，促进学生智力的发展。

2）动口类

这类活动以口读为主，代表性的活动有经典诵读、读书交流、讲故事、演讲比赛等。

经典诵读。阅读经典对一个人的成长有着十分重要的影响，尤其是童年阅读经典往往构成了一个人生命的底色。陈莉博士说：“童年阶段的经典文学阅读是美好人性的起点、审美情感的起点、性格塑造的起点、人生体验的起点，在充满好奇、探索、发现与体验的经典阅读中，孩子能接受到潜移默化的、无穷无尽的滋养，体悟到什么是美、什么是爱、什么是善良、什么是勇气、什么是忧伤……”[①]然而，在实际生活中，人

① 陈莉．老师，你是否点亮了儿童经典阅读的灯？．中国教育报，2005-02-03

们窄化了经典阅读的范围，一提起经典就会想起《灰姑娘》《海的女儿》，其实，经典阅读的范围非常广泛，先秦散文、唐诗宋词、现代儿童文学、外国经典童话等，都能成为经典阅读的内容。经典阅读的关键应避免成人化，教师应成为儿童经典阅读的引路人。由朱永新教授发起的“新教育实验”倡导经典阅读，旨在引导学生阅读一本本有趣且耐人寻味的经典，让学生在朦朦胧胧间有一个人生的方向，让每一个学生走向优秀、优雅和完美。经典阅读的方式多种多样，短小精悍的文章可以诵读或背诵，篇幅较长的经典名著可以开展专题阅读、进行心得交流等。

读书交流。读书交流有三方面意义：一是促进个人阅读；二是分享阅读体验；三是营造校园读书气氛。读书交流的形式有两种：①心得式。即利用一个相对集中的时间交流读书心得。基本程序是：布置学生阅读有关书籍，要求学生撰写读书心得；对读书心得进行筛选，选择优秀的文章组织交流；事先在教室中做布置，营造交流气氛；主持人宣布活动开始，学生依次进行交流；最后班主任教师做总结发言。②表演式。表演式一般有主题、要求高、规模大，因此，事先要做充分准备。例如，有一所学校举办“古韵流长”古典诗词朗诵，表演开始，主持人一段优美而充满情感的引语，穿越时光的隧道，将人们带回悠远的年代。一首《兵车行》拉开了诵读表演的序幕，紧接着，学生朗诵了《雨霖铃》《蜀道难》《将进酒》《水调歌头·明月几时有》……表演在《满江红》的诵读中进入尾声，最后，教师做精彩的点评。整个过程由主持人以优美的串连词连接起来，并伴有轻音乐，洋溢着一种轻松愉快的气氛。

讲故事。可举办与国学教育内容相关的故事会，如“成语故事”“民间故事”“美德故事”，旨在培养学生对中华传统文化的兴趣、读书的兴趣和表达表演能力。这种形式比较适合小学生，尤其是小学中低年级的学生，学生要给同伴讲故事，他（她）必须自己先去看书、读故事，同时，孩子们听了好的故事，知道这些故事在书中，于是他们会自己去寻找故事书阅读。学生讲故事的过程是培养学生口头表述及艺术表演能力的过程。讲故事不同于读书会，要求学生对故事有深刻的理解，并在此基础上尝试进行绘声绘色地讲述。

演讲比赛。学校可以围绕读书活动开展一些演讲比赛。比如围绕“读书的意义”“生命的价值”等开展一些演讲比赛。演讲比赛类似于读书会，不同的是演讲比赛的要求比较高，演讲者需要围绕一个主题进行富有感情的脱稿演讲，需要有感染力和震撼力。

3）动脑类

动脑是以考查学生智力为主要目的的活动，并以此培养学生对读书的热爱。主要活动有知识竞赛和名言征集。

知识竞赛。内容可以是文化常识和指定国学书目等，教师给学生布置阅读任务，同时编制竞赛试卷。然后组织考试和阅卷，对成绩优秀者予以奖励。

名言征集。向学生征集有关读书的名言。教师应事先拟好征集名言的通知，阐明活动的目的、意义、要求（时代性、健康性、原创性、生动性等）、截止时间、评奖等事项，然后发动学生搜集名言，组织有关教师组成评委进行评比，并举行隆重的颁奖仪式。学校还可将好的读书名言布置在橱窗中或张贴到墙上，营造一种气氛，让好的读书名言成为激发学生发奋读书的动力。

4）互动类

这种读书是以学生与学生、学生与教师、学生与家长、学生与名人等互动性（交流或对话）为主要特征开展的读书活动。这类活动主要有读书沙龙、名人对话、举办书市、亲子阅读等。

在这里笔者想重点讲一讲亲子阅读。亲子阅读是指学生与家长或教师共同读书、共同分享阅读的快乐。这是一种值得倡导的培养学生从小热爱读书、形成良好读书习惯的行之有效的方法。比如，有学校在开展中华文化经典诵读活动中，以学校诵读重整体，家庭诵读重个性，社区诵读（实践活动）重氛围、重体验为思路，在实施诵读活动中，特别重视家庭诵读、社区诵读实践功能的发挥。在引导家庭诵读活动中，开辟家庭经典诵读论坛。通过家长会、《诵读实验通讯》等形式，实现家长们诵读指导的信息、观点、方法的交流，倡导开展“亲子行动”“爱心父母”“同读圣贤书，共知天下事”等活动，形成浓郁的家庭诵读氛围。在开展社区诵读实践活动中，借助综合实践活动和课外活动，开展经典诵读社会调查、地方人文景观考察等实践活动，以锻炼学生的实践探究能力。

5）综合类

这类活动具有综合性的特征，培养学生多种能力。主要活动有自编小报、情景剧表演等。

自编小报。读书小报的内容涉及读书新闻、读书心得、读书知识、读书方法、读书名言、读书之星、新书推介等，要求学生具有版面设计能力、审美能力、文字编辑能力、动手能力，因而它极具综合性。编制小报，不仅能培养学生上述能力，而且能培养学生阅读、思考的习惯。因为编报，必然促使学生去寻找阅读材料，获得新知，撰写随笔。

情景剧表演。指让学生表演在国学课或语文课上学到的故事或剧本。这类活动旨在加深学生对国学内容的理解，培养学生的兴趣，同时也提高了学生的表演能力。

第二节　国学教育方面教师的选择与培育

师资是国学教育的主导因素，直接关系到国学教育的质量和成败。目前，除个别学科外，一般学科教师在职前和职后的培训中很少涉及国学相关内容。可以说，大多数教师的国学素养偏低，这已成为制约国学教育发展的最大瓶颈。教师们基本上都认为国学素养很重要，也认识到自身的国学素养有待于提高。尽管许多开展国学教育的学校或地区的师资培育仍处于探索阶段，但是，这并不意味着他们不重视这项工作；相反，他们深刻认识到教师是落实国学教育的主力军，对国学教育的成功与否起着关键作用。

就目前而言，学校的国学教师应该包括选择和培育两大部分，其中培育又包括在职教师的培训和教师的职前教育两方面。

一、国学教育对教师的要求

在阐述如何选择和培育国学教师之前，首先要明白国学教育对教师有何特殊要求，只有如此才能根据这些要求去选择和培育教师。国学教育对教师提出了如下要求。

1.具备一定的国学素养

国学经典是一个民族的人文标志和文化灵魂，是传统文化的重要载体。我们每一个国民都有了解和熟识国学的必要。正如朱自清先生所讲："一个受教育的中国人，至少必得经过这种古典训练，才能真正成为一个受教育的中国人。"①

① 朱自清.再论中学生的国文程度.国文月刊，1940（2）：3.

根据目前中小学国学教育的实际情况及教师素养现状，本节所论国学素养指经学、子学、蒙学、文学素养，以及与之相关的古代文化常识。

阅读国学经典不仅能够增进知识，而且具有熏陶气质、改善性情、提高涵养的意义。从某种程度上说，一个人学识的多寡、国学素养的高低可以通过言谈、举止、气质、修养等外化出来。而对教师来说，深厚的文化底蕴更是教师人格魅力的体现，这种精神力量和人格魅力“不是任何电脑或其他媒体科技所能拥有和放射出来的”[①]。

实际上，具备一定的传统文化素养是成为一名合格教师的必备条件。而开展国学教育对教师也有一定要求。

对于国学的具体内涵，每个人的理解不同，笔者将其分为呈金字塔形的五个层级：第一层级是近年提出的“新国学”，涵括从古代到当代的一切属于中华民族的学术内容；第二层级是古代的一切文化形式，包括物质的和非物质的；第三层级是古代的非物质文化，即古人创造的文字与技艺（如音乐、绘画、舞蹈、武术、剪纸等）的精神遗产；第四层级是古代的人文社会科学；第五层级是核心文化传统，即人文社会科学中的经典著作，主要为经学和子学。目前中小学生所学国学大多为第五层级（包括主要承载核心文化传统的蒙学），以及第四层级中的文学、史学作品，同时也涉及第三层级中的技艺。

虽然对中小学国学教师的要求大可不必达到像高等教育、国学院的国学大师那样在国学研究方面必须具备渊博而精深的学识和修养，但对这些最能代表国学精粹的“经、史、子、集”等还需具有一定的阅读与鉴赏能力，不“渊博”但要“广博”。

由于国学经典都是用文言文写成，古代汉语便成为国学教育的根基。那么当前中小学教师的古文功底与文化素养状况如何呢？我国大陆国学教育长期以来的失落，造成了传统文化的断层。目前的中小学教育界，四五十岁的教师大多经历过“文化大革命”，大好的求学时光白白浪费，古文功底非常薄弱。二三十岁的年轻教师，他们的学生时代是在紧张的应试教育中度过的，所受到的教育在一定程度上影响了他们的传统文化素养。总体来说，由于多年来冷落和忽视传统文化教育，教师自身的古典文化常识和传统文化素质都有待提高。特别是国学课的教师，要引导学生理解和体会国学精粹，接受文化熏陶和人格的陶冶，对国学经典广

① 李加树．香港语文教学策略．南京：南京师范大学出版社，2000：23.

泛涉猎，不断提高自身的文学和文化修养就更为迫切。

对于国学课的教学内容，教师不仅要会“教”、会“背”，还要有强大的知识储备和对传统文化、历史的深刻理解。好的国学教师要懂得把古代的哲学思想和现代社会生活结合起来，将古人的伦理道德和现代人的积极进取结合起来。优秀的国学教师能够在课上自然地引导学生背诵，生动地叙说与教学内容有关的故事，课下从容地与学生交流，为学生答疑解惑，只有这样，学生才会从心里对自己的教师和古代的圣人产生敬佩，教学效果才能达到更高的层面。因此，国学教师应该是个“杂家”，无论对古代汉语、古代文学，还是对古代的人文历史、典故、风俗习惯等都应深入了解。国学教师要树立终身教育的思想，及时掌握语言文学发展演变的动向，不断更新知识结构。

2. 具有国学课程开发的意识和能力

课程开发最终需要通过教师来实现。从教师层面讲，多年来，教师已经习惯了讲述别人让自己讲述的内容，所做的工作就是尽力把该讲的内容讲好，关注的始终都是“怎么教”。在其意识底层，“教什么”并不属于他们考虑的范围，这就是如今理论界所谓教师“课程意识”的缺乏。国学课程的开发最终需要通过教师来实现。因此，“教师做与不做，如何做，才是最需要的因素……课程实施是协商的过程，学校或教师会以适合他们的方式来实现课程”。①

目前，学校自主开发国学课程，更需要教师的全程参与。教师缺乏课程开发意识，国学教育的课程开发只能是一纸空文，课程实施也只是一句空话。课程资源的开发和利用赋予了教师在课程开发中的权责，使教师具有了专业自主的地位，也获得了专业发展之动力。那么，他们不再是被动的传授者，而是课程的开发者和实施者。通过实际参与课程开发的一系列活动，教师在实践中全面地、富有创造性地理解和运用课程理论知识，对以往的教学实践进行批判性地反省，就必然使教师教学风格和教学信念有所转变。所以说，课程资源的开发和利用将会活化课程参与者的角色，有助于教师专业水平的提高。

教师具备了课程开发的意识，了解课程开发对自身专业成长的意义，还要具备相应的能力。对国学课程资源特性的准确理解是教师进行课程开发的前提条件。

① 傅建明．论校本课程开发的支持系统．教育理论与实践，2001（10）：55.

（1）潜隐性

国学课程资源作为一种校本课程资源具有潜隐性，这说明“它不是现实的课程要素和条件，必须经过课程实施主体自觉、能动地加以赋值、开发和利用，才能转化成现实的课程成分和相关条件，发挥课程作用和教育价值”[①]。美国哲学家赫舍尔（Abraham Joshua Heschel，1907—1972）曾说过“最高的问题不是存在，而是对存在的关切”[②]。教师怎样理解课程，就会有怎样的课程资源观。国学课程资源或许隐藏在相关课程之中，或许隐藏在学校的亭台楼阁、书画宣传栏里，或许就在当地民俗民风之间，或许就发生在身边的教学事件当中。一切都需要课程开发者高度发挥意识活动的能动性，才能使国学课程资源有选择地进入课程领域。

（2）差异性

国学课程是“以学校为基地”的，学校不同则国学课程资源会表现出千差万别的形态和特色。影响国学课程资源差异性的其他因素还有地域因素、社区因素、教师因素、学生因素、家长因素等。正是有了差异性的存在，国学课程资源开发才会呈现出五彩缤纷、绚丽多姿的特点。国学课程资源开发方面，不同小学展现出各自的特色，如山东济南市大明湖路小学不同于沈阳市皇姑区北陵大街小学，深圳市南山区卓雅小学不同于深圳市福田区的岗夏小学和坪山新区的向西小学，展现了各自生气勃勃的国学课程。

（3）开放性

学者袁行霈认为：“国学并不是一个封闭的体系，……要抱着开放的态度，把国学放到世界各民族文化大格局中加以研究……”[③]美国课程专家泰勒（Ralph W. Tyler，1902—1994）提出课程计划的三种来源，即对学习者本身的研究、对校外当代生活的研究、学科专家的建议。[④]国学课程资源开发不单独面对教材、专家、学科、学校，还要将触角伸向日常生活和社会，并放眼世界。尽管“四书”、“五经”与“孔子”历来在国学教育中占有不可动摇的地位，但我们不能将“国学课程资源开发”狭隘地理解成“为‘读经’或者‘尊孔’开发课程资源”。今天的国学课程资源开发者必

---

① 黄晓玲．课程资源：界定、特点、状态、类型．中国教育学刊，2004（4）:37.

② 赫舍尔．人是谁．隗仁莲译．贵阳：贵州人民出版社，1994：83.

③ 袁行霈．国学研究．第3卷．北京：北京大学出版社，1995：657.

④ Ralph W. Tyler. Basic Principles of Curriculum and Instruction.Chicago and London:the University of Chicago Press, 1949：5.

须以开放性的眼光审视国学，才能赋予国学课程以现代教育的意义。

（4）多质性

国学课程资源的多质性，一方面是指同样的国学课程资源可以为实现不同的国学课程目标服务；另一方面是指不同类型的国学学习活动可以运用同一种国学课程资源。正如泰勒所言“课程编制和有效实施的各种资源是有限的”①。国学课程资源的多质性为某些珍稀国学课程资源的师生共享、校际共享乃至跨省（自治区、直辖市）共享提供了理论依据，并且对于激励本校师生通过创造性地发挥素材性国学课程资源价值，改善全国各校条件性国学课程资源分布不均衡的现状，起着重要的促进作用。

（5）生成性

受到不断发展的国学知识、日益创新的课程理论等大环境的影响，国学课程资源开发实际上处于动态发展阶段。实践中，国学课程资源常常通过师生在具体的教学情境中互动得以体现，与学生个体成长和教师专业发展俱进，因而具有鲜活的生成性。“在生成论的视野中，一切都是生成的，都处于永恒的变化过程之中，不再存在一个预定的本质。”②生成性品质以解放兴趣为最终目的。哈贝马斯认为，“解放兴趣就是人类对自由、独立和主体性的兴趣，其目的就是把主体从依附于对象化的力量中解放出来”③。强调国学课程资源的生成性，实质上是要把师生从对所谓圣人的依附、对经典的依附中解放出来，以师生自己的经验为基础、以课程资源为中介、以环境为依托，在以教师和学生为主体的交互关系中创生自己的国学课程，建构自己的国学课程的意义。

二、国学教育方面教师的选择

1. 原则

（1）选择最有兴趣的教师

在教育、教学中，谈到兴趣的重要性时，往往指的是学生学习的兴趣，似乎只要学生对教育、教学的内容感兴趣，教育、教学就算成功。这导致许多学者在谈到教育、教学的失败时，常常指责教师没有调动学生的学习兴趣，并武断地认为教师的首要任务是激发学生的学习兴趣。

① 拉尔夫·泰勒．课程与教学的基本原理．施良方译．北京：人民教育出版社，1994：143.

② 邹广文，崔唯航．从现成到生成——论哲学思维方式的现代转换．清华大学学报（哲学社会科学版），2003（2）：2-6.

③ 哈贝马斯．认识与兴趣．郭官义，李黎译．上海：学林出版社，1999：译者前言第13页．

但是，现实情况却是，有不少教师自身对教育、教学并不感兴趣，他们似乎将教育、教学作为发展的权宜之计。正是由于存在这样一批教师，他们只将教育作为一种职业，作为一种谋生的手段，最终导致教育领域出现诸多不尽如人意的事情。因此，要想确保国学教育成功开展，首先要选择对教育、教学有兴趣的教师。

教师对国学的兴趣和他们自己对传统文化的认识分不开，只有一个有兴趣钻研的教师，才能不断提高自身的文化素质和文化底蕴，如果教师自己对国学都没有兴趣，就很难想象在他的国学课堂上能激发出学生学国学的兴趣来。如果一名教师不是自愿而是迫不得已承担国学课程的教学任务，那么他就很难对国学课程有主动的“专业关切”。单纯是为教书而教书，教学质量就很难保证。只有具备教学动机的教师，才会在参考专家的意见实施课程的同时，还愿意从学生发展需求出发，对课程实施做出额外努力，成为点燃学生心灵火炬的“点火者”。

（2）选择最乐学的教师

教师是学生学习的引路人，其学习的必要性不必多言。在如今这样一个日新月异的时代，教师学习的重要性也更加凸显。但实际情况却是，不少教师并没有表现出“乐学”的倾向。如不少教师只是“学习”与所备课程有关的知识，对其他知识置若罔闻；更有教师数十年用同一个备课方案，所谓的学习只是把教案温习一次而已。但是，国学教育对教师的学习提出了更多、更高的要求。它要求教师学习时不仅学习应该传授的知识，还要学习如何传授这些知识；不仅关注即将传授的知识，还要扩大知识面，涉猎百家；不仅要掌握知识本身，还要形成自己的思想和观点；不仅是在经历学习过程，还要享受学习的乐趣……要达到这些要求，教师就必须对学习本身感兴趣。

2. 方式

如何根据上述原则选择国学教师呢？实践中，大多数开展了国学教育的学校，国学教师的担任者很自然地都是语文教师，也许是因为国学属于人文学科，与语文的关系最为密切的缘故。其实，国学教师不一定非要由语文教师承担，这种想当然的“惯性”思维可能会打击其他教师的积极性，也会造成学校现有资源的浪费。

国学教师应该由教师、学生、学校管理者共同选择。从教师方面来说，可以先由感兴趣的教师向年级组或教研组自由报名，由年级组或教研组汇总后交给学校相关部门（如教务处）。年级组或教研组在提交给学校相关部门时应该有自己的推荐意见，推荐意见中应该包括这些教师以往的工作成绩，他们是否具备国学教育对教师所提出的要求，以及在哪种程度上具备这些要求，他们是否是该年级组或教研组对国学最有兴趣、最乐学的教师等。与此同时，学校相关部门应该对学生展开调查。调查内容应该包括学生对教师以往教学的评价及原因，教师是否具备及在哪种维度上具备国学教育的相关理念等；调查方式可以是问卷调查和各类访谈。学校相关部门在搜集并整理完这两方面的材料后，需要综合分析并做出决策。

三、国学教育方面教师的培训

20 世纪 30 年代，随着发达国家教师培养和培训活动的深入发展，"师范教育"一词逐渐被"教师教育"所代替。"教师教育"取代"师范教育"标志着教师培养活动进入一个新的历史阶段。教师教育无论在内涵上还是形式上，都与师范教育有很大差别。具体表现为：在教育时段上，教师教育囊括了人的整个职业生涯，包括职前、入职和在职教育，而不仅仅是一次性的职前教育；在教学内容上，教师教育涵盖了内容广泛的知识和技能的学习，包括人文科学教育、学科教育、专业教育和教育教学实践等；在组织形式上，教师教育既有正规的学校教育形式，也有非正规的形式，如参观、研讨或咨询等。对国学教师教育的讨论，笔者主要从教师的在职培训和职前教育两方面来谈。

1. 教师的在职培训

"综观教育发展史，无论是在现代教育体系中还是在现代课程体系中，培训都是重要的、不可替代的结构要素，它承担着渡过理论到实践这条宽阔河流的船和桥的功能。无论从哪个角度讲，我们从事的都是一项事业，而不是某个特定历史时期的权宜之计。"①

按照一般顺序，首先应该讨论教师的职前教育。因为教师的职前教育是教师的准备教育，没有它，根本谈不上教师的产生，更别提教师的在职培训和入职教育了。鉴于我国开展国学教育的需要首先出现于中小学校，它迫切需要相关教师胜任这一工作。可是，鉴于教师教育周期较

① 李方，冯华，张彬福．教师培训热的冷思考．中小学管理，2004（10）：10.

长，中小学校和各级教育行政主管部门只能先求助于相对来说周期较短的在职教师培训，因此，本书将教师的在职培训置于职前教育之前。

（1）在职教师培训的内容

1）传递国学教育理念

尽管“更新教师观念”只是教师培训的中间目标，其最终目的是提高教师教学行为的有效性，但是，“更新教师观念”在教育改革中的重要性已经为20世纪90年代至今我国一系列教育改革所证实，可以说，它对提高教师教学行为的有效性起着举足轻重的作用。所以在国学教师培训中，首先应该传递国学教育的理念，以更新教师观念。

2）传授国学相关知识

如前两章所述，中小学国学教育要求教师具备相关经学、子学、蒙学、文学素养，以及与之相关的古代文化常识。尽管教师平时对这些知识可能也有所涉猎，但并不是系统化的，他们可能并不精通这些知识。因此，需要通过在职教师培训使其成为这方面的“专业”教师。

3）开展教学技能训练

教师教育观念的更新，最终要表现为教师教学行为的改善，而教学行为的改善所依赖的则是教师教学技能的提高。但是，教师教学技能的提高并不是经验积累的结果，而是需要“专门”的训练。这种训练不是随意进行的，而是在现代教育理论、思想的指导下开展的，是在对以往做法进行反思的基础上开展的。这种训练要结合日常工作去自觉进行，同时也必须全面体现在教师培训的过程中。

（2）在职教师培训的组织形式

在国学教育开展之际，任何一所学校所遇到的问题都是具体的、独特的、不可替代的，“它所具有的复杂性是其他学校的经验不能说明的，是理论所不能充分验证、诠释的。在一定程度上，只有深入这所学校具体的生活场景，了解其运作机制，认识其人际关系、规范、制度等，才能找到解决问题的钥匙”[①]。因此，国学教师培训应采取校本培训的形式。

校本培训最初产生于20世纪70年代中期的英、美等国。为了改变中小学教师培训中理论与实践相脱节的状况，英、美等国“开始重视中小学校在教师在职培训及教师专业发展过程中的作用，逐渐形成了以中小学校为中心的教师在职培训模式。这一模式能提高教师的教育理论水

① 郑金洲．走向“校本”．教育理论与实践，2000（6）：12.

平和教学实践技能，提高教师解决问题的能力，实现大学研究者与中小学教师的合作。因此，英、美等国普遍认为，要提高教师教学的质量，促进教师持续的专业发展，教师的在职培训必须从教师和学校的实际需要出发，由教师任职的中小学校发起，利用中小学校的一切有用资源，加强与大学及其他机构的合作”[①]。可见，校本培训的本义是指，由任职学校自行发起，联合相关教师教育或培训机构，以促进该校教师专业发展、改善该校教学质量的一种培训方式。

20 世纪 80 ～ 90 年代，校本培训传入我国，但我国对校本培训的理解存在一定偏差，常常把校本培训理解为“完全在中小学内进行的在职教师培训”。这种以地点来区分校本培训和非校本培训的观点偏离了校本培训的本义，在一定程度上误导了教师培训的实践活动，容易将校本培训完全限制在中小学内，使一线教师误认为校本培训就是由中小学校长和教师自行组织、开展的培训，从而忽视了大学和其他培训机构的力量，最终使校本培训的效果大打折扣。

事实上，校本培训与非校本培训的区别在于培训内容。校本培训的培训内容来自学校自身和学校一线教师；非校本培训的培训内容是由培训机构（如大学、教师进修学院等）自行制定的。至于培训地点，可以是在发现问题并参与培训的教师所任教的学校，也可以是培训机构所在地或其他地方；而实施培训的人员，可以是专家，可以是资深教师，当然最好是专家培训加资深教师培训。需要注意的是，校本教师培训的基本特征是高等教育机构或其他教师培训机构与中小学校之间建立伙伴关系，双方合作，共同完成师资培训任务。

至于如何对国学教师开展校本培训，下面主要从校本培训模式和培训原则两方面来谈。

关于校本培训模式，我们可以借鉴英国谢菲尔德大学教育学院设计的“六阶段培训模式”[②]。

1）确定需要。校长和教师感到有培训的需求和必要性后，进一步确定在哪些方面迫切需要提高，然后与大学或培训机构联系，以便获得有针对性的培训机会。

2）洽谈。中小学校以地方教育主管部门的总顾问为中介，与大学或

① 教育部师范教育司. 教师专业化的理论与实践. 北京：人民教育出版社，2003：57.
② 袁桂林. 英国教师在职培训的六阶段模式. 外国教育研究，1995（1）：13-14.

培训机构洽谈如何根据需要制订教师在职培训计划；其主动权、主导权在中小学，大学主要充当助推器，帮助提高教师水平。

3）协议。在大学、地方教育行政主管部门、中小学校的共同参与下，拟定一份详细的培训协议，交给即将接受培训的教师修改，得到教师认可方能确定。

4）前期培训。前期培训时间一般为两天左右，主要在大学进行，由大学培训人员介绍有关科学技术近况和新的教学方法论原理。这类导引课程有助于教师开阔视野，加强学科横向联系和学际交流。

5）主体培训。大学教师深入中小学教学第一线，与中小学教师个人或集体共同备课，钻研教学难点和重点，选择教学方法，设计教学结构，评价教学效果。

6）小结。协议规定的项目基本完成之后，教师在职培训暂告一段落，教师要对自己在培训过程中获得的知识、经验、技能与策略进行总结与评价，并反馈给学校、大学或培训机构，作为设计补救计划或新培训计划的依据之一。

（3）培训原则

1）全员参与，区别对待。教师国学学习培训一定程度上是弥补其求学时的不足，需要全体教师共同参与。因此，要将国学知识纳入到整个学校教师发展的总体规划中。不过，由于经验、经费、时间等方面的限制，全体教师进行相同内容、深度的学习培训不太可能。因此也必须研究相应的培训目标，选择培训方案。对于一般教师，可以把国学知识作为通识性知识加以培训，对于直接从事国学课程教学的教师，则应当有更详细的要求。比如根据小学国学教育的实际情况及教师的素养状况，小学国学教师培训的目标可确立为：对相关作品熟读会背，准确理解，灵活运用和适当研究。[①]

2）以教促学，提高效率。培训内容的选择应该根据学校中教师的原有基础、工作现状和实际需要展开，必须与其从事的实际工作联系在一起，同时要采取较为灵活的形式，落实到备课和教学的每个环节中。欲兴教师之学，必先兴学生之学，不必等到教师素养提高了再开展学生的学习活动。教与学是相互促进的。事实上，现在一些学校正是一边开设国学课一边对教师进行培训，以教促学，以学导教，从而提高了教师的

① 张平仁. 提升小学教师国学素养的几点思考. 继续教育研究，2010（7）：81-83.

相关素养。

3）资源利用，形式多样。学校和上级主管部门应建立一套长效的培训机制，利用各种资源，采取多种形式加强对教师国学素质的培训。或者与各大学的中文专业建立稳定的合作关系，请进来、送出去；或者纳入到常规的继续教育中，讲授国学知识，开展专题讲座；或者利用教育部正在推行的国培计划，有目的地强化国学方面的内容；或者组织教师成立国学研读工作室，自读自研，相互讨论，共同提高；或者利用网络平台，建立专门的国学知识与教学交流网页，收集较好的、适合教师阅读的国学电子读本；疑难字句解答，或请专家在线解答；国学内容的现代解读；个人学习的心得体会；专家讲座视频；相关教学和活动开展情况；国学课堂教学录像；学生、家长和社会反馈等。

4）行动研究，带动发展。调动教师结合自身的教育教学实际工作，针对国学教育教法、学法、课程开发、教材编制等问题展开横向及纵向的课题研究。在国学教育领域实现国学研究、教育科学研究及各学科教学多领域的互动与整合。使教师在与学生的沟通理解中，与同事的合作交流中，在自身反思能力和科研能力的提高中体会国学教育的智慧，提升自己的国学素养，从而实现国学教育与教师专业发展的一体化。

2. 教师的职前培育

之所以将教师的职前教育放在最后，并非是因为它不重要。相反，国学教育要想成功，相应的教师的职前教育最为关键，因为唯有师资提供的活水源头不虞匮乏，国学教育方能永续发展，可长可久。那么，应该如何培养国学教育的师资呢？

培养国学教育师资的最好途径就是在高校广泛开展国学教育。众所周知，我国从 20 世纪 90 年代开始就打破了师范教育垄断中小学师资培养的局面，许多综合性高校开始承担起师资培养的任务。据统计，在目前举办教师教育的 400 多所高校中，有 280 多所非师范院校，其培养的教师占总数的三分之一。[①] 因此，要想广泛培育国学教育的师资，就不能仅仅要求师范院校开展国学教育，而应在尽可能多的高校广泛开展国学教育，使日后有可能成为中小学教师或是中小学国学教育教师的高校学生都有可能接受国学教育。那么，高校应该如何开展国学教育呢？

① 袁振国．从“师范教育”向“教师教育”的转变．中国高等教育，2004（5）：30.

（1）制订相关课程框架

国学教育课程体系的构建决定了国学教育发展的走向。一套系统而科学的国学教育课程体系可以极大程度地推进国学教育的发展。构建系统科学的国学教育课程体系，主要是在原有课程体系基础上的修改和完善，不是另建一套课程体系，而是使新增设的国学课程与其他科类的课程相互照应、融于同一个大的课程体系中，形成一个有机的课程整体，使课程结构更合理、更科学。基于中小学教师培养的国学教育课程设置，应包括以下几方面的内容。

1）要在通识课程中增设最基本的国学必修课程，如国学通论、中国通史、古典名著（如“四书”“五经”）导读、中国文化概论等，并给予相应的学分。

2）结合学科课程渗透国学教育。如大学语文可以结合古代文学作品的教学内容进行国学教育，理工科类学科可结合中国古代科技史渗透国学教育等。

3）在全校范围内开设一定数量的国学教育公共选修课，如“中国古典诗词赏析”“楹联创作与欣赏”等，并且规定学生必须修满相应的学分方可毕业，以此来加强对大学生国学教育的熏陶。

4）在实践课程中增设一些与国学教育相对应的第二课堂活动设计，如全校开展课外经典诵读活动，以此来培养学生的道德人文素质、国学教育智慧。

（2）制订相关保障措施

国学教育课程体系的设置只是从理论上规范了国学教育的活动开展，在实践中还必须有相应的措施来确保其顺利进行。

1）对大学生进行国学针对性教育，除专业国学班外，对于一般大学生而言，选读一些经典，吸收国学精髓，学习做人处事的道理，都是很有好处的。

2）对不同年级的大学生有针对性地开展国学教育系列讲座，让一些专家学者讲授国学课程，但是一定要结合大学生的思想实际，可以仿照百家讲坛的方式进行。

3）可以借助媒体广泛普及国学，校报、校刊、网络、广播、墙报、沙龙等都可以借用，让大学生潜移默化地接受国学教育。

4）国学教育可以结合本省和学院地方历史文化古迹、地理特点等方面进行，这也是国学教育的一条重要途径。

5）建立国学教研室。要开展基本的国学教育，并增设国学必修课程，这就需要有相应的组织机构做保证，即建立教研室负责国学教育工作及相关事宜。另外，对国学教研室的教师要有较高要求，不仅在国学某方面有高深的造诣，而且能讲授国学基础课程和承担其他学科教师基本国学知识的培训工作。

（3）教育方法应着眼于中小学教育

所谓教师教育的方法应该着眼于中小学教育，主要是指对预备教师进行的国学教育，应该在方法上为这些学生将来从事中小学教育做准备。众所周知，中小学教师所采用的教育、教学方法，很大程度上受其接受学校教育时的教育、教学方法影响。也就是说中小学教师所采用的教育、教学方法，很可能是其接受学校教育时教师所采用的方法，我们很少能指望通过授受方式培养出来的教师会自发地使用发现法、体验法等方法去培养学生。鉴于此，在培养国学教育的教师时，应该考虑中小学开展国学教育时所采取的教育、教学方式。

总之，现在我国中小学的许多课程和专题教育活动都体现了国学教育的思想，而且中小学在实施与国学有关的教育等方面已经积累了一定经验。但是，国学教育课程的开设毕竟不同于语文课程、德育课程，因此有必要对教师进行相关培训，以提高其国学修养及驾驭国学教育的能力，确保其能利用已有经验整合相关资源，有效地推进国学教育。此外，大学作为培养师资的基地，也应该发挥其自身优势，对在读大学生开展相关教育。

第三节　国学教育的课堂教学

为什么同样主题的国学课，不同学生会表现出不同的兴趣度，不同的活动参与度呢？这往往与教学方式的适应性有关。而教学方式的适应性与课堂教学策略的选择与运用密切相关。

课堂教学是教育的基本途径，是教育活动的重要组成部分，学校开展国学教育离不开课堂教学。很多教师执教国学课时最难把握的是这一学科的性质，把它界定为语文学科还是思想品德学科？如前所述，针对中小学教育的特点，学校开设的这种单一的国学课程，其性质应定位为综合课程。

国学内容多为古代经典，其内容均为古代文言和语法表述，学生学习起来存在语言障碍和时代隔阂。因此，实施国学教育，就不能把通用于综合实践活动和其他学科的探究式教学和学习方式简单地照搬到国学课中。同时，也不能把它等同于侧重掌握语言表达运用的语文课或侧重道德教育的思想品德课，应当探索适合国学教育的独特的教学策略。目前，很多学校以“小朋友跟我念”的方式教学，采用强迫的方式灌输大量晦涩难懂的东西，只要求学生咿咿呀呀诵读文句，只满足于国学教育的表面热闹，却忽视了对文句的精神实质进行适当点拨和教化，忽视了将国学的内蕴与学生的日常行为规范相融合，忽视了国学经典的时代、内容与现实生活的结合，忽视了学生的身心发展而使其从心理角度与教育角度都不可接受与自己生活没有直接联系的东西。

中小学实施国学教育在一定程度上，是在做一件启蒙的工作。启蒙的关键在内容，更在方式。这里的方式是指国学进入学生头脑的方式，促进其情感、意志、智慧生成的方式。因此，我们认为国学课的教学应当把扫清文言文的文字障碍与学生的生活体验结合起来。应根据学生的年龄特点和认知水平，给予适当点拨，让他们明白文字的基本意思，将文句诵读与精神移植相结合，让学生在“铭言、知理、怡情”的基础上不断“塑形、矫行”，从而达到国学教育的真正目的。

一、有利于学生获得体验的教学策略

这里使用“策略”一词，指的不是特定的或具体的方法，而是达成目标的取向，是具有操作性的指导思想，是为解决实际问题对一定方法和手段进行合理而有效的选择和组合的谋划过程。国学课程的教学策略是围绕促使学生产生积极体验而设计和实施的，因此，教学策略既要有助于激发学生的兴趣和投入程度，又不能一味追求形式的新颖性和娱乐性而影响课程目标的实现。具体来说，有利于学生获得体验的教学策略主要有以下三个方面。

1. 心理匹配

“所谓心理匹配策略，就是指教师恰当处理教学活动……，使教学要求被学生主观上感到是满足其需要的，从而达到教学要求与学生需要之间的统一……实质就是通过改变学生的认知评价或改变教学形式，使教学活动被学生主观上认为是满足其需要的，以解决教学要求与学生需要之间的矛盾，使教学活动变成能激发学生学习动机的诱因，调动学生学习的积极性，以促进教学活动顺利、有效地进行。”[①]也就是说，教学要充分考虑儿童的需要，满足儿童情感、态度、学业诸多方面的需求。

从这样的视角出发，国学教育在内容的选择上首先必须考虑学生的接受水平和个性特点，在方式的运用上必须切合学生的接受习惯，体现因材施教的教学原则，从满足学生情感上的需要着手，使他们产生情感上的共鸣，才能充分调动他们学习的积极性，使其从内心接受国学、喜爱国学、受到熏陶，从而促进学生自我塑型，完善人格。

教师在对国学经典内容进行必要的文白转换与讲解的同时，可以借助如漫画、动画、视频、影视、歌曲等具有强烈感官刺激功能的多样化教学媒介与手段，使整个经典内容的讲解透显出“古今融通、灵动多变”的鲜活气息，这不仅可以拉近传统经典与现实生活的距离，而且这样一种立体多维、生动形象的传统经典讲解方式，更符合其身心发展的规律，也更易于激发学生学习国学的兴趣，从而促使其在一种兴趣盎然的学习状态中逐步达成对传统学术文化义理的深层体认。

2. 游戏设计

苏霍姆林斯基说：“孩子只有生活在游戏、童话、音乐、幻想、创作世界中时，他的精神生活才有价值。没有了这些，他就是一朵枯萎的花朵。”教学首先应被视为学生的生活，是其生命活动的展现。故教学不仅要为知识负责，更要为孩子的生活负责。游戏是孩子生活自然而重要的组成部分之一，是孩子用以理解的自然、社会与人生的手段，更是孩子主要的生活方式，游戏是孩子的天性。在国学教育中，顺应孩子的天性，用游戏的形式组织教学，促进学生对国学典籍的记忆与了解，促进学生技能的形成和情意智慧的形成，才真正符合我们对青少年国学教育本质的体认——唤醒智慧，点亮人生。

应该说，国学教育内容的游戏化设计，是教师对孩子心性和教育智慧的全面考验。教师是教育过程的组织者，也是参与者，要与孩子一起参与游戏活动，一同享受游戏的愉悦，一同体验探索和成功的喜悦。具体而言，在一定的场合，变诵读诗文为唱读诗文，变一般性识记为竞赛

① 卢家楣．教学的基本矛盾新论．教育研究，2004（5）：46.

式识记，变知识习得为生活运用，都不失为一种有意义的尝试。另外，让学生参与游戏的策划、设计、组织和实施，让他们优选方案、开展竞争，可以极大地提高他们的创新能力和实践能力。

总之，国学教育的目标不是复古，国学也并非古板的学问，中华传统文化是丰富而生动的。国学教育的教和学，应当努力做到庄重同诙谐并重，让孩子在游戏中学习国学，让孩子在轻松愉快的气氛中感悟国学精髓。

3. 生活再现

文化是一种熏陶，如同空气弥散四处，具有潜移默化的力量。一个文化的承载者往往浸润在表层的文化载体之中，通过语言、情境中的认知、情感体验、意志等的作用而逐渐内化由表层文化载体所携带的文化信息，形成自己的文化图式，并在生活实践中内化为自己的人格。在国学教育教学活动中，要认识到文化的这种“浸润”性质，有意识地营造文化熏陶氛围，让学生置身于浓厚的文化“场”中，通过强烈的情感体验陶冶学生的性情。

如前面提到的校园环境的营造，各学科的渗透以及课间活动、课间操音乐的播放，都要有意识地渗透和融入中华元素。国学课堂教学中，采用优美的古典音乐、气韵生动的国画、生动有趣的古典故事……精心创设浓厚的国学情境，让学生学习的每一个空间、每一份时间都烙上文化的痕迹，时时以浸染和熏陶，从而陶冶学生的性情，培养纯正的品性。国学教材取材于国学却指向当下世界和现实生活，国学要进入学生头脑促进智慧生成，就必须与生活的世界发生联系。一方面，国学可以解释现实；另一方面，现实中可以找寻国学，二者在特定情况下异质同构、彼此照应。如布鲁纳（Jerome Seymour Bruner, 1915—　）所言：“一个教育系统必须使文化中的成长者在该文化中寻得一套认同。如果没有的话，那些成长者就会在追寻意义的途中绊倒。人类只能在叙事的模式中建构认同，并在文化中找到它的位置。”[①]英国诗人艾略特（Thomas. S. Eliot，1888—1965）说，继承传统不能仅限追随前一代，更不是盲目地或胆怯地墨守前一代成功的方法，重要的是要体现出历史的意识，这个历史意识中“含有一种领悟，不但要理解过去的过去性，而且还要理解过去的现存性”[②]。

① 丁钢．教育经验的理论方式．教育研究，2003（2）：25-26.

② 艾略特．传统与个人才能．卞之琳译 // 戴维·约翰·洛奇．二十世纪文学评论（上）．葛林等译．上海：上海译文出版社，1987.

国学教育因其教育内容的特殊性，更应注意与学生生活和心灵世界的联系，必须注意到学生对现代生活方式的接受与向往，在教育中要注意与时代精神的整合，摒弃陈腐的内容，同时以现代活动形式扩大优秀传统文化的外延，根据时代的需要，用现代语言、手段和形式加以阐发，这样才能使学生对国学产生兴趣、乐意接纳，并从中获取精神食粮。也只有这样，才能促进文化认同和精神奠基。如果我们的教育工作者缺乏这样的意识，那么在具体操作过程中，国学就依然是久远年代的智慧，而非这些智慧的现代回响。

二、有利于学生获得体验的教学模式

课堂教学模式，是根据特定的教学理论，为实现某种教学任务而构建的相对稳定而具体的教学活动结构。

杜威在《民主主义与教育》一书中写到，知识和思维源自于环境学习者应该在这些环境中提取对他们重要而有意义的经验。皮亚杰（Jean Piaget，1896—1980）也认为，理解是通过儿童的积极参与而逐步构建的，在参与过程中，儿童会在他们感兴趣的课堂情景中发现各种关系和想法。据此观点，课堂教学应该尽可能让学生身临其境。

中小学国学课堂教学，不但要给学生传授知识，而且要培养兴趣、训练思维、开发潜能、陶冶情感、锻炼意志、优化个性，旨在促进学生健康个性的形成，为其健康成长创造条件，为其终身幸福奠定基础。课堂与生活交汇，文本与经验交融，传统与现代对接，学生在丰富而生动的体验中，与先贤对话、认识经典、把握精髓、涵养品性。这是国学教育一直不懈追求的理想境界。

基于这种认识，开展国学课堂教学，无论是教学方法的选择还是教学模式的构建，均要以“有利于学生获得体验”为准则。

笔者在总结提炼现有国学课堂教学模式的基础上，尝试性地提出以下两种有利于学生体验的教学模式。

1. 诵读－感悟教学模式

建构主义理论认为，知识不是通过教师的传授获得的，而是在教师的帮助下，运用一定教学资源，通过意义建构获得的。中国古人读书强调学生的内省、自求、自觉、自悟。[①] 学生通过反复吟诵，逐步在新旧知

---

① 石中英．教育学的文化性格．太原：山西教育出版社，2007：293.

识之间产生一种联结，产生顿悟，脑海中生成文本的意义，依据建构主义学习观，这就是意义建构的过程。正如曾国藩说："四书、诗、书、《易经》、《左传》诸经，非高声朗读则不能得其雄伟之概，非密咏恬吟则不能探其深远之韵。"[①]通过反复诵读，经典所蕴含的意义才逐步被"品"出来并且被内化。吟诵之法能在中国历史上流传两千多年，其本质在于它扎根于中华传统文化的土壤中，中华传统文化强调人自身德行的修养，强调内在国学经典作为传统文化之精华，同样强调的是内在的功夫。

古人云"学不言而自得"，讲的实际上就是我国古代蒙学、经学一种重要的教学理念——"感悟"。对学生进行中华传统经典教育应重在诵读，不重讲解，不急于标准释义、标准答案。"书读百遍，其义自见"，只有反复诵读，我们才能感受到语言文字的音韵美，才能进入文章的内容，通过感受、品味获得顿悟与积淀，获得语文素养、人文素养。清人唐彪在《读书作文谱·卷五》中说"文章读得极熟，则与我为化，不知是人之文，我之文也"。诵读、感悟，可以唤醒文学，陶冶心灵。当"他人之文与我为化"时，学生得到的是心智的进步、思想的升华，而那些文章亦会因此焕发光彩。

中小学阶段的国学教育重在让学生在反复的诵读和生活的感悟中进行潜移默化。据此，诵读－感悟教学模式不失为一种适合中小学国学教学的模式，在反复吟诵的基础上，教师可以适当点拨学生去感悟国学经典之精髓。

不过，这里的诵读－感悟教学模式与古人的"不求甚解、反复吟诵"不尽相同。对青少年来说，如果仅仅单一地用朝诵暮背的办法读那些庄重典雅、抽象凝练的语言，不仅不符合孩子的认知规律，也不利于孩子兴趣的培养。在诵读中，我们要以生动活泼的形象，以典型人物、历史故事等作为重要内容牢牢抓住孩子诵读国学的兴趣。诵读的形式要多样化，比如在游戏中诵读、分角色诵读、多媒体辅助诵读、比赛诵读等，还有故事带读、同伴领读、表演诵读、变奏诵读、按曲唱读、乐画配读，还可以把诵读与欣赏、诵读与吟唱、诵读与说唱、诵读与书法，以及诵读与运用等结合起来。总体而言，当代诵读教学与传统"诵读"的不同之处就在于，它是以诵读为核心，辅之以其他现代教学手段，既有气氛的烘托，又有情境的渲染，学生反复吟诵，教师适当点拨，从而使他们

① 倪宝元．语言学与语文教育．上海：上海教育出版社，1995：12.

感悟国学的精髓。这样不仅增添了学习的趣味性，而且有助于提高教学效率。

诵读－感悟教学模式的主要环节一般包括：激趣导入－（模拟表演）－课文诵读－适当点拨－在生活中体味。不过，根据年龄段的不同，会稍有区别。如低年龄段的教学重点主要在诵读阶段，讲究诵读形式的多样化。高年龄段学生理解能力相对较强，教学重点多在感悟上。下面，我们看看两个具体案例。

案例 1：《弟子规 · 余力学文》①

广西壮族自治区玉林市玉州区东成小学　颜一红

一、创设生活情境，引导学生运用诗文

师：同学们，我们从 6 月 28 日放假到现在已有差不多一个月没见面了。老师每天都惦记着大家，不知道你们大家有没有想念我？

生（齐）：想！

师：那谁能把自己的感受用我们读过的《诗经》里的句子说出来？

生 1：一日不见，如三月兮。

师：谢谢你。

生 2：一日不见，如三岁兮。

师弯下腰悄声询问该生：你知道“三岁”是多长时间吗？

生 2（不好意思）：不知道。

师：谁能告诉他？

生 3：“三岁”就是三年的意思。

师：一天不见我，就像过了三年一样，可见你们多么想念老师，谢谢！

【对学生诵读过的古诗文，教师通过激情互动的方式引导学生运用、理解。】

师：今天，我们的教室里来了很多客人，有的来自玉州区其他学校，有的来自南宁，还有的来自台湾。大家能不能用我们读过的《论语》中《学而》一篇里的一个句子来表示我们全班同学由衷的喜悦？

生：有朋自远方来，不亦乐乎？（全场掌声四起。）

师：同学们已经好些天没有在一起读书了，对读过的古诗文要经常

① 颜一红. 中国文化经典诵读教学例示之一《弟子规 · 余力学文》教学片段及简析. 广西教育，2003（11）：22.

温习！你们能用《论语》中《学而》里的句子来回答吗？

生：学而时习之，不亦说乎！

【教师作为学生学习活动的组织者和引导者，充分利用课堂上的资源：师生之间互诉思念，向到会的人表达心情，温习读过的经典等，创设生活情境，引导学生恰当地运用读过的古诗文，缩短了语言积累与实际运用的距离。】

二、听课者随意点击题目，学生背诵古诗文

师：我把大家已经会背的诗文列了一个菜单投影出示目录，含古诗50多首，古文近30篇，请在座的老师随意点击题目，同学们当场背诵，大家有没这样的胆量？

生：（齐）有！（这样具有挑战性的读法，使全班学生情绪高涨。）

师：我们就请老师们点题。

（15分钟的时间，共有10多位老师点题，学生或齐背，或个人背，或自由组合背。现场共背诵了古文12篇，《论语》之《学而第一》，《大学》1～5章，《老子》1～6章。古诗13首，《诗经·关雎》，汉东府《江南》《上邪》《长歌行》，汉魏《七步诗》《杂诗》《乐府歌》，左芬《啄木诗》，唐代李白《月下独酌》，杜甫《望月》，贺知章《咏柳》，孟郊《游子吟》等。不仅包括《全日制义务教育语文课程标准（实验稿）》要求1～6年级学生背诵的一些篇目，还包括要求7～9年级学生背诵的一些篇目，甚至远远超出了《全日制义务教育语文课程标准（实验稿）》所要求的范围，令听课者惊讶。）

【这个教学片段中，教师充分利用儿童记忆的黄金期，让学生积累终生受用的文化财富。采用诵读方式，多方互动、相互合作，易于激发学生兴趣，检测学生的真实水平，效果很好。】

三、采用多种诵读形式，提高课堂教学效果

（教师先简介《弟子规》的有关内容。）

师：这节课，我们学习《余力学文》这一部分，大家先自己读一读。

（学生找到《余力学文》，自己读了起来。）

师：有的同学读了一遍，有的同学已经读了两遍了，请用手势告诉我，你读了几遍。

（学生有的伸出五个手指，有的伸出四个手指，有的伸出三个手指。）

师：下面大家可以和周围的同学一起读，看看能不能读得更好一些。

（学生就近找到伙伴共同读，有的放声读起来，有的相互指正，有的在询问读音。）

师：这回，你读了多少遍？

（大多数学生伸出了五个手指，合作学习提高了效率。）

师：第三遍，同学们一起读。

（齐读中流露出了“唱”的痕迹。）

师：读韵文要有节奏，要体现韵律美。

（教师范读，学生立刻学着读，朗读明显有节奏了。）

师：读了这么多遍了，对意思懂一点了吗？

生 1：“房室清，墙壁净”的意思是“房间要清洁，墙壁要保持干净”。

生 2：“几案洁，笔砚正”的意思是“书桌要整洁，毛笔和砚台要放端正”。

（两个学生说出了较易理解的四句的意思。）

师：这里有一张对《弟子规》简单解说的 VCD。

（播放 VCD，屏幕上出现原文，配着古典音乐和生动活泼的解说，学生都被吸引住了。）

【教师调整了教学方式，运用多媒体辅助教学，加深了学生对课文内容的理解。】

师：现在分男女同学比赛读，各读两句，看谁读得又流利又有节奏。

（大家兴致勃勃地对读，有个别学生东张西望，心不在焉。）

师：大家读得很认真，读书不仅要口到，而且眼和心也应该用上。书中有这么四句话：读书法，有三到：心眼口，信皆要。

生（迫不及待地齐读）：读书法，有三到：心眼口，信皆要。

师：我们练习背诵，能背诵的同学，就可以不用看书读了，可以想想这些句子讲的是什么意思。

（很多学生可以背出一两段）

【教师在课上采用自读、小组读、齐读、范读、赛读、背读等多种诵读方式，运用自评、师评等评价方法，调动了学生诵读的积极性，使学生保持高涨的学习热情，不但读出了韵文的节奏，而且逐渐读出了韵文的意味。】

案例2：友谊[①]

济南大明湖路小学　李兰铎

一、教学内容

刺我行者，欲与我交。——《淮南子》

【译文】挑剔我品行的人，是想和我交朋友。

士有争（zhèng）友，不为不义。——《荀子》

【译文】士有了直言劝告的朋友，他就不会做不合道义的事。

子曰："君子成人之美，不成人之恶。小人反是。"——《论语》

【译文】孔子说："君子成全别人的好事，不促成别人的错误。小人则恰恰相反。"

二、教学过程

1. 启发谈话，导入课题

1）课题导入

背景音乐《高山流水》，教师激情导入：这旋律典雅，韵味隽永的乐曲，如"高山之巍巍，流水之汤汤"，幽雅的叮咚清泉，传诵着高雅的情怀。你们知道这首曲子叫什么吗？这首曲子就是古代名曲《高山流水》，这首名曲还有一个流传千古的故事。

2）课件出示

《吕氏春秋》中说："伯牙鼓琴，钟子期听之。方鼓瑟而志在高山，钟子期曰：'善哉乎鼓瑟，巍巍乎若泰山。'少选之间，而志在流水，钟子期又曰：'善哉乎鼓瑟，汤汤乎若流水。'伯牙惊道：'善哉，子之心与吾心同。'钟子期死，伯牙破琴绝弦，终身不复鼓琴，以为世无足复为鼓琴者。"

3）启发引导

师：看谁听懂了这个故事，请把这个故事的大体意思讲一讲。

（播放动画《高山流水》。）

【学生对照屏幕出示的原文，听教师背诵的古文，对故事内容会略有所知，但并不甚懂，在此基础上，适时播放动画《高山流水》。学生津津有味地观看了动画，被俞伯牙和钟子期之间纯洁而高尚的友谊所感动，被他们之间的知音情结所震撼，内心向往着崇高的情谊。】

师：高山流水，知音难觅呀！你有朋友吗？谁是你的好朋友？庄子

---

① 李兰铎．让孩子国学起步语文腾飞．武汉：湖北教育出版社，2010：63-71.

曰："近朱者赤，近墨者黑。"交朋友是很有学问的，让我们一起来看看古人交友的学问。

【学生心有所动，教师再引导学生谈话：你有朋友吗？谁是你的好朋友？让学生联系自己的生活，拉近学生与课文的距离，使教学既扎实又有实效性。】

2. 诵读课文，理解故事

（1）课件出示课文第一则

刺我行者，欲与我交。——《淮南子》

【译文】挑剔我品行的人，是想和我交朋友。

1）教师配乐范读。播放背景音乐《渔舟唱晚》，教师合着悠扬的古乐，诵读课文。

2）学生自由读。

3）指定学生读。学生配乐朗读，盛请朋友读。教师指导正音。

4）学生背诵。个人比赛背、小组竞争背、分男女生背、集体背。

5）读译文谈理解。结合译文，联系生活实际谈理解，也可在小组内交流自己的阅读感受。

6）教师小结：真正的朋友是直言不讳的。

（2）课件出示第二则

士有争（zhèng）友，不为不义。——《荀子》

【译文】士有了直言劝告的朋友，他就不会做不合道义的事。

运用第一则步骤学习第二条内容。（纠正读音，"争"读"zhèng"，是"诤"的通假字。表示直言劝告的意思）

（3）说文解字

1）教师谈话："挑剔我品行的人，是想与我交朋友。"关于"朋友"的含义，让我们追溯到遥远的古代。

2）课件出示甲骨文——"朋友"。

3）教师提问并介绍。

"同学们认识这两个字吗？"学生的猜测是不着边际的，教师再告诉学生这是甲骨文中的"朋友"二字。甲骨文是迄今为止人们发现的中国最早的文字，距今已有三千多年的历史。

"朋"在甲骨文中是两串玉石，玉石代表着纯洁无瑕，"朋"字表示朋友之间的感情像玉石一样纯洁无瑕。

“友”在甲骨文中表示两只右手握在一起（与学生握手）。远古的时候，一般情况下，右手是用来猎取食物的，两只右手相握就表示友好。

点击鼠标，依次出示“朋”和“友”的变化，并做相应介绍（金文、小篆、隶书、楷书）。从殷商时期的甲骨文演变到现在的楷书，“朋友”的字形发生了很大改变，字义也随之有所改变。古人称同门为“朋”，同志为“友”，“朋友”指志同道合的人。现在，朋友泛指彼此往来，有交情的人。

【引导学生追溯到远古，探索“朋友”二字的起源，学生对“朋友”的含义有了比较准确的把握。】

（4）课件出示第三则

子曰：“君子成人之美，不成人之恶。小人反是。”——《论语》

【译文】孔子说：君子成全别人的好事，不促成别人的错误。小人则恰恰相反。

用同样的方法学第三条。教师小结：成语“成人之美”便出于此。

指导学生背诵前三条。

师：同学们，学了这一课你们有什么收获？在你们的生活中，有没有这样的朋友？你们有没有见过类似的事？老师也想起了一个小故事。

（老师背古文《管鲍之交》。）

师：千百年来，“管鲍之交”一直被誉为交友的最高境界，千古交友的典范。

3. 课外拓展，加强积累

（背景音乐古筝曲。）

（1）老师送名言

课件出示：

子曰：“益者三友，损者三友。友直，友谅，友多闻，益矣。友便辟，友善柔，友便佞，损矣。”

曾子曰：“君子以文会友，以友辅仁。”

（2）学生送名言

（教师设计活动环节——赠送“名言卡片”。）

师：同学们在家里都精心制作了“名言卡片”，此时此刻，你想不想送给你的朋友？你的朋友送你什么名言？你想不想与大家分享？

（投影出示名言卡片）

【这貌似不经心的环节设计，却是课内与课外的巧妙融合，是拓展学习国学知识的绝好机会，是知识的共享。赠送卡片，它不仅是知识的交流，更重要的是友情的传递。】

4. 背诵课文，总结升华

1）总结。

师：通过这一课的学习，“交什么样的朋友”，以及“怎样与朋友相交”，古代的圣贤们给了我们有益的启示。相信同学们能很快地背诵下来，并把它作为自己的座右铭铭刻在心。那么，什么是朋友，你能不能用自己最简练的语言也创造一句名言。给你们两分钟时间，写在名言卡片上。

教师出示范例，学生展示。

2）背课文。

3）课外阅读：阅读朋友相交的故事，学习朋友交往的艺术。

4）课外实践：以本课为鉴，在你的生活中去选择朋友，交真正的朋友。

2. 诵读－解释－实践循环教学模式[①]

解释学认为，人对文本的理解必须受制于理解主体“前理解”的影响，即受制于理解主体自身经验的影响，理解的过程是理解者与文本两者之间“视界融合”的过程，通过视界融合生成新的意义，新意义的生成又影响着理解者对文本的解读，从而形成一种解释学的循环。就中国传统学习方法而言，尤其注重“知行合一”，强调学习过程中把知识的学习与实践结合起来，认为知便是行，行便是知。从解释学的角度看，“知行合一”的过程实质上也就是理解文本的过程。鉴于此，我们就可以把解释学学习观与中国古人的学习观结合起来，从而构建中小学国学经典诵读－解释－实践的循环教学模式。

这种教学模式的特点是把学生诵读、教师解释与社会实践结合起来，强调“知行合一”。诵读的目的在于从整体上感知国学经典文本的意义，由于中小学生在古文文本理解上存在一定困难，教师对文本的解释成为必然。教师的解释主要有两种功能，一是帮助学生理解经典文本的内涵；二是指导学生甄别文本内容对学生成长的价值，这两点可以理解为“知”的过程。国学经典学习的目的，不仅在于提升人的人文素养，更强调其在现代语境中的意义、功能及实用价值。因此，学生必须把从国学经典

① 西南大学教育科学研究所李森教授2010年6月18日在“全国教学论专业委员会中小学国学经典教育课程与教学专题研讨会”上所作的发言。

中学到的、领悟到的东西运用到日常学习与生活中，这可以理解为“行”的过程。就学生对文本的理解而言，“行”并非是理解的结束，而是能促进其对原初经典文本的理解，同时通过“知行合一”形成的知识又变为一种“前理解”，影响着对其他文本的解读，从而形成循环教学模式。

案例：资父事君①

一、教学目标

1）能正确认读课文中的生字，尤其是“竭”“履”“凊”“馨”“澄”等字。

2）能正确、流利地诵读课文，读出文句的对偶节奏和韵律感。

3）能初步理解如何对待父母，忠于职守的行为规范，以及举止得体、言辞从容、善始善终、为政清廉的简单道理。

二、教学过程

1. 谈话导入

1）背诵《三字经》《弟子规》中关于孝的部分。

2）播放短片（公益广告）。内容是：小朋友为妈妈端水，让妈妈洗脚。

师：中国有一句古话，叫“百善孝为先”，今天我们要学习的《资父事君》讲的就是这方面的内容。

2. 初读课文，认读生字

1）教师范读课文。

2）学生自读课文，借助拼音识字。（配乐古筝曲《平湖秋月》。）

3）小组合作学习。

3. 学习课文

1）反馈识字情况。

2）多种形式阅读课文：①同桌齐读，有困难互相帮助。②男女生对读。③左右三组接读。④齐读。

3）拼图游戏，引入课文第 1 ～ 2 句。

解释拼图游戏规则：方格后面藏着一幅画，如果大家都读对了，我们就能看到它了。引入课文第 1 ～ 2 句的学习。

资父事君，曰言曰敬。孝当竭力，忠则尽命。

仔细观察图，图上有什么人？你发现了什么？

① 此案例是笔者于 2011 年 4 月在北京市海淀区实验小学参加调研，听课记录整理而成。

播放动画故事《百里负米》，学生观看。

指名说理解，体会读句子。

4）学习第 3 ～ 5 句。

理解句子。

介绍、理解“深”“薄”的意思。

理解“夙”“凊”的意思。

介绍黄香的故事，体会读句子。

课件出示：学生为父母做事的录像——《孝敬是什么》。

课件播放并配以字幕：孝敬有时是勤劳；孝敬有时是一杯茶；孝敬有时是关心；孝敬有时是好成绩；孝敬有时是一份祝福；孝敬有时是你的笑脸。你认为孝敬是什么……

小结：这些小事体现出了对父母的关心和体谅。文中的“似兰斯馨，如松之盛。川流不息，渊澄取映”就是在赞扬这种好品质。

体会读文。

5）学习第 6 ～ 7 句。

孝敬父母是我们中华民族的传统美德，在古代，什么样的行为算是对父母的“敬”呢？自己读句子，再指名读。

哪些同学已经能做到这些了？“笃初诚美”这四个字就是在表扬你们的这种行为。如果大家能养成习惯，一直做下去，那就真正做到了孝敬父母。这就是——笃初诚美，慎终宜令。

回读：我们再把这两句话连起来读一读。

6）学习第 8 ～ 10 句。

出示图片：南宋名将岳飞。

师：你们听说过岳飞的故事吗？（简单介绍岳飞的故事。）

师：有了这些基础，我们长大才能做个对社会和国家有用的人。这就是——荣业所基，藉甚无竟。学优登仕，摄职从政。存以甘棠，去而益咏。

说到“甘棠”，这里还有一个故事呢。（播放故事。）

师：召公生前做官的时候，处处为百姓着想，受到了人们的爱戴。因此，他去世后，大家十分怀念他，把那棵甘棠树保护起来，不忍心砍伐。

这就是——存以甘棠，去而益咏。（齐读。）

（男女生对读最后三句，试背。）

师：希望同学们能从一点一滴的小事做起，孝敬父母，好好学习，做个对社会有用的人，回报让你茁壮成长的祖国妈妈。

7）齐读课文。

8）看着屏幕上的提示，试背课文。

9）展示背诵，辅导背诵。

4. 情感升华

看一组漫画，边看边细细回味。（课件播放漫画，教师动情讲述，配以音乐班得瑞的《童年的回忆》和《日光海岸》。）

师：你们的父母为了你们能够健康成长，在外辛勤地工作，要知道，这些都不是一帆风顺的，因此，他们也会在生活中遇到烦恼，这时，你可以——（示意举手。）

师：当他们辛苦了一天，下班回到家里，你应该——

师：当他们生病的时候，老师相信你一定会——

师：（微笑着。）孩子们真是长大了，让我们再来回忆从前——当你还很小的时候，你们的爸爸妈妈花了很多时间，教你用勺子、用筷子、吃东西，教你穿衣服、绑鞋带、系扣子，教你洗脸，教你梳头发，教你做人的道理。可是，当他们有一天变老时，当他们开始忘记系扣子、绑鞋带，（走到学生跟前。）请你来说，你想怎么做？

老师评价，微笑，抚摸学生头表示赞同。

师：当他们开始在吃饭时弄脏衣服，当他们梳头时手开始不停地颤抖……是啊，你在慢慢长大，而他们却在一天天变老。有一天，他们将站也站不稳，走也走不动，老师希望你能紧紧握住他们的手，陪他们慢慢地走，就像当年他们牵着你一样……

师：让我们再来读读这几句话。

（齐读，试背资父……尽命。）

再读“孝当竭力”，“竭”就是尽、用尽的意思。也就是不管现在、将来，我们都应做到——孝当竭力。

师：老师相信，你能够这样对待自己的父母，也一定能够像这样去对待其他的人，那时，你会以一颗感恩的心去回报所有帮助过你的人，回报让你茁壮成长的祖国。

三、有利于学生获得体验的学习方式

从传统教学来说，教师是组织教学的主导者。但今天的教育教学早已跳出了传统教学的单一主体模式，我们同样倡导国学教育要“与时俱进”，在国学教育中，教与学的方式应该是动态的、多元的、全过程的。其实，课堂教学是教与学的统一，但如果说前面的教学模式偏重于“国学怎么教”，那么我们也有必要谈谈“国学怎么学”的问题。

传统国学教育令人诟病的一大问题就是学生的学习方式太过单一。课堂上多的是“阅读理解”式的教学模式，在这样的课堂里，学生的学习方式无非就是“听、读、背、悟”，甚至是“死记硬背”。这是单纯从“教与学”的角度来考虑的，忽略了最为关键的学习主体——学生的感受。我们要发挥少年、儿童的主观能动性，让他们用喜欢的方式学国学，变被动学习为主动体验。

1. 多力驱动

第一，生生合作。学生两人或多人组成同伴进行合作分享式学习。在学生学习国学经典时遇到问题或特别感兴趣的人或事时，可以让学生组成项目小组，发挥群体的积极功能，提高个体的学习动力和能力。通过相互交流，共同分享成功的快乐，使每个学生进一步发现自我，认识自我，从而激发学生的主动性、创造性。

第二，亲子式阅读与学习。对于现在的中小学生来说，他们的家长都是“70 后”“80 后”，教育水平比较高，具备与孩子共同学习国学并分享学习心得的能力。实际上，大部分家长可以参与并且乐于参与到国学教育中来。

第三，社区主导式学习。如今，社区功能建设日益完善，它作为一个国学教育的组织形式更灵活，更强调与其他人的参与、互动及体验。教学形式既有讲授式，又有研讨式、参与式、体验式等，参与的人群年龄、职业、阅历各不相同，对国学内容的学习方式、心得体会也不尽相同，会给孩子的学习带来全新的感受。

第四，社会多层次学习。一些高校纷纷成立有关国学教育的研究机构，如中国人民大学国学院、中国社会科学院儒教研究中心等。在学术界，与国学教育相关的学术著作被不断出版；每年召开大量的各种形式和规模的国学教育研讨会。媒体方面，电视台开设《百家讲坛》《中国成语大会》《中国诗词大会》等雅俗共赏的栏目，而纸质媒体、网络媒体专设了“国学版”“国学频道”等。这些都唤起了社会大众特别是少年、儿童了解传统文化的热情。我们要把这些形成“国学教育合力”，让多方力量成就国学课程构建与实践，让国学教育真正走进青少年的学习和生活中。

2. 学法变革

新媒体的发展是时代与社会发展与进步到一定程度的必然产物，改变了大众信息接收和传播的主要方式，在这种环境下，学校的国学教育也找到了新的路径与机遇。我们要充分利用现代媒体的优势，通过“互联网 +”等多种学习途径让学生获取国学相关知识及文化情感体验。

第一，共享化资源。慕课课程是现代技术发展带来的新事物，这类课程将教学与现代网络技术良好地结合在一起，为教师和学生带来了一种全新的教学指导形式，可以有效提升教学质量。慕课教学中，几个教师联合起来，依靠外在媒介，将国学知识分解成一个一个的小环节，加上独特的教学设计和后期精心的视频剪辑，教师将文本、图片、音频、视频等应用在国学教育的课堂教学中，发布学习任务，实现学生在课堂之外时时处处的学习。学生在完成学习任务过程中需要资源支持时，可以到学习资源区下载“资源包”。而且在应用的过程中，相关资源会不断充实，为学生带来更多不一样的国学教育体验。

第二，互动式学习。为实现生生、师生、家校、社区－社会的互动，学生可以以文本、图片、音频、视频等形式实时上传自己的国学学习成果；可以在平台上寻求帮助，与在线师生进行交流。教师通过引导使学生在国学拓展性课程项目、综合性课程项目学习平台中进行深度学习、课题研究性学习、合作探究性学习。

第三，统整式学习。“国学”教育，就其学科外延来说，传统文化与历史、人文、音乐、美术等学科有着千丝万缕的联系，传统文化孕育于其中，又独成一体，是一门综合性强的课程。因此开展国学教育也应该是一项统整性学习活动，国学与历史、人文、音乐、美术等统整起来，可以为学生提供一个完整的学习场，学生通过主题式学习获得完整的知识及文化情感体验。

在倡导国学学习方式向着互动式、统整式、探究式学习方式的变革中，新媒体的作用不容忽视。在这方面已经出现了不少创新产品的开发和利用。如安徽省合肥师范附属小学研发了移动终端支持下的国学精品课程 APP，以移动学习软件，促进学习方式的变革。这款国学精品课程 APP 一共分为九个板块，分别是“四季主题”“国学相关主题”“诗词解谜”“配乐背诵”“知识竞赛”“音乐欣赏”“场景化学习”“校园实践”“个人成就”。各大模块以场景化的形式铺开，音乐、美术、科学、历史等学科的知识兼容其中，通过移动终端的支持，课堂内外得到链接，自学与指导有机结合，跨界统整成为现实。①

四、有利于学生获得体验的评价策略

目前，学校国学教育的评价体系还很不健全，多数学校是以竞赛的形式组织活动。这些活动除少数由上级机关部门组织的校际之间的观摩、竞赛外，更多的是由本校组织的某个主题的竞赛活动，比如经典诵读、诗歌朗诵、综合演出等。而这些竞赛或演出活动的最终成果只是培养了少数“精英”，大多数学生则由于不能普遍地参与而可能出现消极的学习态度，甚至这些活动会导致形式主义流行。有的教师采用了随机评价测试的方式检测学生的学习效果，但这种测试本身缺少常规性，而随意地检查又会影响国学教育的规范性。

随着国学课程的推进，我们必须把目光投注于评价，尤其是对学生的评价上。科学、合理、有效的评价是促进学生主动学习、健康发展的动力，也是国学教育健康发展的有效保障。

中小学国学教育，就其本质而言，是培养民族精神、提高人文素养、促进身心健康发展的一种教育活动。儿童通过诵读国学经典，陶冶品性，砥砺行为，启迪智慧，涵养人文，形成良好的品格。“道德是照亮全面发展的一切方面的光源，而同时它又是人的个性的一个个别的特殊的方向。”②以导向激励、唤醒体验功能为显著特征的国学教育的学生评价也应该循着这个“方向”，让学生来进行体验。

现代儿童发展心理学认为，儿童品德心理的形成，必然经过一个“无律－他律－自律－自由”的发展过程。当儿童在朦胧中感悟国学精髓，道德出现萌芽，尝试良好的行为，创新性思维的火花闪烁时，能够得到及时的导向、肯定和激励，他们就能从人们的积极评价和自身体验中获得极大的乐趣和美好感受，从而产生进一步发展的需要。

① 冯璐．走进国学，开展统整学习创新．中小学信息技术教育，2017（1）：57.

② 苏霍姆林斯基．给教师的建议（下）．北京：人民教育出版社，1992：159.

学生学习国学是在经历情感、态度的冲突和内心张力的增强与释放过程中，形成自己的判断和思考。因此，在中小学国学教育中，对学生学习的评价要关注活动中表现出来的情感态度，尊重学生在教学过程中的感悟、体验，充分肯定他们由失败到成功的那些环节。要关注学习的即时表现，更要关注学生在学习活动中所表现出来的可持续发展的潜能，了解学生发展中的需要，帮助他们认识自我，建立自信，促进学生的发展。

1. 评价理念

借鉴当前教育评价的新进展，在国学教育中，要想对学生的学习效果进行有效评价，需要树立以下三个理念。

（1）关注学生的发展

关注学生的发展，意味着国学教育的评价要以促进学生的发展为依归，而不是以筛选学生为目的。这就要求该评价既重视评价的价值性判断，也重视评价的描述性判断、决策性判断；既要把社会要求作为评价的出发点和评价目标形成的依据，也要注意个体要求和个人成长在评价中的重要性；既要承认总结性评价的价值，也要认识到形成性评价、诊断性评价等的重要价值。总之，国学教育的评价在承认效率的同时，也要关注人的发展。

（2）关注学习过程

关注学生的发展，意味着国学教育的评价要从关注学生的学习过程、提高学生学习质量着手。教育评价促进学习是显而易见的，这里之所以对其加以强调，是因为多年来，由于诸多原因，教师的评价往往热衷于给学生评分、分等级，这种做法导致人们对教育评价的本质和功能产生了误解。国学教育的评价应该回归本真，关注学生的学习过程，为教师提供学生学习进步的证据，也为学生认识自己的现状提供证据。这就要求国学教育的评价能贯穿于整个教育教学过程，而不是到学习结束时才给学生一个总结性评价。

（3）关注整体评价

为了促进学生学习和发展，国学教育的评价应该关注学生的整体。美国哈佛大学心理学教授加德纳（Howard Gardner，1943— ）及其助手经过多年研究认为，在个体身上，除了语言、言语智能和逻辑、数理智能两种基本智能外，还有 7 种智能：视觉、空间关系智能，音乐、节奏智能，身体、运动智能，人际交往智能，自我反省智能，自然观察智能和存在智能。这些智能在相当程度上是彼此独立存在的，其中一个智能丧失，其他能力不受丝毫影响且完好无损。也就是说，学生某一智能的欠缺并不代表其他智能低下，所以，国学教育的评价应该关注学生的整体，对学生进行整体评价[①]。

2. 评价策略

基于上述理念，具体来说，国学教育的评价策略主要有四个方面。

（1）评价内容多元化

传统课程评价过分追求量化评价，导致许多无法定量但极为重要的评价信息被忽略。比如重视学生外在的行为目标，忽视其内在的情感体验、兴趣需要及态度的培养。同样的国学课程不能只重视学生的知识掌握程度却忽视学生心理情感及能力的发展。国学经典中凝聚着古人思想、生活、语言的精华，具有很高的思想价值和审美价值。“弟子入则孝，出则悌，谨而信，泛爱众而亲仁”的为人准则，“富贵不能淫，贫贱不能移，威武不能屈”的铮铮人格，“老吾老，以及人之老；幼吾幼，以及人之幼”的仁爱美德……这些经典中包含的道理，是几千年的文化积淀，使学生在朗读、背诵国学经典时，收获到的不只是对其外在语言、表现形式的学习和把握，更重要的是通过国学经典的语言表述，在学生的脑海中建立起对其中所蕴涵的思想、情感的价值判断基础。

（2）评价标准分层化

美国发展心理学家加德纳的多元智能理论告诉我们，每个学生都有可持续发展的潜力，只是表现的领域不同而已。如果我们以一刀切的标准去衡量所有的学生，则会使后进生难以接受，逐渐丧失学习兴趣、自尊心及自信心。因此，我们的评价在承认个体差异的基础上应依据学生的不同个性，因材施教、因性施教，充分尊重学生的个体发展要求，正确判断每个学生的不同特点及其发展潜力。实施分层评价，在每个学生已有基础上确定不同的“最近发展区”目标，让每个学生“跳一跳”就能摘到果子。可制定相应的国学教育评价标准及国学经典诵读考级制度。

比如，有学校根据学生的年龄特点和认知水平，把考核内容分为六个学段。各学段均以规定的内容为主要考级依据（主要针对经典诵读内容方面）。每一学段分别设立三个基础等级（小秀才、小举人、小进士），以及三个飞跃等级（小探花、小榜眼、小状元）。另外设置晋级考核分级

① 霍华德·加德纳．智能的结构．沈致隆译．北京：中国人民大学出版社，2008.

制。把晋级考核分为“班试”与“校试”两个级别。“班试”考核小组由班级自行选拔产生，同班主任共同监督完成考级工作，也可选举家长协助进行考级工作。经考核合格后颁发等级证书、奖章、奖品等。“校试”由学校组织进行，每学期进行一次，以年级组为单位进行，各班只有达到小进士级的学生方可参加。校试考核小组由学校领导、国学教研室教师及学生家长代表联合组成。[①]通过把评价标准分层化，实现差异考核、弹性考核，使每个学生都能学有所得。

（3）评价主体多元化

评价主体从单向转为多向，增强评价主体间的互动，强调被评价者成为评价主体中的一员，建立学生、教师、家长、管理者、社区和专家等共同参与、交互作用的评价制度，以多渠道的反馈信息促进被评价者的发展。全面互动的评价，有助于达到自我教育、主动发展、共同成长的目的。

1）自评、互评：课程的实施最终指向学生的发展，所以学生对自己的发展也有自评和互评的权利，在自评和互评的过程中，学生进行反思，了解自己的能力与特质，并将学习国学课程的方法互相分享，从而改进自己的学习与思考方式。

2）教师评价：评价是为了促进学生更好地发展。在学生心目中，老师的评价具有权威性，对于学生来说，学习上的每一点进步，一旦得到老师的鼓励、肯定之后，内驱力往往成倍激增。因此，教育教学要面向学生个体，有针对性地从学生学习科学的情感、动机、态度、自信心、思维方法、创新意识和能力发展等方面进行适时、正面、积极的评价。由于每位学生知识基础不同，接受能力不同，理解、感受、领悟能力也不同，因此在评价中应该重视纵向评价。例如，可为每位学生建立相关评价手册，记录、总结每位学生在一定时间内的进步，并引导学生加强自身的纵向比较，督促学生多诵读、多涉猎。

3）家长评价：家庭教育对学生的影响是巨大的，家长的评价标准和评价观念对孩子的发展有着不可替代的作用。家长每日和学生生活在一起，应该最容易发现子女在学习国学课程之后行为的变化，比如说更懂礼貌、尊敬父母、帮助做家务等，这些外显的行为正是传统美德内化的

① 王群，田立君 . 学生发展性评价的实践探索——以“国学经典诵读”课程评价为例 . 现代中小学教育，2010（12）:61-62.

结果。由家长评价学生的国学学习兴趣和日常生活表现，将会促进学校国学教育的发展。

（4）评价方式多元化

将量化评价方法与质性评价方法相结合，注重对学生成长过程中的发展变化进行动态描述，而不是为了获得一个总结性的判断，通过观察、记录、隐喻及类比等方式描述学生的发展性、可变性和教育现象的动态过程，让评价成为了解学生、促进学生发展的手段。比如表现性评价和成长记录袋评价法就可以应用在国学课程中。

表现性评价是指通过观察学生在完成实际任务时的表现来评价学生已经取得的发展成就。表现性评价不仅能评价学生知识技能的掌握情况，而且通过对学生行为表现的观察分析，评价学生在能力、情感、态度、社会性等方面的发展情况。比如在学习了《爱莲说》之后，教师可以布置“莲文化探索”的综合性学习，要求学生研究古代诗文中“莲”的形象，指导他们探索所要遵循的一种系统程序并得出最终结果。起步阶段，收集“莲”的古诗文资料并对其进行选择和处理；选定课题后，在活动中要善于控制、分析、综合和表现；结果评价阶段，侧重于结果的呈现方式及在活动中起到的作用。

成长记录袋评价法是一种综合性的评价方法，它将过程与结果融为一体，兼容了多种具体评价方法，如观察记录法、谈话法、作品取样分析法等。它通过对学生成长记录袋的制作过程和最终结果的分析对学生发展状况进行评价。在国学教育中，应注意成长记录袋的内容主体是学生作业或学生完成作业过程的描述记录。比如学生默写的课文内容、根据内容所画的图画、学习课文后所写的感悟等，还包括学生自评、教师评价、同伴评价、家长评价等有关素材。成长记录袋收集大量能描述学生发展的材料，客观形象地反映学生各方面的进步、成就及其存在的问题，提高教师与学生反思的能力。教师可以对收集的内容进行合理的分析，同时向学生做必要的解释与反馈，促进学生学习进步。

五、有利于学生获得体验的国学教育环境

国学教育要长时间地维持发展下去，需要具备一个能够供其生长的良好环境。众所周知，教育存在社会教育、学校教育、家庭教育，唯有以上三类教育间高效合作和协调，方可为国学教育的实施创建优良的教

育环境。而学校在创建优良的国学教育环境当中，需要保持主动，成为营造国学教育优良环境的主要力量。

第一，打造国学教育学校文化。学校文化是以校园为主要空间，以师生为主体，以教学为主阵地，以课内外文化活动为主要内容，以教育理念为主要特征的一种群体场域文化。它作用于人的视角是全方位、多层次的，而良好的学校文化对人的内在心理结构的完善、个性的塑造以及思想道德素质的提高等都具有不可替代的作用。学校需要全面激发学生们学习的积极性与主动性，在国学教育具体环节上，积极传扬中华民族的传统文化。如前所述，在校风创建层面，需要学校的每一面墙、每一个回廊、每一张标语等发挥出育人的作用，使整个学校教师与学生均能沉浸于良好的文化环境中，时刻接受文化的熏陶，深刻体会国学的魅力所在，以获得精神层面的陶冶。

第二，建设家校共同体，打好国学教育的家庭基础。家庭是社会的重要组成部分，无法离开社会单独存在。学生们即便生活于学校这种较小规模的社会中，家庭对他们的影响也是长期存在的。所有的学生都是从家庭教育中走出来的。所以，人们在传承中华民族传统文化核心内容的过程中，需要使学生们所接受教育的影响因素中包含家庭教育。让家人为孩子创建一种思想觉悟较高、民族传统文化气息浓厚的家庭氛围和环境，使孩子从小能在一个充满传统文化气氛的家庭当中健康成长。学校可以邀请家长进校园、进课堂、进课程参与国学教育活动，并鼓励建设国学学习之家，营造良好的学习氛围。

第三，结合社会教育力量，助力营造全社会国学教育氛围。当前的国学热其实首先兴起于民间，中华优秀传统文化的原生态留存也在民间，民间社会机构有意愿，也有能力参与到当前的国学教育浪潮中来。如何把政府主导的学校教育力量与民间主导的社会教育力量结合起来，共同促进基础教育国学教育的发展是当前教育界必须面对的时代课题。国学教育不能仅靠一门课程、一次活动或节目来实现，必须形成可持续的、常态化的、生活化的环境和氛围。青少年国学教育要形成常态化，学校是主阵地，学校教育既要充分发挥课堂教学的主渠道作用，也要注重学校社团活动、社区资源和网络资源等在青少年国学教育中的重要作用，学校也应该能成为连接学校、家庭、社会的纽带，实现家庭、学校、社会三方联动，共同营造全方位、一体化的国学教育氛围。

首先，在学校的社团活动中，定期邀请社区的文化名家进校园、进课堂。一方面可以让学生深入了解家乡的生活习俗，感受经典的民间艺术；另一方面，社区的文化名家可以有效指导学校社团活动的开展。

其次，社区国学教育通过构建与实施国学经典、民俗文化等课程，成为青少年校外国学教育的重要形式。学校应该主动参与建设社区国学教室，推动社区书院与学校的互动，将学生定期参观有关传统文化的公共文化场馆纳入教育教学活动计划。比如社区书院以家教家风课堂、国学讲堂、琴棋书画课程、文化体验活动、游学活动、读书交流活动等课程和活动为载体，向青少年及家长们普及国学知识和传统文化，让每个家庭形成良好的家教家风，从而形成社区、学校和家庭的整体合力，促进青少年的健康成长；博物馆通过微博和微信公众平台、手机应用等方式，加强与青少年的互动，让青少年以现代的方式体验传统文化生活，既可增加青少年体验的乐趣，又可助力博物馆教育功能的提升，从而激发出博物馆品牌教育项目新的活力。

最后，在网络教育平台中，可以以省级和地市级高等院校及教育科学研究所为依托，以地域文化为重点，建设一批特色网站，通过自主遴选、自主研发等形式，推出一批国学教育精品佳作，可以是少儿影视、动漫动画、视频讲座、微课、图片、文本材料等，便于青少年学生及家庭进行形式多样、内容丰富的在线学习。

结　　语

国学教育的复起本身就是一个颇有意味的文化、教育现象。我们还必须接续文明薪火，回归本民族的学术文化传统。历史画了一个意味深长的圆。

所以，我们必须学会解读。重复也是开始，开始却不再是重复。

首先，要以一颗平常心对待国学教育。我们没有必要对国学教育的出现诚惶诚恐，也没有必要对国学教育趋之若鹜。任何事物的产生、发展和消亡都有其自身的规律。在国学教育兴起之初，我们不宜绝对地否定国学教育的价值，也不宜将国学教育的地位抬得太高，更不宜将国学教育作为地方教育的“品牌”加以炒作和简单推广。这要求我们对国学教育采取泰然和辩证的态度，冷静地应对国学教育的热潮，理性地分析其价值，去粗取精地吸收国学教育中的精华部分，而不是一味夸大国学的作用或一味强调国学的局限。

其次，以科学的态度对待国学教育。正确的实践必须要有科学理论的指导，并要求执行者有科学的价值观和态度。国学教育尚处于兴起阶段，无论教育理论研究者或是实践者都应该保持清醒的头脑，科学、严谨地对待国学，遵循从实践到理论再到实践的科学路线，扎扎实实地进行国学教育实验和调查研究，并深入教育现场不断发现和解决国学教育发展过程中出现的问题，从而为国学教育理论研究、实践，以及相关教育政策的制定提供科学缜密的参考。方向对了，才能朝着目标前进。

热情需要理性去维持，希望需要努力来实现。作为教育研究者和教育工作者，我们的核心任务是，在新的时空、新的语境阐释国学的意义，借助对国学的研究和传播，引领后来者丰富感情、磨练意志、生成智慧的脚步，成就具有中国情怀又兼具世界视野的新人。

百年来，国学作为中国文化精华和民族精神的综合性统称，作为一代代中国人信守的文化特质，说或不说，承认或否认，国学都在那里，就像“人无法拔着自己的头发离开地球一样”，困惑也好，批判也好，它始终在那里。国学既然铸造了我们民族的文化心理结构，就必然会长久地影响我们乃至我们民族的灵魂。作为教育工作者，我们有责任、有义务使这支文脉弘扬开来、传承下去。给经典一个呈现自我的机会，给当代人一个接触与认识传统经典的机会，让孩子们在知道麦当劳、肯德基的同时，也了解中国的孔子、老子，让一代人体会到自己文化的厚重感，增强对文化传统的直接感触。不要让孩子们还没有翻开书就认为《论语》中全是废话。当然，也不要把“读经典”与“爱国”勾连起来，或者与“尊孔读经”联系起来，而是要让孩子在“自由浸润、自由感受”中发现经典所蕴藏的独特、完整而又丰富的精神世界，在丰富而具体的接触中认识中华文化的华彩与深邃。让历史以亲切的方式走近现代人，让“中国人的知识结构里面，都有我们华夏民族最高端的文本经典为之奠基，使之成为中华儿女的文化识别符号”①。这样的国学教育才真正具有教育所应具有的开放与包容。

正是在这样的意义上，我们可以说，国学教育的再起和勃兴有其历史的、现实的理由，它的前景是值得期待的。

① 刘梦溪．为“价值教育”寻觅一席之地．社会科学报，2015-02-12.

后　记

在教育学研究的朝圣之旅里，我不过是一个率性的孩子，在路上踟蹰，这次捡到的也许是一颗小小的石头，由于一路上也曾用心摩挲，于我反而贵如珍宝。虽然孕育出的不是光芒璀璨的珍珠，但是经过了心灵的润泽，小石头也会有自己微弱的光芒吧。

从萌生写作冲动的那一刻开始，我就处在忐忑和纠结之中。“国学”“教育”无论哪个词都是沉甸甸的，隐藏在它们背后的是浩瀚的典籍、深邃的思想、艰难的实践命题。概念如何诠释？内涵如何界定？我一度失语。而且，涉足于它，仿佛踏入一块多事之域：媒体、公众舆论的嘈杂，专家学者的各抒己见，种种神秘目光的质疑……我几度为自己无甚国学基础而妄谈国学教育倍感羞愧与恐慌。然而，合作导师王本陆教授对选题的肯定及指导给了我坚持下去的勇气和理智。完成这项工作不是为了挑战自己学识和思维的极限，而是因为，当国学教育正在我们身边开展的时候，反思和探究就必须成为严肃思考者的使命。我应该重点考察国学教育现象及背后的含义，着力提供自己观察、思考的结果，力争在此基础上提出自己深层次的理论思考，如果它们被认为是有意义的表达，能够带来一些思考，能够引发思想的碰撞，就是一件有意义的工作，也是自己的一种进步。于是，经过几年的艰难探索，虽然交上的答卷不甚满意，我也坦然面对。对于国学，我不再隔岸观望，而是有责任地担当，并相信自己一定会逐步接近。

本书能得以顺利出版，要感谢很多人、很多事。首先，要感谢我的合作导师王本陆教授。如果没有他的肯定与支持，我就没有足够的勇气和理智坚持下来。感谢我的博士导师周庆元教授，我毕业后，周先生还一直关心着我的成长。感谢北京师范大学的黄济老先生，在京师大厦的一次大会上见到 80 多岁高龄的先生在谈及国学教育时，先生那朝圣者般的虔诚与期待的目光，作为晚辈我永远不会忘记！

感谢北京师范大学的徐勇教授、从立新教授、郭华教授，人民教育出版社的陈先云教授。在本书写作过程中，无论是他们有声的教导和批评还是无声的鞭策和激励，都是对我极大的帮助！感谢江西师范大学的胡青教授、何齐宗院长、胡平凡书记及其他同事在工作上的支持。

此外，特别感谢北京育灵童教育研究院的李家宝先生、赵武倩女士、李灵玲博士，国务院参事室诗词研究中心的莫真宝博士。感谢北京市海淀区实验小学、北京市西城区三义里小学、北京市西城区府前街小学等学校的全体师生，他们为本书的调查、调研、咨询等工作提供了种种便利，感谢他们的大力支持和无私奉献！

当然，还要特别感谢科学出版社教育与心理分社社长付艳女士为本书顺利出版所付出的辛劳！感谢责任编辑朱丽娜热忱的服务及严谨的工作，她改正了本书的多处疏漏。

再一次感谢丈夫的支持、儿子的自立、父母的宽容、亲友的分担。种种温暖与关爱使我多了几分前进的动力和勇气。